"十二五"职业教育国家规划教材
经全国职业教育教材审定委员会审定

修订版

城市轨道交通客运服务

第2版

主　编　裴瑞江
副主编　娄树蓉
参　编　张翊华　沈艳丽　刘艳红
　　　　赵玉琴　华　亮　杨　琳
　　　　侯灵芬　李　妍
主　审　韩宝明

本书是经全国职业教育教材审定委员会审定通过的"十二五"职业教育国家规划教材的修订版,是根据《教育部关于"十二五"职业教育教材建设的若干意见》及教育部颁布的《高等职业学校专业教学标准》,在第1版的基础上修订而成的。本书共分九个项目,主要内容包括城市轨道交通职业道德、城市轨道交通服务环境、城市轨道交通服务设施设备、城市轨道交通服务基本礼仪、城市轨道交通服务作业、城市轨道交通乘客投诉与纠纷处理、城市轨道交通特殊乘客服务、城市轨道交通安全服务和城市轨道交通服务质量监督与评价。

本书可作为高等职业院校城市轨道交通类专业的教学及岗位培训教材。

为便于教学,本书配套有电子课件、电子教案等教学资源,凡选用本书作为教材的教师均可来电(010 - 88379375)索取,或登录www.cmpedu.com注册后免费下载。

图书在版编目(CIP)数据

城市轨道交通客运服务/裴瑞江主编. —2版. —北京:机械工业出版社,2019.9(2022.8重印)

"十二五"职业教育国家规划教材　经全国职业教育教材审定委员会审定

ISBN 978-7-111-63944-2

Ⅰ.①城… Ⅱ.①裴… Ⅲ.①城市铁路-客运服务-高等职业教育-教材　Ⅳ.①U239.5

中国版本图书馆CIP数据核字(2019)第214791号

机械工业出版社(北京市百万庄大街22号　邮政编码100037)
策划编辑:曹新宇　责任编辑:曹新宇　师　哲
责任校对:李亚娟　封面设计:张　静
责任印制:张　博
北京建宏印刷有限公司印刷
2022年8月第2版第4次印刷
184mm×260mm・13.25印张・328千字
标准书号:ISBN 978-7-111-63944-2
定价:45.00元

电话服务　　　　　　　　　　　网络服务
客服电话:010 - 88361066　　　机　工　官　网:www.cmpbook.com
　　　　　010 - 88379833　　　机　工　官　博:weibo.com/cmp1952
　　　　　010 - 68326294　　　金　书　网:www.golden - book.com
封底无防伪标均为盗版　　　机工教育服务网:www.cmpedu.com

第2版前言

本书是根据《国家职业教育改革实施方案》及教育部颁布的《高等职业学校专业教学标准》，同时参考《城市轨道交通技术规范》（GB 50490—2009）、《城市轨道交通客运服务》（GB/T 22486—2008）等国家标准，在第1版基础上修订而成的。

本书较第1版增加了资源库平台云课堂教学资源，且与城市轨道交通企业深度合作，编写人员具有多年的实践经验，大部分都是双师型教师。本书采取项目及任务驱动模式，在内容设计上尽可能融入多岗位多工种内容，同时符合"1+X"课证融通的需求。本书以互联网+新形态呈现，将部分较难理解的知识点配以图片、微课、动画或视频等，随书生成相应的二维码，读者可随时扫描观看，也可登录资源库数字化平台，浏览大量的配套资源。

围绕本专业教学标准，本书在内容处理上较第1版增加了3部分内容，分别是城市轨道交通乘客投诉与纠纷处理、城市轨道交通特殊乘客服务和城市轨道交通服务质量监督与评价。本书内容在整体排序方面基本沿用了第1版的项目顺序，遵循由浅入深的学习规律，保证全书知识体系的完整性。全书项目设计涉及面广，各院校可根据本校专业课程的设置情况选取需要的教学内容，对各项目的教学课时进行合理的分配。

本书由南京铁道职业技术学院裴瑞江任主编，南京地铁运营有限责任公司娄树蓉任副主编。具体编写分工如下：南京铁道职业技术学院沈艳丽、河北轨道运输职业技术学院赵玉琴共同修订编写项目一；南京铁道职业技术学院裴瑞江、石家庄铁路运输学校侯灵芬共同修订编写项目二；南京铁道职业技术学院裴瑞江、湖南高速铁路职业技术学院杨琳共同修订编写项目三；南京地铁运营有限责任公司娄树蓉、南京铁道职业技术学院沈艳丽、河北轨道运输职业技术学院李妍共同修订编写项目四；南京铁道职业技术学院裴瑞江、柳州铁道职业技术学院张翙华、河北轨道运输职业技术学院刘艳红共同修订编写项目五；南京铁道职业技术学院裴瑞江、华亮共同修订编写项目八；南京铁道职业技术学院裴瑞江修订编写项目六、项目七和项目九。全书由韩宝明主审。

在本书编写过程中，编者参阅了国内外出版的有关教材和资料，得到了深圳市地铁集团有限公司、广州地铁集团有限公司、南京地铁运营有限责任公司、南京铁道职业技术学院及河北轨道运输职业技术学院的大力支持，并得到了苏州大学李晓村、北京交通运输职业学院李建国的有益指导，在此一并表示感谢！

由于编者水平有限，书中不妥之处在所难免，恳请广大读者批评指正。

编　者

第1版前言

本书是按照教育部《关于开展"十二五"职业教育国家规划教材选题立项工作的通知》，经过出版社初评、申报，由教育部专家组评审确定的"十二五"职业教育国家规划教材，是根据《教育部关于"十二五"职业教育教材建设的若干意见》及教育部颁布的《高等职业学校专业教学标准（试行）》，同时参考《城市轨道交通技术规范》（GB 50490—2009）、《城市轨道交通客运服务》（GB/T 22486—2008）等国家标准进行编写的。

本书编写过程中力求对接职业标准和岗位要求，加大实际操作练习，更加突出职业教育工学结合的特色。本书在内容处理上主要有以下几点说明：①全书项目顺序的安排遵循由浅入深的学习规律，保证全书知识体系的完整性，因此项目设计涉及面较广，各院校可根据本校专业课程的设置情况对教材各项目的教学课时进行合理分配；②每个项目中都包含数量不等的情景训练，有些情景训练需要一定的硬件设备，如果学校的教学条件困难时，建议用多媒体展示相关设施设备，学生进行技能模拟练习，达到实训目的；③情景案例模拟讨论部分建议教师根据实际情况确定学生讨论的目标；④根据学生情况合理分配理论学习、实训及讨论课时，保证在充分掌握技能必备理论知识的基础上尽可能加大实训力度。

全书共六个项目，由南京铁道职业技术学院裴瑞江任主编，深圳地铁公司周世爽、河北轨道运输职业技术学院侯灵芬任副主编。具体编写分工如下：河北轨道运输职业技术学院赵玉琴、湖南铁路科技职业技术学院杨琳编写项目一；石家庄市发改委咨询院贾浩，河北轨道运输职业技术学院马保怀、杜风顺编写项目二；深圳地铁公司周世爽，南京铁道职业技术学院裴瑞江、侯灵芬编写项目三；河北轨道运输职业技术学院李妍、张永亚、王慧英编写项目四；柳州铁道职业技术学院张翊华，南京铁道职业技术学院裴瑞江、刘艳红编写项目五；南京铁道职业技术学院裴瑞江、河北经贸大学赵丹、山东大学王怡斐编写项目六。本书由广州地铁运营事业总部四中心总经理王瑛和石家庄市轨道交通有限责任公司高尚主审；本书经全国职业教育教材审定委员会审定，教育部专家在评审过程中对本书提出了很多宝贵的建议，在此对他们表示衷心的感谢！

在本书编写过程中，编者参阅了国内外出版的有关教材和资料，得到了深圳地铁公司、广州地铁公司、天津轻轨有限公司、河北轨道运输职业技术学院和石家庄铁路运输学校的大力支持，以及苏州大学李晓村、北京交通职业技术学院李建国、郑州铁路职业技术学院李建民等老师的有益指导，在此一并表示衷心感谢！

由于编者水平有限，书中不妥之处在所难免，恳请读者批评指正。

编　者

二维码索引

名　　称	图　形	页码	名　　称	图　形	页码
1 地铁出站及换乘引导标识		30	7 地铁发生火灾的原因		146
2 地铁进站引导标识		30	8 地铁着火如何扑救		148
3 自动售票机		51	9 地铁着火应该注意的问题		148
4 自动检票机		55	10 火灾报警装置的使用		149
5 导向标识信息		63	11 不同部位着火不同的逃生方式		163
6 票卡		92	12 地铁中电梯困人的处理		187

目 录

第 2 版前言
第 1 版前言
二维码索引

项目一　城市轨道交通职业道德　1
　知识要点　1
　学习任务　1
　相关理论知识　1
　　一、道德与职业道德　1
　　二、城市轨道交通行业职业道德　4
　　三、加强职业道德修养　7
　情景训练　10
　复习思考题　10

项目二　城市轨道交通服务环境　11
　知识要点　11
　学习任务　11
　相关理论知识　11
　　一、城市轨道交通线路车站环境　11
　　二、城市轨道交通人文环境　15
　　三、城市轨道交通服务卫生环境及标准　20
　　四、城市轨道交通地铁环境与设备监控系统　23
　　五、城市轨道交通环境保护　26
　情景训练　27
　情景案例　28
　复习思考题　28

项目三　城市轨道交通服务设施设备　29
　知识要点　29
　学习任务　29
　相关理论知识　29
　　一、城市轨道交通服务设施设备概述　29
　　二、车站基本服务设施设备　30
　　三、无障碍服务设施设备　45
　　四、票务服务设施设备　47
　　五、导乘设施设备　61

六、问询服务设施设备 …… 73
　　七、照明设施设备 …… 74
　　八、列车设施设备 …… 75
　　九、其他设施设备 …… 77
　　十、车站设备维修人员服务 …… 78
　情景训练 …… 79
　复习思考题 …… 79

项目四　城市轨道交通服务基本礼仪 …… 80
　知识要点 …… 80
　学习任务 …… 80
　相关理论知识 …… 80
　　一、服务行为礼仪 …… 80
　　二、服务用语 …… 86
　　三、问询服务礼仪 …… 90
　情景训练 …… 91
　复习思考题 …… 91

项目五　城市轨道交通服务作业 …… 92
　知识要点 …… 92
　学习任务 …… 92
　相关理论知识 …… 92
　　一、票务服务 …… 92
　　二、导乘服务 …… 98
　　三、行车服务 …… 105
　　四、应急服务 …… 109
　情景训练 …… 115
　情景案例 …… 115
　复习思考题 …… 116

项目六　城市轨道交通乘客投诉与纠纷处理 …… 117
　知识要点 …… 117
　学习任务 …… 117
　相关理论知识 …… 117
　　一、乘客投诉分析 …… 117
　　二、乘客投诉处理原则 …… 120
　　三、乘客投诉处理技巧 …… 123
　　四、乘客投诉案例分析 …… 125
　　五、乘客现场服务纠纷处理 …… 127
　情景训练 …… 128
　情景案例 …… 128
　复习思考题 …… 129

项目七　城市轨道交通特殊乘客服务······130
- 知识要点······130
- 学习任务······130
- 相关理论知识······130
  - 一、外籍乘客服务······130
  - 二、特殊乘客服务······131
  - 三、急救服务······133
- 情景训练······140
- 复习思考题······140

项目八　城市轨道交通安全服务······141
- 知识要点······141
- 学习任务······141
- 相关理论知识······141
  - 一、安全通道及信息导向标识服务······141
  - 二、安全服务设施设备及使用······145
  - 三、安全服务内容及要求······150
  - 四、客伤事件处理······180
- 情景训练······185
- 情景案例······185
- 复习思考题······188

项目九　城市轨道交通服务质量监督与评价······189
- 知识要点······189
- 学习任务······189
- 相关理论知识······189
  - 一、服务承诺及监督······189
  - 二、服务质量评价管理······191
  - 三、服务质量评价规范······192
- 情景训练······201
- 情景案例······202
- 复习思考题······203

参考文献······204

项目一　城市轨道交通职业道德

1. 道德与职业道德。
2. 城市轨道交通职业道德。
3. 加强职业道德修养。

在学习理论知识的基础上进行情景模拟并讨论以下 5 个方面的问题。
1. 城市轨道交通服务人员职业道德规范。
2. 城市轨道交通职业道德的培养。
3. 地铁与生活。
4. 在工作中如何坚持城市轨道交通职业道德规范。
5. 怎样很好地使用城市轨道交通职业道德规范倡议。

职业活动是人类社会最基本的实践活动,职业岗位是人们为社会做贡献进而实现人生价值的舞台和主要途径。城市轨道交通从业人员道德水平的高低,特别是职业道德水平的高低,既关系到自己未来的生存和发展,又关系到本行业和本单位的形象、信用和声誉。每一位有志青年,都要努力学习道德和职业道德的基本知识,肩负起建设中国特色社会主义的重任,为实现中华民族的伟大复兴谱写壮丽的青春篇章。

一、道德与职业道德

(一) 什么是道德

在我国典籍中,"道德"一词是由"道"和"德"两个概念组成的。所谓"道",最初是指人走的路。世上本无路,走的人多了,才会形成道,有约定俗成之意,由此引申为做人的道理;"德"者,得也,表示对"道"的认识、实践后有所得。"德"就是指人们认识道、遵循道,把人与人之间的关系处理得合适,使自己和他人都有所得。道德二字连用成为一个概念,始于战国时的荀况。《荀子·劝学篇》说:"故学至乎礼而止矣,夫是之谓道德之极。"荀况不但将道和德连用,而且赋予了它较为确定的意义,即社会中的人,如果一切都按照社会规则去做,那就算达到了道德的最高境界。

为了维护和调整人们之间的利益关系，在古代，对道德问题的思考是许多思想家特别关心的。公元前6世纪的大思想家、大教育家孔丘，在《论语》中集中论述了在当时社会中人与人之间的道德范畴、道德原则和各种行为规范。《论语》是我国关于道德理论和规范的开山之作。随着历史的发展，道德概念的内容也在不断地充实和发展。

总的来说，道德是人类社会所特有的一种意识形态，是对人们的行为进行善恶评价的心理意识、原则规范和行为活动的总和。它由一定的社会经济关系所决定，用来调节个人与自我、他人、社会和自然之间的关系，并通过社会舆论、传统习俗和人们的内心信念来维系。

道德作为一种行为准则以及评判标准，告诉人们应该做什么和不应该做什么以及应该怎样做和不应该怎样做，从而规范人们的行为，以维护和巩固社会的经济基础和上层建筑，保障社会的生产、生活的良好秩序，促进社会的进步和发展，并成为提高人的精神境界、促进人的自我完善、推动人的全面发展的内在动力。

（二）职业与职业道德

1. 职业

职业是社会分工和劳动分工的产物。所谓职业是指人们为了谋生和发展而长期从事的具有专门业务和特定职责的，并以此作为主要生活来源的社会活动，是对人们的生活方式、经济状况、文化水平、行为模式、思想情操的综合反映，也是一个人的权利、义务、职责，从而也是一个人的社会地位的一般表征。

职业是自己获得生活资料的主要来源，个人对社会所做的贡献主要也是通过职业活动来实现的。人的一生很多时间是在自己的职业活动中度过的，从而逐步养成稳定的职业心理和习惯，并形成了职业特殊的行为规范和道德要求。

2. 职业道德

在人类社会的各个阶段，道德是不相同的。具体在某一社会中，社会生活大体可以划分为职业生活领域、家庭生活领域、公共生活领域三大领域。反映各个领域的道德，相应就形成了职业道德、家庭道德和社会公德。

职业道德是指从事一定职业的人在职业生活中应当遵循的具有职业特征的道德要求和行为准则，是所有从业人员在职业活动中必须遵循的行为准则，涵盖了从业人员与服务对象、职业与职工、职业与职业之间的关系。它既是一般社会道德在特定的职业活动中的体现，又突出了在特定职业领域内特殊的道德要求。它既是对本行业人员在职业生活中行为准则的要求，又是本行业人员对社会所负的道德责任和义务。随着现代社会分工的发展和专业化程度的增强，市场竞争日趋激烈，整个社会对从业人员职业观念、职业态度、职业技能、职业纪律和职业作风的要求越来越高。

3. 职业道德的特点及其作用

（1）职业道德的主要特点　职业道德反映着不同的职业心理、职业习惯、职业传统和职业理想，作为一种客观存在的社会道德现象，具有以下主要特点：

1）专业性和特殊性。职业道德主要是与人们的职业内容和职业生活实践相联系的，它主要表现为职工的意识和行为。每一种职业道德只能指导从事该职业的人员自身的言行。因此，它的适应范围和对象不是普遍、无边的，而是特殊、有限的。

2）稳定性和连续性。由于职业道德反映着社会总体需求和各种职业利益及其特殊要求，所以其内容比较强调特殊的职业心理和品格，因而比较稳定。内容的稳定性决定了结构上的连续性。例如无论教学手段和教学对象发生了什么变化,"诲人不倦"始终是教师道德的基本要求。

3)灵活性和多样性。职业道德是适应各种职业活动的内容与交往形式的要求而形成的,因此在反映形式和表现方式上往往比较具体、灵活、多样。它既可通过严格的规章制度、严明的守则公约、严肃的行业纪律表现出来,也可以通过简单的标语口号表现出来。

4)适用性和成熟性。适用性是根据职业道德适用范围的特定性规定的。正是这种与本行业的具体业务和具体职业的实际状况相适应的适用性,使职业道德具备约束同一岗位人员思想和行为的重要功能。成熟性是指职业道德是受家庭影响和学校教育培养形成的道德状况的进一步发展,是走上社会的成人的道德意识和道德行为。

(2)职业道德的重要作用　职业道德是社会道德体系的重要组成部分,它具有社会道德的一般作用,又具有自身的特殊作用,具体表现为以下几点。

1)职业道德能够促进劳动者的自我完善。每个人的大部分社会活动都在职业生活中实现,其社会贡献也主要通过本职工作表现出来;个人的知识素养、劳动技能和道德品质的提高,在很大程度上也要通过职业实践活动来达到。在职业实践中不断地进行学习和锻炼,不仅可以改变人们走向职业生活之前所形成的不良观念,而且能够进一步巩固和发展家庭和学校教育的积极成果。职业道德对于从业者自我完善的重要促进作用不可忽视。

2)调节职业内部从业人员之间以及从业人员与服务对象之间的关系。职业道德的基本职能是调节职能。它一方面可以调节从业人员内部的关系,即运用职业道德规范约束职业内部人员的行为,促进职业内部人员的团结与合作。例如职业道德规范要求各行各业的从业人员要团结、互助、爱岗、敬业、齐心协力地为发展本行业、本职业服务。另一方面,职业道德可以调节从业人员和服务对象之间的关系。例如职业道德规定了制造产品的工人要怎样对用户负责;营销人员怎样对顾客负责;医生怎样对病人负责;教师怎样对学生负责等。

3)有助于维护和提高本行业的信誉。一个行业、一个企业的信誉,也就是它的形象、信用和声誉,具体体现为企业及其产品与服务在社会公众中的被信任程度。提高企业的信誉主要靠产品的质量和服务质量,而从业人员职业道德水平高是产品质量和服务质量的有效保证。员工素质主要包含知识、能力、责任心3个方面,其中责任心是最重要的。一般而言,职业道德水平高的从业人员其责任心也是极强的,因此,良好的职业道德能促进本行业的发展。若从业人员职业道德水平不高,很难生产出优质的产品和提供优质的服务。

4)有助于提高全社会的道德水平。职业道德是整个社会道德的主要内容。职业道德一方面涉及每个从业者如何对待职业、如何对待工作,同时是从业人员的生活态度、价值观念的表现,是一个人的道德意识,道德行为发展的成熟阶段,具有较强的稳定性和连续性。另一方面,职业道德是一个职业集体甚至一个行业全体人员的行为表现,如果每个行业、每个职业集体都具备优良的道德,对整个社会道德水平的提高肯定会发挥重要作用。

(三)职业道德基本规范

职业道德基本规范是所有从事职业活动的人们必须遵守的基本职业行为准则。不同职业会有不同职业道德的具体要求,但职业道德基本规范是各行各业都必须遵循的,是各种职业道德中具有共性的东西。它包括爱岗敬业、诚实守信、办事公道、服务群众、奉献社会5条基本规范。

1. 爱岗敬业

爱岗就是热爱自己的工作岗位，热爱自己从事的职业；敬业就是以恭敬、严肃、负责的态度对待工作，一丝不苟、尽心尽力、忠于职守，为实现职业的目标而奋斗努力。爱岗敬业是对从业者工作态度最基本的要求。俗话说："干一行，爱一行。"每一位劳动者都要热爱本职工作，以高度的主人翁责任感，取得更大的成绩。现代社会职业之间只有分工不同，而无高低贵贱之别，这是职业道德所要倡导的首要规范。

2. 诚实守信

诚实就是真心诚意，实事求是，不虚假，不欺诈；守信就是遵守承诺，讲究信用，注重质量和信誉。诚实守信是一种内涵丰富的道德准则，是公民道德建设的重要内容之一。在职业生活中，诚实守信主要表现为诚实劳动、求真务实、遵纪守法；在经济活动中，诚实守信主要表现为公平交易、信守合同、诚恳服务；在日常生活中，诚实守信表现为与人为善、坦诚相待、团结互爱、助人为乐等优秀品德。诚信是做人的基本准则和起码的道德修养。为人以诚，待人以信，是人的立身之本。

3. 办事公道

办事公道是在爱岗敬业、诚实守信的基础上提出的更高一个层次的职业道德的基本要求。公道就是公平、正义、不偏不倚。办事公道就是指从业人员在处理各种职业事务时要公道正派、客观公正、不偏不倚、公开公平；对不同的对象一视同仁、秉公办事；不因职位高低、贫富、亲疏的差别而区别对待。办事公道是人民群众对每个从业者的基本要求，是为人民服务必不可少的条件，也是提高为人民服务的质量最起码的保证。

4. 服务群众

服务群众是指听取群众意见，了解群众需要，端正服务态度，改进服务措施，提高服务质量，这是职业道德的重要原则。服务群众就是全心全意地为人民服务，一切以人民的利益为出发点和归宿，是为人民服务这一职业道德核心在职业生活中的具体化。

5. 奉献社会

奉献社会就是把自己的知识、才能、智慧等，毫无保留地、不计报酬地贡献给人民、贡献给社会，为人民、为社会、为国家做出实实在在的贡献。奉献社会是一种忘我无私的精神，是职业道德的最高境界，是每个从业者的最终目标。奉献社会的基本要求是坚持把公众利益、社会效益放在第一位，这是每个从业者职业行为的宗旨和归宿。

二、城市轨道交通行业职业道德

城市轨道交通行业职业道德是同城市轨道交通行业工作人员的职业活动紧密联系的符合本行业特点所要求的道德准则、道德情操与道德品质的总和，它是职业道德基本规范的具体体现。城市轨道交通行业的职业道德是以社会主义职业道德基本原则为指导，结合城市轨道交通行业的职业特性，继承和发扬城市轨道交通员工的优良道德传统，在具体工作实践中形成的。它是社会主义职业道德的一个重要组成部分，是城市轨道交通所有工作人员在职业活动中从思想到行为都必须遵循的准则和规范。

（一）城市轨道交通行业职业道德的基本特征

城市轨道交通的性质、作用和任务决定了它的职业道德的基本要求是：坚持社会主义经营服务方向，适应时代政治、经济、社会发展需要，符合社会主义精神文明建设的基本要求,树立高尚的职业道德观念,满腔热情地为社会、为群众提供优质的服务,最大限度地满足经济建设、社会发展和人民生活的需要。城市轨道交通职业道德的基本特征有以下几个。

1. 全局相关性

城市轨道交通是国民经济的组成部分,是城市基础产业,它与政治稳定、经济发展和社会进步有着重要的关系。作为城市轨道交通员工,只有树立正确的职业道德观念,自觉遵守职业道德规范,才能站在全局和时代的高度认识城市轨道交通事业的重要性,自觉地把城市轨道交通服务工作同国家的富强、社会的发展和人民的幸福联系起来。

2. 经济影响性

城市轨道交通是国民经济的先行者,是"生产的第一道工序",是联络各行业的纽带。因此,城市轨道交通服务人员的职业道德水平既影响本行业的经济效益和社会效益,也影响其他行业的工作和发展。

3. 政治敏锐性

城市轨道交通是社会主义精神文明的"窗口",是政治与社会稳定的重要环节。它服务于社会、服务于群众,它的职业道德如何,关系到城市轨道交通的服务质量优劣,并从一个侧面反映了一个城市、一个地区政府工作的情况。随着对外开放的扩大,可以说城市轨道交通服务人员职业道德素质的表现,在内宾面前代表着一个城市,在外宾面前代表着一个国家。

4. 服务广泛性

城市轨道交通是直接接触社会、沟通城市各个角落、连接四面八方的桥梁。由于城市轨道交通行业在一个城市的服务行业中每天接触的服务对象人数最多,其中包括社会各阶层人士,而且还经常接触内、外宾客,因此它在社会上有着广泛的影响。

5. 社会制约性

城市轨道交通服务工作受城市道路、交通管理、车流量、社会环境和人民群众道德状态等多种因素的制约。在服务过程中,城市轨道交通员工要接受社会对职业道德执行情况的评价和监督,因此形成了广泛的社会制约性。

(二)城市轨道交通行业职业道德的重要作用

由于城市轨道行业与社会有着广泛的联系,在城市经济、社会发展和人民生活中起着举足轻重的作用。作为城市精神文明建设的"窗口"单位,这个"窗口"的职业道德好坏、精神风貌状况如何,不仅对员工个人的道德进步起着十分重要的作用,而且直接影响企业的经营成果,对整个社会的精神文明建设也起着不容忽视的促进作用。

1. 维护作用

城市轨道交通职业道德的确立可以使全体员工明确自己的职业义务和职业责任,以良好的道德行为调节与服务对象的关系,共同维护好乘车秩序。职业道德还在城市轨道交通服务过程中起着维护乘客的利益、维护企业信誉的重要作用。

2. 规范作用

城市轨道交通职业道德对全体职工正确选择道德行为有着重要的约束力。它可以规范列车司机、服务人员、调度员和管理人员的言行,使他们在服务工作中有章可循、受到约束,更好地提供服务。

3. 调节作用

职业道德的调节作用表现在调节服务人员与乘客、服务人员之间和企业与社会的关系。通过调节可使各种关系围绕提高企业的社会效益协调发展。

4. 激励作用

城市轨道交通服务人员以高尚的职业道德、熟练的职业技能为广大乘客服务，可以使乘客感到温暖，从而支持、理解服务人员，激励服务人员加倍努力工作。特别是当服务人员为了维护企业的荣誉、严守职业道德规范而忍受委屈时，这种激励作用更加明显。

5. 衡量作用

在职业活动中，以职业道德为衡量的标准可以对那些不顾乘客的利益和企业的荣誉、不讲职业道德的极少数工作人员进行教育和帮助甚至处罚。这是维护企业信誉必不可少的。

（三）城市轨道交通行业职业道德的基本规范

1. 城市轨道交通服务人员职业道德基本规范

城市轨道交通职业道德的主要内容包括服务人员、列车司机、调度员和管理人员的职业道德。在此，主要学习城市轨道交通服务人员和车辆部门人员职业道德的基本规范。城市轨道交通服务人员是城市轨道交通社会服务效能的直接体现者，是城市轨道交通的基本工作人员。城市轨道交通服务人员的职业道德以社会主义道德准则为指导，是城市轨道交通服务人员在实际工作中从思想到行为必须遵守的基本准则和规范。

（1）热爱本职、忠于职守　这是城市轨道交通服务人员职业道德的一个基本要求，也是由服务人员在城市轨道交通行业运营服务中的地位、作用及工作特性所决定的。要培养服务人员热爱本职、忠于职守的职业道德品质，必须使他们充分认识到本职工作的意义，珍惜自己的劳动成果。随着客运市场竞争的日益激烈，城市轨道交通对乘客的依赖关系被普遍认识，服务与被服务的观念日益得到强化，这就决定了服务人员的言行要服从乘客利益。这既是城市轨道交通在竞争中取得优势的基础，也是服务人员热爱本职、忠于职守道德品质的表现。

（2）文明待客、热情服务　城市轨道交通行业以运营服务为中心的经营指导思想和以服务为本、乘客至上的经营宗旨，决定了服务人员的职业道德必须以全心全意为乘客服务为核心。因此服务人员应以文明礼貌的态度，热情周到地接待每一位乘客，使他们既受到人格的尊重又使他们的需求得到满足。

1) 文明礼貌，尊重乘客。这是服务人员职业道德的一个最基本的要求。文明礼貌是处理人与人之间关系的一种社会美德，其核心是对他人的关心和尊重。对城市轨道交通服务人员来说，对乘客的尊重，就是用文明礼貌的言行、举止和以理服人、得理让人的态度去对待乘客。

2) 方便周到，热情服务。为乘客乘车时提供方便和周到的服务，努力满足乘客的各种需求，是体现热情周到服务的重要方面，也是服务人员主要的职业责任和义务。例如满足乘客的基本需求，开关车门提醒乘客注意安全，满足乘客的普遍需求，关心体贴老、幼、病、残、孕、抱小孩乘客和外地乘客，满足他们的特殊需求，这是对服务人员职业道德规范中的重点要求。

（3）遵章守纪、顾全大局　城市轨道交通是一个由车到线、由线成网，协作关系特别密切的整体。要保证运营服务生产各环节的正常联系，保证线网结构整体运送能力的有效发挥，必须依靠规章制度、纪律和运营生产人员全局观念的约束。

1）遵章守纪，维护正常运营。城市轨道交通服务人员要从维护企业信誉和自身形象出发，严格执行企业规定的各项职业纪律。否则必然会给城市轨道交通企业造成坏的影响。服务人员的工作往往远离指挥中心，在无人监督的情况下独立工作。这就要求服务人员必须要有正确的劳动态度和遵守各项规章制度的自觉性。

2）顾全大局、提高运营效率。服从城市轨道交通线网这个大局非常重要，由于城市轨道交通运行环境变化比较大，因此服务人员必须服从城市轨道交通全局的总体安排，做到勇挑重担，保证运行畅通。

（4）仪表端庄、站容整洁　服务人员的仪表和城市轨道交通车站是否整洁，是广大乘客对城市轨道交通的第一印象。城市轨道交通服务人员要在职业活动中表现出良好的形象，就需要做到仪表端庄和站容整洁。这对创造舒适的乘车环境、树立良好的服务信誉、促进社会道德风尚的提高，有着积极的意义。

（5）钻研业务、讲究艺术　随着社会的发展，城市轨道交通服务已从简单劳动发展为融服务意识、服务知识、服务技巧为一体的综合活动。一般人认为服务工作简单，不用什么知识也能做，其实不然。没有一定的业务知识，乘客询问时无法解答，发生矛盾不会处理，服务工作肯定做不好。因此，服务人员要提高认识、勤奋学习，钻研业务，熟悉沿线地理环境，掌握政策、法规和处理矛盾的方法，学习方言、哑语和英语，了解一些心理学等知识和服务技能，这对提高服务质量非常必要。

（6）团结互助、协作配合　团结互助、协作配合是集体主义原则在服务人员职业道德中的具体表现。城市轨道交通的运营服务是多工种的联合作业，各工种之间的协作配合非常重要。能否团结互助、协调配合是衡量城市轨道交通职工整体职业道德素质的重要标志。

2. 城市轨道交通车辆部门职业道德基本规范

车辆部门负责城市轨道交通车辆检修和运营工作，下设基层单位主要是车辆段。车辆检修质量直接影响城市轨道交通行车安全，而车辆部门职工作业条件艰苦，劳动强度大，生产环境差，工作标准要求高。从车辆部门岗位特点出发，加强职工职业道德建设，对于提高职工职业道德素质、提高车辆检修质量、确保车辆运营安全生产至关重要。

（1）热爱本职、任劳任怨　牢固树立为车辆运营生产服务的思想，忠于职守，爱岗敬业，勤奋学习，刻苦练功，熟练掌握本职技术业务，特别是客车的新技术和新设备的检修知识，发扬主人翁精神，做好车辆检修工作。

（2）坚持标准、精检细修　坚持预防为主的原则，养成严细作风，认真落实规章制度，严格执行标准化作业，以防燃、防切、防制动梁脱落为重点，加强车辆走行部分和制动系统的检修，严格检查滚动轴承各零部件，杜绝漏检漏修，做到不放过疑点，不交质量不放心的凑数车，把事故隐患根除在车辆检修过程中，确保列车运行安全。

（3）团结协作、确保全优　树立整体意识，加强与相关部门、各检修环节的协调配合，上道工序想着下道工序，按照检修作业过程和生产调度员的调度均衡有序地工作。注重整体组装质量，保证检修车辆按时交车，优质高效地完成检修任务。

三、加强职业道德修养

职业道德修养是一种通过自我教育、自我锻炼来提高自己职业道德品质的实践活动，是个人自觉进行的一种道德活动。其目的就是把职业道德原则和规范贯彻落实到职业活动之中，养成良好的职业行为习惯，做到言行一致、知行统一，进而形成高尚的职业道德品质，并达到崇高的职业道德境界。

（一）职业道德修养的含义

何谓修养？修养是一个合成词，"修"原意指学习、锻炼、陶冶和提高；"养"原意是指培养、养育和熏陶。所谓修养是指一个人的素质经过长期锻炼或改造所达到的一定结果和水平。

职业道德修养就是从业人员在道德意识和道德行为方面的自我锻炼及自我改造中所形成的职业道德品质以及达到的职业道德境界。职业道德修养是一种自律行为，关键在于"自我锻炼"和"自我改造"。任何一个从业人员，其职业道德修养的提高，一方面靠他律，即社会的培养和组织的教育；另一方面取决于自己的主观努力，即自我修养。两个方面是缺一不可的，而且后者更加重要。

（二）职业道德修养的内容及意义

1. 职业道德修养的主要内容

（1）掌握职业道德知识　学习和掌握职业道德知识，是职业道德修养的首要环节和最初阶段。职业道德知识是职业道德情操产生的依据，是职业道德意志锻炼的内在动力，是决定职业道德行为倾向的思想基础。要掌握职业道德知识，必须坚持不懈地学习和锻炼，每名职业者都应当结合自己所学专业和所做的实际工作，努力掌握适合于本职岗位的职业道德原则和规范的知识。

（2）陶冶真诚的职业道德情操　职业道德情操是随着人们的职业道德认识而产生发展的内心情绪体验，包括正义感、责任感、义务感、良心感、荣誉感和幸福感等，对职业者的职业活动产生巨大的调节作用。作为一名职业人员，只有培养起真诚的职业道德情操，才会真正从内心热爱自己所从事的职业，潜心钻研业务，尽职尽责地做好本职工作，全心全意地为人民群众服务，为社会做贡献。

（3）磨炼坚强的职业道德意志　是否具备坚强的职业道德意志是衡量职业者职业道德素质高低的重要标志。作为一名职业人员，应该认识到培养职业道德意志的重要性，自觉抵制市场经济条件下各种腐朽思想，不良风气的诱惑、侵蚀，保持高风亮节，自觉遵守职业道德的原则和规范，争做爱岗敬业、忠于职守、克己奉公的劳动者。

（4）树立坚定的职业道德信念　只有形成了坚定的职业道德信念，职业者的职业道德知识、情操和意志才具有稳定性和一贯性，职业道德行为才具有坚定性。职业人员一旦牢固地树立了职业道德信念，就能以持之以恒的精神和对工作精益求精的态度，始终不渝地遵守职业道德规则，履行自己的职责和义务。

（5）养成良好的职业道德行为习惯　职业道德行为是衡量职业者职业道德品质好坏、职业道德水平高低的客观依据。职业道德修养的最重要环节就是把职业道德原则和规范贯彻落实到职业道德行为中去。职业道德行为习惯的养成离不开职业技能的学习与提高。只有具备了精湛的职业技能，职业者的职业道德知识、情操、意志和信念才有用武之地。

2. 加强职业道德修养的重要意义

（1）加强职业道德修养有助于提高全面素质　人品实现产品，产品体现人品。职业道德修养是从业人员最基本的素质，是人的全面素质的重要组成部分，是劳动者要干好本职工作的基础。只有培养良好的职业道德修养，不断提高自身的全面素质，才能在将来的就业岗位上进步成才，建功立业。

（2）加强职业道德修养有助于实现人生价值　人的生活离不开社会，个人只有把自己融入社会的大事业中去才能体现出自己的价值。人生价值的实现需要不断提高自身的职业道德修养，自觉地去服务群众、奉献社会，人生价值才能得以实现。

（3）加强职业道德修养是在校生职前准备的重要方面　在校生在步入社会前，不仅要努力提高自己的专业技能，还要不断提高自己的职业道德修养，这样才能在未来的职业生活中发光发热，做出贡献。每个学生都要深刻理解职业道德规范和原则，把它变成自己的内心信念，从而指导自己的行为，为将来建功立业奠定基础。

3. 加强职业道德修养的主要途径和方法

（1）要善于学习　学习是提高职业道德认识、树立职业道德信念的方法，是形成良好的职业道德品质的重要途径。作为新时期的城市轨道交通员工，如果不努力学习，认识就会落后于形势，思想就会保守，观念就会陈旧，久而久之，就可能思想滑坡、意志消退、精神萎靡、志趣庸俗，甚至走向堕落。只有不断加强学习，坚持终身学习，才能跟上时代步伐，才能适应工作需要，才能陶冶道德情操、提高思想境界、永葆健康向上的精神和心态。

（2）要勇于实践　社会实践是产生优秀道德品质的源泉。对于一个职业员工来说，职业活动是最基本、最经常的实践活动。城市轨道交通员工良好的职业道德品质的养成，归根到底就是要按照城市轨道交通职业道德原则和规范，正确处理职业活动中"个人—他人—社会"的利益关系，而这种关系本身就是在职业活动实践中产生和表现出来的。离开了职业活动的实践，既无从产生人们职业行为的善恶，也无从检验和改变人们行为的善恶。本职工作的实践是表现职工职业道德的重要领域，也是锻炼职工职业道德品质的主要场所。

（3）要努力做到内省和慎独　所谓内省，是指人们通过内心的检讨和自我评价，使自己的言行符合职业道德规范的要求。只有在本职岗位的工作实践中依据职业道德规范不断地评价自我的言行，进行自我反省，才能在职业活动中使自己的行为符合社会主义职业道德的原则和规范。

所谓慎独是指在独自一人没有外界监督的情况下，也能自觉遵守道德规范，不做任何有违道德的事情。慎独是重要的道德修养方法，也是崇高的道德境界。它是评定一个人道德水准的试金石，是自觉自律道德意识的体现。

（4）要积极学习先进人物，不断激励自己　榜样的力量是无穷的。在我国的不同建设时期，各个行业都有大量的先进人物出现，他们在平凡的岗位上做出了骄人的业绩，是员工学习的榜样。信访干部吴天祥、售票员李素丽、石油工人王进喜、两弹元勋邓稼先、水稻之父袁隆平、无私奉献的楷模杨善洲……他们共同的特征就是热爱自己工作岗位，苦干实干倾心干，在自己的岗位上恪尽职守，无私奉献。

员工要以他们高尚的品德和执着的敬业精神来不断地激励和鞭策自己，见贤思齐，学习先进，净化心灵，提高自己的职业道德修养。学习先进人物，还要与工作岗位相结合，把学习榜样的愿望转化为实实在在的工作业绩。

情景训练

1）每组 4 人，两组共 8 人，班级其余学生准备情景剧或其他。

2）模拟讨论分为 5 个板块，分别为：

第 1 板块——"城市轨道交通从业人员职业道德规范"知识竞赛　通过学生对城市轨道交通从业人员职业道德规范的了解、认识，回答与城市轨道交通从业人员职业道德规范相关的知识。分为必答题与抢答题两个部分，台上选手回答不出的可以由台下全班学生举手作答，答对有奖品。

第 2 板块——"城市轨道交通职业道德的培养"演讲比赛　台上两组派出代表分别演讲（可以带稿），由评委打分，分高的胜出。

在第 2 板块结束之后，两组竞争结束，获胜次数多的组胜出，当场颁奖。

第 3 板块——"地铁与生活"情景剧　由未参加两组竞赛的台下本班学生出演情景剧，内容围绕地铁与生活，共演两场，每一场参演者不得超过 5 人。

第 4 板块——"在工作中如何坚持城市轨道交通职业道德规范"的讨论　通过幻灯片上显示的题目，与全班学生进行讨论（为了预防冷场，要事先准备好班级内部的回答），题目大概 8~10 题。

第 5 板块——"如何高质量使用城市轨道交通职业道德规范"的倡议　全班学生上场，发出高质量使用城市轨道交通职业道德规范的倡议，队形 6×6，两个领队，具体细节调整待定。

复习思考题

1. 采访城市轨道交通运营公司的先进员工，交流、学习职业道德修养的方法。
2. 结合现场实习，理解城市轨道交通职业道德规范。

项目二 城市轨道交通服务环境

知识要点

1. 城市轨道交通线路车站环境。
2. 城市轨道交通人文环境。
3. 城市轨道交通服务卫生环境及标准。
4. 城市轨道交通地铁环境与设备监控系统。
5. 环境保护。

学习任务

1. 分析线路车站位置规划设置对城市轨道交通环境的影响。
2. 模拟情景讨论城市轨道交通人文环境对城市文明的影响。

相关理论知识

一、城市轨道交通线路车站环境

城市轨道运输的主要乘客是本市及沿边市郊的固定人群,因此线路位置的设计要充分考虑吸引沿线范围内乘客的便捷因素,科学规划。城市轨道交通线路一般主要沿城市的交通主干道修建(图2-1),同时在城市轨道交通线路规划中,不能强调单一轨道交通线路系统的建设,而忽略轨道交通线路系统与其他交通线路系统的衔接,或重视单一轨道交通线路建设和工程设计层面上的研究,忽视轨道交通系统内各条线路之间的整合。这些将导致轨道交通系统内的客流衔接不顺畅、不便捷。

因此,城市轨道交通线路设计应与市内公交、出租、社会车辆大型停车场、自行车停车点、公路、铁路、航空等建有良好的线路接口,以满足各交通工具间快捷良好的换乘需求。要完成各交通工具间的良好衔接,就必须要对整个城市进行交通一体化设计,通过交通一体化的规划设计提高轨道交通聚集和疏解客流的能力,为乘客提供快捷、方便、舒适、安全的换乘环境,为城市枢纽地区提供良好的交通环境和开发环境,最终实现城市综合客运交通系统的最佳运输效益、社会效益和经济效益。例如上海虹桥综合交通枢纽中心具有高速铁路、磁悬浮、城际铁路、高速公路客运、城市轨道交通、公共交通、民用航空等各种运输方式的集中换乘功能,整个交通枢纽集散客流量为48万人次/日,设有虹桥机场、铁路客站(连接京沪高铁、沪宁城际高铁、沪蓉高铁)、长途巴士客站、磁悬浮客站、轨道交通车站(5条地铁连通,连通上海各区)、地面公交车站(30多条公交线路四通八达)、巴士站(上海西部最大的城际客运站)。

图 2-1 大连春光街地铁站效果图

(一) 城市轨道交通线路与其他交通线路的衔接换乘

1. 城市轨道交通线路与其他交通线路的衔接原则

城市轨道交通线路与其他交通工具线路之间的衔接应紧紧围绕整个城市交通系统发展规划的整体性、协调性、便捷性、政策性和合理性,使各种交通方式能有机地结合在一起,既有分工,又有协作,充分发挥交通网络的运输能力,为城市的发展和乘客的出行很好地服务。

各种交通线路的有效衔接即将线路连接成线网的纽带,这对乘客的出行有很重要的影响。因此衔接方式必须充分考虑各方乘客的因素,体现交通的便捷性和舒适性。

综合以上因素,城市轨道交通线路的设计应遵循以下几个原则:

1) 城市轨道线路设计应结合城市规划的实际工程地质条件、施工方法和各条线路的修建顺序,选择安全、易于实施、经济可行的方案。

2) 城市轨道交通线路设计应结合城市规划和城市环境,选择对城市干扰小的方案。

3) 城市轨道交通线路设计应考虑到城市轨道交通和其他交通方式运营管理体制上的差异,选择多方均能接受的方案。

4) 城市轨道交通线路设计应满足远期路网客流量的要求,满足远期发展规划的要求。

2. 城市轨道交通线网与公交线网的衔接与换乘

城市轨道交通线路与公交线网的关系应定位为主干与支流的关系 (图 2-2)。城市轨道交通以运送城市主要客流走廊、主要干道的中远距离客流为主。轨道交通要发挥其大运量、快捷、准时、舒适的系统特征。公共汽车、电车运能小,但方便灵活,可将乘客送往四面八方,是解决中、短途交通的主力。根据两者的特点,在交通规划时应注意其相互衔接与换乘,使之发挥更大的作用。具体实施时需要做到以下几点:

1) 设计轨道交通与公交紧密衔接的公交换乘枢纽,实现立体化 "零换乘";一方面,尽可能为客流量大的综合枢纽站提供衔接公交站场用地,设置公交换乘枢纽,通过立体换乘通道实现立体化衔接和 "零换乘";另一方面,根据轨道交通站点周边公交停靠站的位置,在不影响道路交通的前提下,调整公交停靠站与轨道交通出入口的距离,必要时设置立体步

图 2-2 城市轨道与公交换乘示意图

行换乘通道，缩短换乘距离，方便客流换乘。

2）调整轨道交通沿线衔接的公交线路，形成相互支援，优势互补的公共交通网络，引导提升公交出行比例。结合道路结构和功能，从"点、线、面"三方面优化重组公共交通系统资源，实现常规公交与轨道交通之间的优势互补；调整与轨道交通平行且重叠（3个轨道交通站区间）的公交线网，保持适当规模作辅线，在局部客流大的轨道交通线的某一段上，保留一部分公共汽车线起分流作用，但重叠长度不宜过长。以放射的形式组织与轨道交通站点衔接的公交线路，不仅要抽疏与单独一条轨道线重叠的公交线路，还要抽疏与"十"字相交轨道网重叠的公交线路。同时，在城市新建区、客流较大边沿地区以及新建道路增加送达公交线路，加强轨道交通与主要客流吸引源的客运关系，加大轨道交通对沿线客流的吸引收集。将轨道交通线路两端的地面常规公共交通线路的终点尽可能地汇集在轨道交通终点，组成换乘站。改变地面常规公共交通线路，尽量做到与轨道交通车站交汇，以方便换乘。

3）以轨道交通车站为核心，组织短途接驳公共汽车，加强对大型工业区、商业区、行政区、主要居住区等客流的收集与疏散，延伸网络的辐射。

3. 城市轨道交通线路与市郊铁路线的衔接与换乘

城市轨道交通线路与市郊铁路线的衔接与换乘国内经验不多，国外一般有两种做法：

1）市郊铁路深入市区，在市区内形成贯通线向外辐射。在市区内设若干站点与城市轨道交通衔接。

2）利用原有铁路开行市郊列车，市郊列车一般不深入市区，起点站在市区边缘，在起点站车站上与城市轨道交通及地面常规公共交通工具进行换乘衔接。

4. 城市轨道交通线路与地面铁路车站的衔接与换乘

在火车站站前广场或站内站台的地下单独建设城市轨道交通车站，利用出入口通道或站台立体通道与铁路车站衔接。在地面或高架修建城市轨道交通车站，进行客流的统一组织规划。在新建和改建的火车站中，将城市轨道交通车站一同考虑，形成综合性交通建筑，方便乘客换乘。

5. 城市轨道交通线路与私人交通工具的衔接与换乘

城市轨道交通线路与私人交通工具的衔接与换乘表现在两个方面：

（1）与机动车的衔接与换乘　在市区边缘轨道交通换乘车站，一般均设计或预留了较大面积的机动车停车场，鼓励小汽车用户停车换乘城市轨道交通，促使个体交通向公共交通转化。这类停车场一般应布置于联系中心城区和外围城区的主要道路一侧或高等级道路出入口处，这样容易被乘客接受。在城区，由于停车场地十分有限，相应的停车费用也比较高，因此很少设计大面积机动车停车场。

（2）与自行车、摩托车等小型车辆的衔接与换乘　自行车交通自主灵活，准时可靠；连续便捷，可达性好；用户费用低廉，运行经济；节能特性显著，环境效益好。调查表明：自行车的换乘客流来源一般距车站500~2000m的范围内，这样，在居民区和市区主要交叉口的车站均应设置一定规模的自行车停车场地。自行车交通衔接主要侧重在城市中心区、边沿地区、郊区和市区生活性道路附近的轨道交通站点，所以在此设置自行车停车场，为自行车换乘轨道交通提供方便。北京地铁早期的做法是将出入口周围划出一片地作为停车场地，但随着城市建设的发展，市中心的用地越来越紧张，这种做法越来越难以实施，这样在规模较大的车站可考虑利用地下空间设置停车场。对于处在交通较敏感的交通性干道的轨道交通站和接驳对外交通枢纽的轨道交通站，一般不提倡设置自行车停车场，以免吸引过多的自行车交通影响道路机动车交通。

对国外先进的换乘系统进行分析和研究，可以给我国轨道交通的建设和发展提供很好的借鉴和启发，可以少走弯路。地铁车站的附近都有常规公交为其接运乘客，如图2-3所示，地铁的出口往往与过街通道联在一起等，这些措施既缓解了地面交通的压力，又方便了人们的出行。

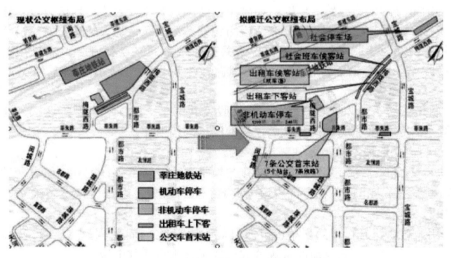

图2-3　莘庄地铁交通组织示意图

（二）城市轨道交通车站站点设置

为方便乘客乘车，车站站点的设置应与城市其他路网规划相配合。车站是乘客办理各种乘车手续并完成乘降的主要场所，为了满足各种乘客流线方便快捷的需要，车站站点一般都设置在市区居民集中的地点、沿城市主要交通干道的路口、商业繁华地段以及主要工业区等人流集中的地点，如图2-4所示。

图 2-4 地铁车站入口位置示意图

1. 车站站点设置原则

根据国家有关技术规范，城市轨道交通交通车站站间距在城市中心区和居民稠密地区宜为 1km 左右，在城市外围应根据情况适当加大车站间的距离，一般宜为 2km 左右。为吸引周边 500m 步行范围的客流，也可通过设置接驳常规公交的方式以吸引更大范围的客流。因此站点的设置应本着以下原则：

1）应尽可能靠近大型客流集散点，能满足设计远期客流集散量和运营管理的需要，具有良好的外部环境条件，最大限度地吸引乘客，为乘客提供方便的乘车条件。

2）根据轨道交通路网及城市道路网状况，在城市交通枢纽、地铁线路之间与其他轨道交会处设置车站，使之与道路网及公共交通网密切结合，为乘客创造良好的换乘条件。

3）应与城市建设密切结合，充分考虑城市地貌及建筑物布局，与旧城房屋改造和新区土地开发结合。

4）应以安全为前提条件，尽量避开地质不良地段，尽可能减少对周围环境的干扰。

5）兼顾各车站间距离的均匀性。

6）车站的设计应尽可能地与物业开发相结合，使土地的使用达到最经济。

2. 车站站点设置对市民出行时间的影响

车站数目的多少直接影响市民乘地铁的出行时间。车站多，市民步行到站距离短，节省步行时间，可以增加短程乘客的吸引量；车站少，则恰恰相反，提高了交通速度，减少乘客在车内的时间，可以增加线路两端乘客的吸引量。市民出行对交通工具的选择，快捷省时条件排在第一位。

车站的设计应简洁明快大方、易于识别，并应体现现代交通建筑的特点，同时应与周围的城市景观相协调。

二、城市轨道交通人文环境

城市轨道交通人文环境主要体现在车站建筑环境，车站的建筑设计不仅要在使用功能上满足运营的需要，同时需要与当地人文历史进行很好的融合，体现出当地浓郁的地域文化。

地铁车站乘客的流动量大、行车速度快，乘客的文明乘车行为既是当地人文素质的体现，也是传播各种文明行为和精神的绝佳渠道，因此创造和谐文明的乘车环境对提升整个城市的人文环境有着很好的推动作用。

对有些城市轨道交通来讲，地铁就像一座城市的缩影，既承载着城市的历史，也寄托着城市的未来。车站标识系统应将地域、历史文化、民俗风情等人文因素与信息标识系统的功能性相结合，赋予标识系统文化内涵，体现人性化设计，有利于城市的品牌形象建设。

1. 车站建筑环境

每个城市轨道交通车站在建筑设计时一般都体现本站的地标标识，体现不同的风格等。另外，作为城市建筑的一部分，城市轨道交通站房建筑造型应大方、美观，车站标识明确并能表现城市的建筑风格和地理环境等特点。

（1）宫殿般的莫斯科地铁站　莫斯科地铁一直被公认为世界上最漂亮的地铁，地铁站的建筑造型各异、华丽典雅。每个车站都由国内著名建筑师设计，各有其独特风格，建筑格局也各不相同，多用五颜六色的大理石、花岗岩、陶瓷和五彩玻璃镶嵌出各种浮雕、雕刻和壁画装饰，照明灯具十分别致，好像富丽堂皇的宫殿，享有"地下的艺术殿堂"之美称。华丽典雅的莫斯科地铁一直是俄罗斯人的骄傲。

站台精美漂亮，以共青团地铁站最为突出，有很多戏院和宫殿特有的华丽建筑和装饰，奶黄色的天花板点缀着粉饰的螺旋状图案和闪亮的枝形吊灯，如图 2-5 所示。

a)　　　　　　　　　　　　　　　　b)

图 2-5　宫殿般的莫斯科地铁站

莫斯科地铁系统和市区的布局基本一致，由市中心放射延伸，呈辐射状和环状。巨大的地下交通网连接着莫斯科的各主要公共场所，大多数标志性建筑都有地铁站。走在莫斯科街头，你会看到一个个醒目的红色"M"标记，这就是遍及全城的地铁站。"M"是俄语中地铁 MeTpo 的第一个字母，这个鲜红的标记会引导你进入一座座魅力无穷的"地下艺术宫殿"。莫斯科每座地铁站的建筑造型各异，华丽典雅，精美的大理石艺术雕像、浮雕、典雅的吊灯、玻璃拼花以及站台顶部那些代表着建筑者精湛技艺的马赛克镶嵌画，使地铁站犹如一座艺术博物馆，美不胜收，令人惊叹不已。

地铁车厢除顶灯外，还设计了便于读书看报的局部光源，在车厢门口安装了显示站名用的电子显示屏。地铁站除根据民族特点建造外，还以名人、历史事迹、政治事件为主题而建造。

莫斯科地铁是世界上规模最大的地铁之一。在近 200 个地铁站中，绝找不出两个相同的，每个地铁站都拥有自己独特的建筑风格。每座地铁站都由单独的建筑师设计，其中不乏享负盛誉的大师。每个地铁站内均铺以大理石的墙面和地面，选择来自苏联各地区 20 多种不同产地的石材。而工艺精湛的塑像、浮雕、大型吊灯与彩画玻璃，以及马赛克镶嵌画则更是令地下交通枢纽成为艺术陈列馆。

如今，莫斯科地铁站已成为许多人到莫斯科旅游时必不可少的参观景点之一。

（2）浪漫的巴黎地铁站（图 2-6）　如果说莫斯科地铁站尽显的是一种尊贵与皇室气息，那么巴黎地铁站则展示出一种年轻与活跃的氛围。

巴黎的王宫地铁站入口处（图 2-7）像一顶华丽的皇冠，与站名相得益彰。法国人将他们的浪漫都融入生活的点点滴滴中。地铁就是巴黎人展示自己文化的窗口。

（3）充满艺术气息的斯德哥尔摩地铁站（图 2-8～图 2-10）　如果说斯德哥尔摩有什么世界之最的话，其地铁应该算得上世界上最长的艺术长廊。100 多个站台，分别由 100 多位艺术家用自己的风格和艺术构思来装点。于是，这个全长为 108km 的地铁网就变成了一个世界最长的艺术长廊，各式风格的绘画、壁画、雕塑以及各式各样的艺术表现手法，让乘客感觉妙不可言。

图 2-6　巴黎地铁站

图 2-7　巴黎的王宫地铁站入口处

图 2-8　斯德哥尔摩地铁站

图 2-9　充满艺术气息的地铁站

图 2-10 岩洞式的地铁站

斯德哥尔摩地铁的每个车站看上去都像是地下的岩洞，墙壁被装修成石灰岩的样子，凹凸不平。而每站的岩洞都是不同的颜色。最有名的就是图 2-10 所示的 T – Centralen 站，鲜艳的深蓝色作为主色调，洞顶涂抹着各种延展开来的图形，像是植被又像是骨架。

（4）可爱的香港迪士尼地铁站（图 2-11 和图 2-12） 到香港去迪士尼乐园游玩，游客们基本没有搭错车的。因为在香港的地铁线上，就有一个名为"迪士尼"的地铁站。

在通往迪士尼乐园的专列上，每位游客就已经感受到迪士尼元素了：米奇头像的窗户、米奇头像的吊环，每节车厢的中间还摆设有米奇和米妮的铜像。出了地铁站，旁边就是迪士尼游乐园，因此可以说，方便的交通也是促成香港迪士尼吸引游客的一个重要因素。

图 2-11 香港迪士尼地铁站

（5）现代又不失中国风的北京地铁（图 2-13 和图 2-14） 青花瓷式的壁画和圆明园站文化墙透露着浓郁的中国式美丽。

 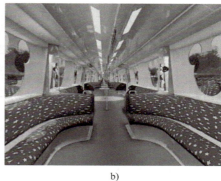

图 2-12　迪士尼乐园的专列

图 2-13　北京地铁北土城站　　　　　图 2-14　北京地铁圆明园站文化墙

2. 文明乘车环境

城市轨道交通是城市公共交通很重要的组成部分，公共交通的文明乘车环境对建设城市文明至关重要，反过来公共交通乘车环境的文明程度更是一个城市文明程度的窗口。城市轨道交通车站应创造文明的乘车环境，不断传递精神文明的信息，不断促进社会和谐、稳定、美好。文明就是谦让的态度和为他人着想的心。

城市轨道交通的文明乘车环境除了提供一定的硬件支撑，如列车内设老、幼、病、残、孕专用席位（图 2-15）等，还要有一定的文明乘车的导向服务。例如在乘客信息显示系统

图 2-15　列车内重点旅客座席

终端及列车内移动电视一遍遍播放文明倡导宣传内容，充分发挥文明服务志愿者的作用，深入引导，不断更新文明漫画广告牌，工作人员提供微笑服务等。

很多城市地铁内禁止饮食（图2-16）。首先，食物残渣、水滴、牛奶食物等洒落到地面和楼梯上容易造成人员滑倒，食物残渣还极易滋生蚊蝇，引来蟑螂和老鼠，老鼠一旦咬断电缆就会造成通信、信号中断，影响行车安全。

其次，地铁车厢相对密封，空气流通性差，如果吃食物，特别是带有刺激性气味的食物，会导致整个车厢内有异味，影响他人。

图2-16 公共告示

三、城市轨道交通服务卫生环境及标准

城市轨道交通是现代化城市公共交通中最高效、便捷、舒适的运输工具。同时，作为特殊公共场所，地铁具有密闭、自然通风不足的特点，不利于环境污染物的稀释，特别是换乘车站，人群密集、流动性大，存在更多的卫生隐患。因此，城市轨道车站的卫生环境工作是客运服务工作中很重要的一项工作。

《城市轨道交通客运服务》（GB/T 22486—2008）对轨道交通车站环境卫生方面的要求如下：

1）服务组织应向乘客提供适宜的候车和乘车环境。

2）向乘客提供温度、湿度、空气质量、噪声等级和天气状况等候车、乘车的环境信息。

3）车站、列车上应保持空气清新。封闭式车站的温度、新风量应符合《地铁设计规范》（GB 50157—2013）的规定。

4）列车客室内的温度、新风量应符合《地铁车辆通用技术条件》（GB/T 7928—2003）的规定。

5）车站的候车和乘车环境应整洁，应及时清除尘土、污迹、垃圾等，不应有异味。

6）车站、列车车厢、空调系统、公共卫生间等直接与乘客接触的服务设施、反复使用的车票应定期清洗、消毒。

7）服务人员应持有效的健康证上岗，服务人员患有传染性疾病时，不应从事直接为乘客服务的工作。

保持车站整洁、以优美的环境向乘客提供良好的候车环境是客运服务工作内容之一。轨道交通车站环境卫生要达到"窗明地净，四壁无尘，内外整洁，不留死角"。

（一）车站卫生环境

车站环境整体要求：窗明地净、清洁舒适、协调美观，如图2-17a所示。

1. 公共区域悬挂标识及张贴物品要求

各种导向标识要统一位置，悬挂端正（图2-17b），并保持清洁明亮；临时标识内容清晰，放置正确，不得丢字、少字，不得使用不规范文字。

1）在运营时间乘客乘车区域内，不能悬挂与运营活动无关的物品。

a) b)

图 2-17 车站卫生环境及悬挂物

2) 车站设置的各类标识不能有倾斜、卷翘、破损现象。

3) 车站张贴、悬挂的各类公示牌应整齐,不应有破损;过时的规定、公告等应及时更新、更换。

4) 车站临时张贴的宣传标语、招贴画等,在张贴期间破损的应及时更换,按期撤除、清理。《城市轨道交通客运服务》(GB/T 22486—2008)要求城市轨道车站宣传横幅、标语、广告等不应遮挡标识、指示牌、公告、通知等服务设施,或影响其使用。广告宣传灯箱及灯光的使用不应影响标识、指示牌、公告、通知以及设施设备的辨认和使用。

5) 车站壁画应洁净,不应有残、蚀、剥落现象,不应有积尘、污垢。

6) 车站宣传字画应有艺术性,并保持完好、美观(图 2-18),不应产生卷曲、折皱现象,不应脱色、有水渍。

图 2-18 车站广告宣传字画

7）站、车内广告设置应合理有序，不得影响运营服务标识的使用效果。

8）站、车内广告应保持完好、整洁、无积尘；对破损、脱色严重的广告应及时更换。

2. 站台（厅）墙、地面卫生要求

1）无痰迹、无垃圾、无尘土、无水渍、无污渍，保持干爽，有光泽；站台墙、柱、门、窗无痰迹、无印迹、无泥点、无黑灰；边、角、棱、沿无黑灰、无塌灰、无蛛网。

2）各出入口必须保持整洁、畅通，无卖艺者、乞讨者等流浪人员滞留，出口及通道墙壁和玻璃无乱张贴、涂写现象，无杂物堵塞通道，任何单位和个人均不得在上述范围内停放车辆、堆放杂物；出入口及公共区扶梯表面干净整洁，扶手带、挡板无灰尘，梯级上无垃圾、杂物。

3）垃圾箱外表清洁、无虫蚁等，无特别气味，周围不得有污迹、杂物，箱体外部不得有污垢，箱内杂物不得超过箱口。挂式垃圾桶如有损坏，应立即维修或搬走，不得摆放于地上使用；圆形垃圾桶必须上锁。

4）不留卫生死角。

（二）车站各工作场所及设备卫生标准

1. 各工作场所

车站工作场所根据各城市地铁设置及命名各有不同，一般有票务中心、监控亭、综控室、点钞室、站长室、休息室等工作、管理用房。

工作场所的卫生应达到一定的标准，一般要求做到室内环境整洁、物品摆放统一整齐，工作台面无杂物、积尘，墙（亭）壁、玻璃干净无污迹、没有不标准张贴物。墙壁、天花板无污迹或蜘蛛网，各种设备、文件柜面及工作台面干净无积尘。

2. 消防设备卫生标准

做到表面干净、整齐、无污痕，有光泽，表面膜保持完好状态。

3. 空调系统卫生标准

做到出风口无明显灰尘、无油渍、无污渍，保持洁净，通风系统定期清洗，保持空气新鲜。

（三）其他区域卫生标准

1）茶水间应做到地面清洁、无积水，水池清洁、无杂物、无异味。

2）厕所卫生应做到无污物及堵塞物，地面清洁无积水。

3）废物箱卫生应做到垃圾低于投掷口，箱内、箱外保持整洁。

4）各种物品、工具应按规定位置摆放，不得妨碍列车运行和乘客通行，不得发生有碍站容、站貌的现象。

5）车站商业网点外观整洁、内部物品（含商品）摆放整齐。商业设施的设置不得影响正常运营服务。

（四）城市轨道交通列车的环境卫生要求

地铁列车卫生整体应做到玻璃洁净、清洁舒适、协调美观，如图 2-19 所示。车厢内卫生做到无污垢、杂物、沙尘、水渍，保持干爽洁净；车身卫生做到无污垢、水渍、明显灰尘，洁净明亮；车顶卫生做到无明显油垢、灰尘，洁净。具体要求如下：

1）投运列车在发车前，应做好清洁工作，确保列车外观的清洁；车厢内窗明座净、地板无纸屑、无污渍。

2）车厢内各种宣传品与张贴栏应保持完好、齐全，过期、无效、破损的张贴应及时清除或更新。

3）运行列车在终端站应有专人利用列车折返的时间进行清扫，至少保证终端站发行的列车内部，地面无纸屑、污渍。

4）在行车过程中，乘客在车厢内突发弄脏车厢事件，如乘客呕吐、物件散落、饮料溢洒等时应组织人员及时跟车处理。

5）确保车厢内的照明、通风、空调等符合有关规程的要求，为乘客提供舒适的内部乘车环境。

6）列车应定期清洗，保持车厢外立面清洁，无锈蚀、污垢；车厢门窗、玻璃、扶杆、吊环、灯具、出风口、座椅应随时保持清洁。

7）车厢内、外相关服务标识应完好，各类显示设备应保持清洁。

8）根据需要对列车进行定期消毒。

9）列车应保持空气清新，车厢内的温度、新风量应符合相关规定要求。

图2-19　地铁列车卫生

（五）客运服务人员的卫生要求

服务人员应持有效的健康证上岗，服务人员患有传染性疾病时，不应从事直接为乘客服务的工作。

（六）站内维修施工时的环境卫生要求

站内有施工、维修作业时应做到：

1）按照客运工作需要设置相关的警示、提示标识，并保持周边环境卫生，作业完毕后应将现场清理整洁。

2）施工作业需要在站台存放工具、工料时，应在车站指定地点放置整齐，施工结束后应对占用场地进行彻底清扫，恢复原貌。

3）在站内实施土建及设备、设施的拆、装作业时，应对现场进行有效遮挡，遮挡物、标识牌应整洁、无破损。

四、城市轨道交通地铁环境与设备监控系统

（一）地铁环境的特点

地铁是一类特殊的建筑，是由多个车站通过隧道连接成的一个整体。地铁系统整体位于地下，是一个相对封闭的场所。内部空间（包括隧道和站台，站厅等）较大，但与外界连通的开口相对较少，只有少量的通风井和车站的出入口与外界直接连通。由于功能上的要求，地铁一般是全年运行的，在车站和隧道内有大量的人流和车流，而且流量在不断地变化。

从环境控制角度看地铁环境有以下特点：

1）地铁列车在隧道内的高速运动会引起"活塞风"。活塞风的风量很大，是隧道内通

风换气的主要动力,对无站台门的地铁系统,是车站通风换气的主要动力之一。但活塞风带来的负面影响也是明显的。对于无站台门的地铁系统,由于活塞风将大量隧道空气及室外空气带入车站,车站空调负荷比有站台门的地铁系统成倍增加。

2) 地铁环境受阳光、雨雪等外界气象条件的影响较小。

3) 地铁内有显著的内热源,包括列车空调散热、列车牵引、制动系统散热、人员散热等,是影响隧道及站台的热环境的主要因素。因此,地铁热环境的主要问题是过热,而不是过冷。

4) 地铁内由于客流量的变化,内热源的强度会随之变化。其中既有以天、星期、年为周期的周期性变化,也有不规则的变化。

5) 地铁由于被厚土层覆盖,维护结构的蓄热量很大,热惰性明显。因此热环境要经历一个长期的变化过程才能达到稳定。从建成运行起,一般要经历"结露潮湿"(1~2年),"升温"(5~15年)两阶段后,才能达到"温度稳定"的阶段。

6) 地铁内部的空间和发热量大,为了维持其热环境,环控系统的风机、制冷机、空调机的装机容量都相当大,由此引起大量的设备投资和运行能耗费用。在地铁运营初期,环控系统能耗甚至超过总能耗的50%,严重影响到地铁的运营经济性。因此,节能是地铁环控系统必须考虑的问题。

7) 由于地铁内部空间相对封闭,隧道内更为狭窄。对于某些单线隧道,列车与隧道间隙很小,无法容人通过,而且地铁客流量大,高峰时车站及列车都相当拥挤,因此地铁一旦发生事故(包括阻塞或火灾),人员难以疏散,必须在设计时对环境控制予以充分的考虑。

地铁环境的这些特点使得地铁的环境控制不同于常规的建筑。其中既有有利的因素,也有不利条件。因此,在地铁环控系统的设计和运行中,要针对地铁的特点充分利用有利的因素、克服不利因素,在满足设备及人员对环境的要求的基础之上,采用合理的系统设计并进行科学的运行控制,实现最小的初投资和最低的运行费用。

(二) 地铁环境控制系统的任务

地铁一般都深处地下,车站和列车行车隧道被数米至数十米厚的土层覆盖,与外界的空气交换只能通过车站的出入口和有限的隧道风井来进行。同时,地铁列车牵引系统、车站照明及其他设备产生巨大的热量,列车制动闸瓦产生大量粉尘,乘客和工作人员的新陈代谢也产生大量的热湿负荷和 CO_2 气体,仅靠空气的自然流动和扩散无法排除如此大量的热湿负荷和污染物,无法保持地铁内环境的舒适性。环境控制系统的任务就是保证地铁内空气的质量和温湿度在一个合理的范围内,满足设备及人员的安全和舒适性要求。

(三) BAS

住房和城乡建设部发布了国家标准——《地铁设计规范》(GB 50157—2013),标准中正式命名"环境与设备监控系统,Building Automation System(简称 BAS)",并对其定义为:"对地铁建筑物内的环境与空气调节、通风、给排水、照明、乘客导向、自动扶梯及电梯、站台门、防淹门等建筑设备和系统进行集中监视、控制和管理的系统"。

BAS 一般由设置在控制中心的中央级监控系统、设置在车站控制室的车站监控系统和就地监控设备组成。车站的站级 BAS 为带有监控工作站的 PLC(Programmable Logic Controller,可编程逻辑控制器)控制系统,主要设备包括监控工作站、网络交换机、打印机、PLC 控制器、远程 I/O(输入输出端口)装置、IBP 盘(综合后备盘)、传感器、现场总线及总线转换器等。

1. 系统功能

BAS 控制命令应能分别从中央工作站、车站工作站和车站紧急控制盘（IBP 盘）人工发布或由程序自动判定执行，并具有越级控制功能，以及所需的各种控制手段，对设备操作的优先级遵循人工高于自动的原则。

（1）控制中心级功能　根据地铁运行环境及车站其他系统的监控要求，确定并修改全线隧道及车站通风与空调系统的运行模式，并把相关的运行模式通过监控网络下载给车站，使车站设备按给定的模式运行；同时按照节能优化系统的控制要求，确定最优的运行模式，也向车站下达其他所有车站设备监控系统控制的机电设备的模式和时间表控制。

（2）车站级功能　对车站及区间的环控、给排水、照明设备实施运行监视和控制，对站内电梯、自动扶梯、站台门、防淹门等设备的运行状态及故障报警实施监视。BAS 车站级主要监控对象如图 2-20 所示。

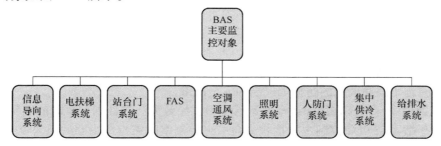

图 2-20　BAS 车站级主要监控对象图示

BAS 车站级主要功能如下：

1）对车站典型区域的温度、湿度等环境参数进行监测。

2）采集和记录车站及区间机电设备的运行状态和故障报警信息和监测数据，并按需要报送控制中心。

3）在执行控制中心的控制指令时，进行站内相关设备的运行协调。

4）采集火灾报警系统等系统数据，交换运行信息和控制信息，按照火灾报警系统的控制要求，控制与防灾有关设备在火灾工况下的运行模式，并将执行完毕后的设备状态反馈给火灾自动报警系统的报警主机，保证在各种工况下的运行控制协调。

5）具有针对各种运行模式、各种状态条件的控制预案和控制时间表，正常情况下按时间表程序运行，事故、阻塞或故障情况下执行预案程序。

6）统计车站和区间设备的累计运行时间，并根据设备保养要求，对设备的保养提供建议；能自动形成各种设备运行参数报表，或随时变更设备运行参数（如起停时间、控制参数等）；可实现备用设备自动切换运行等，控制有关机电设备的平均使用时间，从而延长此类设备（如各种水泵等）的使用寿命。

7）实施预定的能源管理方案，使得车站在满足舒适性条件下，降低能耗，提高经济效益。

8）具有彩色动态显示及多级功能显示，对设备的运行状况、设备故障及其报警级别有直观表示，报警的同时具有声光报警。

9）能根据需要自动生成各类统计报表，定期打印输出数据报表（日报表、周报表、月报表等）。

2. 运行模式

BAS 主要包括以下几种运行模式，每一种模式可以按照时间、地点、环境、工况的不同作进一步细分。

（1）正常模式　行车按计划进行、各系统运行正常、主要设备运行正常时的工作模式，是最常用的一类工作模式。

正常模式下，BAS 主要按照时间表的编排对各种机电设备进行常规控制。

控制中心可以实时显示各车站监控对象的工作状态，在对全线各车站及区间内设备实时运行状态巡检的基础上，建立设备管理历史数据库，并根据需要生成各种统计报表，为变频节能控制储备历史资料。

（2）灾害模式　发生火灾、水灾或其他重大灾害性事故情况下的工作模式，其中按灾害事件发生的位置分为区间灾害模式和车站灾害模式等几种。

当火灾报警控制器的报警信号被确认时，火灾报警控制器将火灾的位置以及联动控制指令发送到 BAS，令 BAS 进入火灾控制模式。此时，BAS 按照火灾报警控制器的模式控制指令，强制执行预先编制的控制预案，调用相应模式的控制程序，或按照人工操作指令执行相应的动作，配合车站和区间的防排烟控制和人员疏散。

（3）阻塞模式　列车在区间或车站运行受阻，导致无法按计划行车时的工作模式。

相关的车站冗余 PLC 控制主机接收来自中央控制室防灾指挥中心的阻塞模式控制指令，转入阻塞工作模式。阻塞模式下，BAS 按照接收到的列车阻塞位置以及区间、车站的人员情况，执行预先编制的控制预案，配合进行车站和区间的通风控制和人员疏散。

五、城市轨道交通环境保护

《城市轨道交通客运服务》（GB/T 22486—2008）要求城市轨道交通在环境保护中做到：列车客室噪声限值应符合《城市轨道交通列车噪声限值和测量方法》（GB 14892—2006）的规定，车站噪声限值应符合《城市轨道交通车站站台声学要求和测量方法》（GB 14227—2006）的规定。

地下铁道电动车组驾驶室和客室内的稳态噪声，其允许噪声不得超过表 2-1 规定的值。

表 2-1　地下铁道电动车组驾驶室和客室内的允许噪声　　［单位：dB（A）］

地点	等级	地面线路测量	地下线路测量
驾驶室	一级	74	84
	二级	77	87
	三级	80	90
客室	一级	76	86
	二级	79	89
	三级	82	92

情景训练

1. 分析线路车站位置规划设置对城市轨道交通环境的影响

根据以上所学理论知识,以某个城市比较典型的线路和车站位置设计为基本资料,分学习小组分别完成分析结果,各小组分别派代表进行讲述,然后进行互评,取长补短,加强对本部分知识的理解应用。

2. 模拟情景讨论城市轨道交通人文环境对城市文明的影响

根据以上所学理论知识,模拟设计乘车环境场景,分设工作小组、乘客小组,乘客小组可分多种乘客进行角色扮演,环境设置。同时设置评价小组,对模拟表演讨论等进行评价。

参考资料:

我国人口众多,城市轨道交通列车的席位设置较少,常有抢占席位现象发生,有了抢占席位,便难以彬彬有礼、仪态翩翩。不妨设想一下从入地铁口便可能看到的不文明现象:入口处,有人站在扶手电梯左边一动不动,挡住了着急的人们;刷卡进站时,总有人贪图便利直接拿包对着感应器刷卡,隔着包对不准位置,总是左晃右晃地找半天;轨道前面排队似乎已经算是社会约定,但总是有人从下车通道硬挤;有人把整个身体都倚靠在扶手杆上;地铁上各种嘈杂,大声接电话的,与同伴说笑打闹的,小孩哭闹尖叫的,无一不让周遭人的忍耐受到极度的考验……

拥挤的地铁也可以有美好发生,如图2-21所示的文明乘车还是地铁上的主要场景。

图2-21 文明乘车

作为每天搭乘地铁往返的上班族,我曾经把用不用乘地铁上下班与生活幸不幸福直接挂钩,因为上班的开始和业余消遣的开始都是在地铁上,如果每天都着急上火,生活幸福指数也会直线下滑。

习惯之后,我发觉拥挤的地铁也可以有些美好发生。比如谦让的年轻人,比如一声轻轻的不好意思,比如一个温暖的笑容……

印象最深的是,有次排队等车,有几个年轻的男生不想排队站在下车口一边,这时,身后一个大姐大声地说:"排队啊!好好的干吗不排队!"那几个人起初不以为然,其他乘客听了大姐的话,齐刷刷地用眼神加以谴责,一会儿那几个人就顶不住压力去排队了。

试想一下,如果多一些那个大姐一样的人,地铁里的不文明行为自然被制止,这更会对周围的无公德意识的人有所告诫,对文明行为也是一种很好的强化。

情景案例

因环境卫生问题引发客伤事件

某日 17:25 左右某市某地铁站,一位 51 岁的女乘客从 B 端扶梯下站台时,由于站台中部有一摊油渍,导致女乘客滑倒。该乘客没有表面伤痕,头部后脑勺撞到地板有轻微红肿。17:50 左右乘客留下事情经过自行离开。经调查了解,17:20 左右该站往××站方向站台中部有人打翻油罐,车站开始不断开广播呼叫保洁员,但没人响应。事后,直到受伤乘客离开,保洁员才到现场拖地,但地板仍很滑,为防止再有乘客滑倒,车站员工用铁马围蔽并自行用抹布擦干净。

讨论分析:

分析:本次客伤事件完全可以避免,但由于车站仅仅摆放警示标识牌,没能及时清理油渍并做好相关安全防护措施,现场也没有做好乘客的安全引导工作,最终导致本次客伤的发生。

为吸取事件教训,总结事件经验,特提出如下注意事项:

1)请车站人员加强巡视,留意站内环境卫生和设备设施状况,发现地面有积水或油渍等时,及时清理并摆放警示标识牌,设置安全防护。

2)针对容易导致地面湿滑的特殊情况(如保洁员用水拖地后地面不干、阴雨天气地面潮湿等),加强巡查的密度,加大安全提示广播的播放频率,同时做好客流监控和安全指引工作,提高乘客的安全意识。

3)加强与环境公司保洁员的沟通,及时做好地面清洁的安全保障工作,避免残留水渍、油渍引起客伤事件的发生。无法及时清理的,应做好安全防护并安排人员监控,避免乘客滑倒摔伤。

同时,请车站加强地面清洁的后续监管工作,避免地面湿滑等不安全因素造成乘客的身体伤害。

复习思考题

1. 城市轨道交通线路与其他交通线路的衔接换乘原则有哪些?
2. 车站站点设置对市民出行时间的影响有哪些?
3. 从环境控制角度看地铁环境有哪些特点?
4. 地铁环境控制系统的任务是什么?
5. 地铁为什么要禁止饮食?

项目三 城市轨道交通服务设施设备

知识要点

1. 城市轨道交通服务设施设备的基本要求。
2. 城市轨道交通车站基本服务设施设备。
3. 城市轨道交通票务设施设备。
4. 城市轨道交通导乘设施设备。
5. 城市轨道交通问询服务设施设备。
6. 城市轨道交通照明设施设备。
7. 城市轨道交通列车设施设备。
8. 城市轨道交通其他服务设施设备。
9. 车站设备维修人员服务。

学习任务

1. 根据给定的模拟情景,编排乘客信息系统(PIS)的内容。
2. 掌握城市轨道交通服务设施设备的布局和运行原理。
3. 掌握城市轨道交通服务设施设备的基本标准。
4. 会操作电扶梯的开关及进行特殊情况处理。
5. 会进行站台门的应急操作。
6. 能简单操作AFC各终端设备。

相关理论知识

一、城市轨道交通服务设施设备概述

《城市轨道交通客运服务》(GB/T 22486—2008)中对城市轨道交通服务设施的定义为:在城市轨道交通系统内设置的、直接为乘客提供服务的设施。

城市轨道交通系统直接为乘客提供服务的设施设备主要有车站服务设施设备和列车服务设施设备。

1. 城市轨道交通车站

《城市轨道交通客运服务》(GB/T 22486—2008)中对城市轨道交通车站的定义为:在城市轨道交通线路上,办理运营业务和为乘客提供服务的建筑设施和场所,可包括:

1）始发站——城市轨道交通列车运行的起始车站。

2）中间站——城市轨道交通列车运行途经的车站。

3）换乘站——城市轨道交通线路交汇处，具备从一条线路转乘到其他条线路功能的车站。

4）终点站——城市轨道交通列车运行的终到车站。

2. 城市轨道交通列车

城市轨道交通列车是指根据运营需要，由若干列车单元组成，包含车次号等身份信息，可供调度系统识别的客运列车和工程列车。客运列车基本都使用动车组列车，根据轨道车站的规模大小，一般列车编组 4～8 节车厢，如图 3-1 所示。

3. 城市轨道交通服务设施设备的基本要求

根据《城市轨道交通客运服务》（GB/T 22486—2008）的要求，城市轨道交通服务设施设备的布置和运行应与设计或验收时的标准保持一致。服务设施设备的布置和运行调整变化应是在设计或验收标准要求之上的改进和提高，应遵循不断提高服务质量的原则，不应降低服务水平和减少服务内容，不应随意减少服务场所的面积和使用空间。

图 3-1　地铁系统轨道列车

二、车站基本服务设施设备

城市轨道车站基本服务设施设备包括建筑设施、机电设备、无障碍服务设施等直接服务乘客的设施设备。

地铁出站及换乘引导标识　地铁进站引导标识

车站建筑设施有出入口、通道、站厅、站台等。根据《城市轨道交通客运服务》（GB/T 22486—2008）的要求，车站出入口、步行梯、通道、站厅、站台等场所应通畅，地面应保证完好、平整、防滑。

城市轨道车站机电服务设施和设备主要有自动扶梯、电梯、站台门等。根据《城市轨道交通客运服务》（GB/T 22486—2008）的要求，自动扶梯、电梯、轮椅升降机等乘客输送设施应安全、可靠、运行平稳，站台门应保证安全可靠、状态完好。

城市轨道车站无障碍服务设施设备主要有盲道、专用直升梯、轮椅升降机等，平时应保证正常使用。

（一）车站出入口

乘客对车站出入口的基本需求为位置合理、有明确的引导标识、容易被找到。乘客从出入口进入站厅是车站服务工作的开始。车站出入口一般设置于道路两边红线以外或城市广场周边，需具有标志性或可识别性，以利于吸引客流、方便乘客。出入口规模需满足远期预测客流量的通过能力，并考虑与其他交通工具的换乘和接驳大型公共建筑所引起的客流量。车站出入口设施的建设一般考虑以下因素：

1）单独设置的车站出入口的位置一般选在城市道路两侧、交叉口及有大量人流的广场附近，如图3-2所示。

2）地面出入口的修建位置需符合当地城市规划部门的规划要求，一般设在建筑红线以内，不妨碍行人通行。

3）每个出入口设置都充分考虑城市人流的流向，一般不设在城市人流的主要集散处，以免发生堵塞。

4）出入口一般设在较明显的位置，便于识别。

5）车站出入口一般远离易燃、易爆、有污染源并挥发有害物质的建筑物，与上述建筑物之间的防火安全距离符合有关规范的规定。

图3-2　地铁车站入口

6）车站出入口、风亭一般与周围建筑物结合，尽可能减少用地和拆迁。

7）车站出入口尽可能与城市过街地道、天桥、地下广场或其他邻近建筑物（如购物中心）相结合，以方便乘客出入乘车，同时可起到节约投资的作用，如图3-3所示。

8）出入口宜分散均匀布置，以便最大限度地吸引乘客。

车站出入口的设置需要考虑客流疏散及防灾设计要求，出入口被视为"生命线"。《地铁设计规范》（GB 50157—2013）规定每个地铁出入口的车站人员不得少于两个，且必须位于车站的两端。出入口规模的大小必须满足高峰时段客流集散的需求，保证人流的有效流动。车站出入口是车站与外界物理分隔处，因此必须设置安全隔离门（如卷帘门等），方便开关站时锁闭和开启，防止关站期间无关人员随便出入而对车站安全造成隐患。

a)　　　　　　　　　　　　　b)

图3-3　成都地铁春熙站双地铁出入口效果图（位于银石广场内）

另外，车站出入口的设计应考虑与周边物业的接驳，尽量与地面交通车站、停车场靠近，形成较佳的换乘组合；也可独立设置，并承担部分过街客流。有条件的车站出入口一般应设置无障碍通道，以方便残疾人或年老体弱者和幼儿等特殊人群使用。图3-4所示为深圳世界之窗地铁站的出入口示意图，B和I出入口设有无障碍通道。

（二）车站通道

1. 车站通道（图3-5）类型

车站通道按连通方式的不同主要分以下几种类型：

（1）结合连通型　地铁车站出入口与周边物业的建筑物地下空间完全结合，该出入口的乘客必须经连通部分才能进出地铁车站。一般以连通的建筑用地红线作为连通分界线，连通设施的运营管理及维护由地铁公司负责。

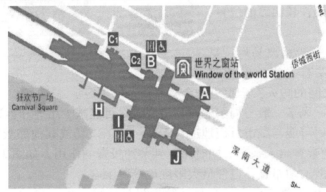

图3-4　深圳世界之窗地铁站的出入口示意图

图3-5　某地铁车站进出站通道实景图

（2）通道连通型　地铁出入口通道增设一个连通接口，使建筑物地下空间与地铁车站连通，地铁车站原设计出入口保留，该出入口通道的地铁乘客可选择是否经过连通部分进出地铁车站。一般以连通接口处的通道结构沉降缝作为连通分界线，连通设施的运营管理及维护由地铁公司负责。

（3）无缝连通型　地铁车站站厅层与申请连通的建筑物地下空间采用面的结合方式连通，形成整体空间。一般以连通面作为分界线，连通设施的运营管理及维护由申请人负责，例如大型商场中的出入口与车站间的通道由商场物业负责。

2. 车站通道设置原则

1）车站出入口与站厅相连的通道，长度不宜超过100m。超过时，应采取能满足消防疏散要求的措施。各部位的通过能力，应满足远期客流所需的宽度和数量。

2）地下出入口通道力求短、直，通道的弯折不宜过多，弯折角度宜大于90°。

3）设置必要的照明和通风设施，在通道内设置广告时，应注意内容简洁明快，以画面为主，避免过多文字内容导致乘客长时间驻足观看而影响客流通行。

4）设置排水井，处理雨水或墙体渗水等。

5）通道内宜安装一定数量的摄像头，便于工作人员掌握客流通行情况，并设一定数量和类别的导向标识来引导乘客的出行。

不管是地下车站还是地上高架车站，一般从立体结构上分为3层或两层，大型换乘枢纽站分层更多，所以每层之间的联系通道设计将直接影响站内乘客流线的组织。通道的设计应以乘客流动的路线为主要考虑依据，遵循两个原则：减少各种乘客流线的交叉和最大限度缩短乘客在站内的走行距离。

3. 楼梯

楼梯一般采取26°～34°倾角，其宽度单向通行不小于1.8m，双向通行不小于2.4m。当宽度大于3.6m时，应设置中间扶手，且每个梯段不宜超过18级。

楼梯踏步宽度一般取300～340mm，高度取135～150mm；每个梯段不得超过18级。阶梯每升高3m，应增设步宽为1.2～1.8m的休息平台，平台长度宜为1200～1800mm。楼梯净宽度超过3m时，应设置中间扶手。地下车站升降高度超过6m时，可考虑设置自动扶梯。

楼梯是车站发生紧急情况时向外疏散乘客的主要通道，所以车站楼梯平时应保持畅通，任何物品不得堆放在楼梯处，任何人员不得滞留在楼梯处。

4. 换乘通道

车站换乘通道主要是指乘客在轨道交通枢纽换乘站内各条线路间换乘或与其他交通方式之间换乘时在站内需要经过的通道，如图3-6所示。

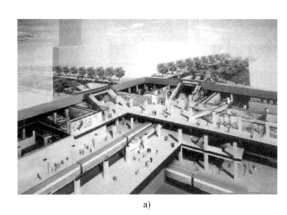 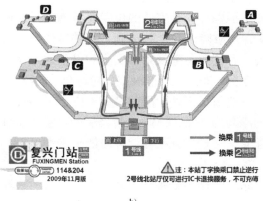

图3-6 换乘站换乘通道

a）某换乘车站南北向剖面示意图 b）北京地铁复兴门站客流换乘通道示意图

车站内换乘通道如同一座桥梁将不同的交通方式连接起来，出行者可以利用换乘通道从一线转入另一线，或从一种交通方式转向另一种交通方式，完成出行过程。因此站厅的合理布设是减少换乘时间的关键之一。

换乘通道的长度需要根据车站预测客流高峰期换乘客流的大小来确定。一般大城市人口过多，交通压力大，早晚高峰的时候地铁车站容易出现拥挤现象，特别是换乘站。所以地铁换乘站的换乘通道比较长，这样可以缓解客流高峰期的拥挤状况，为组织高峰期的换乘客流创造良好的设施条件。但换乘通道过长会增加乘客站内走行的时间，因此站内换乘通道须考虑多方面的因素进行科学设计。

（三）站厅及站台层设施

站厅是指车站内供乘客购票、检票、换乘的区域。站台是指车站内与线路相邻，供乘客上下列车的平台。

车站站厅及站台层设施主要包括车站用房、通道、乘客活动区域、服务设施及其他附属设施等，如图3-7所示。

图3-7　地铁车站站厅及站台设施布局示意图

在城市轨道交通系统中存在一些供乘客使用或操作的设备，这些设备一是要醒目，使乘客便于识别；二是安放的位置要考虑到乘客操作的便利性，方便乘客使用；三是这些设备应当满足"故障—安全"原则，在乘客误操作的情况下，能自动导向安全方面，减轻以至避免损失，并应避免危及乘客安全和设备的正常工作。

车辆、车站及相应设施，应符合乘轮椅者、拄盲杖者及使用助行器者的通行与使用要求。

一般情况下站厅层的净高不应小于4m，安装及装修后的高度不应小于3m，从站台到顶部的净高为4.1~4.3m，装修后的高度不低于3m，站台的高度与轨道设施及车辆地板高度应配套，尽量保证乘客乘降时能平进平出。

1. 站厅层设施

站厅的作用是将从车站出入口进入的乘客迅速、安全、方便地引导至站台乘车，或将下车的乘客引导至车站出入口离开车站。对乘客来说，站厅是上、下车的过渡空间，乘客一般要在站厅内办理购票、检票等手续，因此，站厅内需要设置售票、安检、检票、问讯等为乘客服务的各种设施。同时，站厅层内设有地铁运营设备、管理用房和乘降通道设备，起到组织和分配客流的作用。

（1）站厅与站台位置关系　站厅层设施布局与站厅在车站的设置位置有关，设施布局直接影响站内客流的组织工作。站厅与站台的位置关系大致分以下几种（图3-8）。

换乘枢纽站的站厅主要设置换乘通道，大部分车站换乘时不需要办理其他乘车手续，因

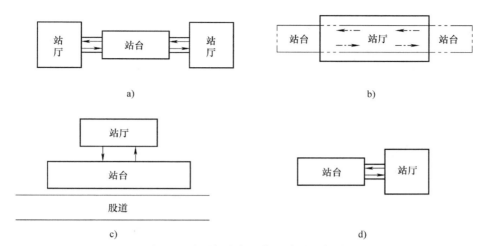

图 3-8 站厅与站台的位置关系示意图
a) 站厅位于站台两端的上层或下层 b) 站厅位于站台上层 c) 站厅位于站台两侧 d) 站厅位于站台的一端

此主要设施为导向设施。

无论站厅与站台的位置关系如何,每个站厅担负的功能基本一致,即办理进站和出站客流的乘车相关作业。站厅的面积主要由远期车站预测的客流量大小和车站的重要程度决定,目前还没有固定的计算方法,一般根据经验和类比分析确定。

(2) 站厅层设施布局　根据站厅层的功能需要,可将其划分为公共区和设备区。

公共区是乘客集散的区域,可以划分为付费区和非付费区。进站乘客在非付费区完成购票后通过检票设备进入付费区,到站台乘车;出站乘客通过检票设备后进到非付费区后出站。

客流通道口主要位于站厅层的公共区,大部分为左、右两侧布置,有利于地面道路两侧出入口的均匀布置。根据地铁设计规范,通道口最小宽度不应小于 2.4m。

非付费区是乘客购票并正式进入车站前的活动区域。它一般应有较宽敞的空间,站厅非付费区设置售票、咨询、安检、商业、公用电话、银行自动取款机等设施(图 3-9),可为乘客提供售票、咨询、商业等服务。付费区包括站厅、站台、楼梯、自动扶梯、导向标识等其他乘客服务设施。对于一般车站来说,通常非付费区的面积应略大于付费区,非付费区的最小面积一般可以参照能容纳高峰小时 5min 内聚集的客流量来推算。

乘客使用空间在车站建筑组成中占有很重要的位置,它是车站的主体部分。乘客使用空间的布置对决定车站类型、总平面布局、车站平面、结构横断面形式、功能是否合理、面积利用率、客流路线组织等都有较大的影响,而客流流线的合理性可保证乘客方便、快捷地出入车站。

站厅层设备主要设置在不影响乘客通行的位置(如站厅两端),同时应考虑方便工作人员。

2. 站台层设施

站台层主要是供列车停靠、乘客候车及乘降车的区域。站台一般应布置在平直线段上。

站台层设施设备应满足乘客候车乘降的基本需求。乘客需要以便捷的方式到达站台,尽快明确自己将乘列车的进站时刻和方向,安全乘车。

站台层分为公共区和设备区,一般两端为设备区,中间为公共区。设备区设有设备用房

图 3-9 车站站厅层设施设备

a）售票设备　b）安检及进站检票设备　c）站厅层通往站台层的通道口　d）站厅层出站检票及服务中心

和一些管理用房。

公共区的功能是供乘客上、下车和候车，一般布置有站台监控亭、乘客座椅、立柱、列车到发信息揭示设备、公用电话、紧急停车按钮等设施设备。

站台立柱的设置需要科学设计，立柱是站房建筑的一部分，根据车站规模设置立柱数量。立柱位置设置应考虑不能占用乘客通道，尽量避免遮挡乘客或工作人员的视线，同时车站可以很好地利用立柱的表面积来完成其他功能，如宣传、导向标识、广告等。根据站台宽度不同，有些车站设置双排立柱，有些车站设置单排立柱，如图 3-10 所示。

没有设置站台门的车站站台应划定候车安全线，保证乘客候车、乘降的安全。车站的站台、站厅宜设置适量的废物箱。

（四）电梯

电梯是垂直电梯、倾斜方向运行的自动扶梯、倾斜或水平方向运行的自动挪动人行道的总称，如图 3-11 所示。

地铁电梯系统设计标准：

垂直电梯：平台须离路面 150~450cm；为方便轮椅使用者，应设置斜坡；采用玻璃外

图 3-10 站台立柱

a）站台双排立柱　b）站台单排立柱　c）站厅层立柱　d）立柱导向标识

图 3-11 通往站台的电梯

墙增加站内透明度，各层电梯门宜安排在客流流动的相反方向，方便有需要的乘客寻找识别。

自动扶梯：每座车站至少有一个出入通道设置自动扶梯。当通道提升超过 7.2m 时，宜设上行扶梯；提升高度超过 10m 时，宜设上、下行扶梯；站厅层与站台层之间宜设上、下行扶梯；客流量不大且提升高度小于 5m 时，可用楼梯代替下行扶梯；自动扶梯需沿整个车站平均分布。

1. 垂直电梯

车站垂直电梯设置在出入口、站厅层和站台层，是一种垂直运送人或物的起重机械。在城市轨道交通车站，垂直电梯主要为有需要的人员使用，如伤残人士和携带大件行李的乘客或其他特殊情况人员。

垂直电梯应满足下列要求：①电梯的设置应方便残障乘客的使用；②电梯的操作装置应易于识别、便于操作；③当发生紧急情况时，电梯应能自动运行到设定层（疏散层），并打开电梯门；④电梯轿厢内应设有专用通信设备，并应保证内部乘客与外界的通信联络；⑤非透明电梯轿厢内应设视频监视装置。

考虑到残障人群的特殊性，电梯的操作装置必须便于识别和操作，应设置求助按钮、盲文设置、专用残障召唤箱等。

2. 垂直电梯可靠度

垂直电梯可靠度是实际服务时间与应服务时间之比，其计算公式为：

$$垂直电梯可靠度 = 垂直电梯实际服务时间/垂直电梯应服务时间 \times 100\%$$

按照《城市轨道交通客运服务》（GB/T 22486—2008）规定，垂直电梯 1 年内服务的可靠度应不小于 99%。

3. 自动扶梯

自动扶梯是城市轨道车站通道的主要组成部分。与垂直电梯不同的是，自动扶梯具有连续输送功能，能够在短时间内输送大量乘客，其主要特点有：输送能力大，生产效率高；可设置上、下行，满足不同需要；在断电和电源故障时，可做普通楼梯使用。安装自动扶梯的目的是将进入车站乘车或下车出站的乘客快速舒适地运送到站台或地面上。自动扶梯的设置数量应和与之相应的步行梯或通道通过能力相匹配，一般根据设置位置的高峰小时客流量计算确定。对出站客流还应考虑客流不均衡系数。

自动扶梯一般采取 30°倾角，两台相对布置的自动扶梯工作点间距不得小于 16m；扶梯工作点至前面影响通行的障碍物间距不得小于 8m；扶梯与楼梯相对布置时，自动扶梯工作点至楼梯第一级踏步的间距不得小于 12m。

车站出入口若不受提升高度的限制，则均应设置上、下行自动扶梯。站厅层与站台层之间一般宜设上、下行自动扶梯，对客流量不大的车站（且高差小于 5m 时），可用楼梯代替下行自动扶梯。当发生火灾时，车站的自动扶梯须停止运行，作为固定楼梯来疏散乘客。

按照《城市快速轨道交通工程项目建设标准》，自动扶梯和步行梯的设置标准见表 3-1。

表 3-1　自动扶梯和步行梯的设置标准

提升高度 H/m	上行	下行	备用
$H \leq 6$	步行梯△	步行梯	—
$6 < H \leq 12$	自动扶梯	步行梯△	—
$12 < H \leq 19$	自动扶梯	自动扶梯	步行梯△
$H > 19$	自动扶梯	自动扶梯	自动扶梯

注：1. H 分别指站台至站厅，或站厅至地面高度。无站厅时，指站台至地面的高度。
　　2. "△"表示在重要车站或主要楼梯口，也可设自动扶梯。

小知识

目前各城市轨道交通系统使用的自动扶梯品牌和型号不尽相同,而各品牌的操作程序也有差异,因此以下只列举其中的一种扶梯操作程序供学生学习参考。

1. 自动扶梯操作开关及按钮

在自动扶梯扶手的上下及左右两端,有"紧急停止"按钮和"上/下行运行""报警停止"钥匙开关等,用于自动扶梯的现场操作及控制,如图3-12所示。

1)"紧急停止"按钮,用于当自动扶梯出现威胁乘客安全等紧急事故时自动扶梯的紧急停车。

2)"上/下行运行"钥匙开关,用于自动扶梯运行方向的选择。

3)"报警停止"钥匙开关,用于自动扶梯开启前的鸣笛及自动扶梯的正常停车。

另外,在自动扶梯内侧面板的上、下端贴有安全提示形象贴图,以生动形象的图示方式向乘客提示乘坐自动扶梯的安全注意事项。

2. 自动扶梯日常起动操作

(1) 自动扶梯运行前的准备工作

1) 检查扶梯踏板、扶手、梳齿或保护裙板部分,除去夹在里面的碎纸、小石子、口香糖杂物等。

图3-12 自动扶梯左、右两端按钮及开关

2) 确认自动扶梯周围的安全设施(三角区护板、围挡、防止进入的栅栏、安全提示标识等)有无破损等异状。

3) 确认"紧急停止"按钮处于正常状态并确认自动扶梯梯级或踏板上没有乘客。

(2) 开启扶梯的程序

1) 鸣响警笛提醒周围人自动扶梯即将运行,请勿靠近。

2) 将钥匙插入操作盘上"报警停止"钥匙开关,转到"鸣警笛"位,鸣响警笛,放手后,钥匙将回到中央位置,将其拔出。

3) 确认自动扶梯上没有人后,将钥匙插入"上行运行"钥匙开关,向需运行方向(上行或下行)旋转,自动扶梯开始运行,待稳定后放手,钥匙自动回到中央位置后，即可拔出钥匙（启动时，一只手旋转钥匙同时另一只手按在急停开关上，当出现异常时及时按动急停开关）。

4）观察有无异常声响和振动，确认正常后，乘坐一次。确认扶手带是否正常转动，如果有异常声响或振动，立即按动"紧急停止"按钮，停住自动扶梯，同时通知维修人员。

5）确认正常运转后，再试运转5~10min。

3. 自动扶梯关闭程序

1）确认有无发生异常声响或振动。

2）如果有问题，则使自动扶梯停止。停止之前，禁止乘客进入自动扶梯的梯口。

3）将钥匙插入"报警停止"开关旋转至"鸣警笛"位，鸣响警笛。

4）确认自动扶梯附近或扶梯梯级上无人后，用钥匙开启停止开关，自动扶梯即停止运行。

5）一天的正常运行结束后，须认真检查并清扫扶梯踏板、扶手带、梳齿、裙板以及扶梯下部专用房。

6）正常停止扶梯后，应采取措施如用栅栏挡住梯口，设置"暂停服务"停止使用牌，防止乘客将其当作楼梯使用。

4. 紧急停止按钮使用程序

1）在出现异常状况必须使用紧急停止按钮时，应大声通知乘客"紧急停止，请抓住扶手"后，再进行操作。

2）紧急停止按钮操作。

现场操作：正常状态时平时红色罩呈向外膨胀凸出状（图3-12），操作时用手指按动，凸起状态变塌陷状态。操作后，用手指按动红色罩的周围，使其中部恢复正常状态。

车站控制室操作：敲破玻璃片，然后按压按钮，最后复位拔起按钮。

5. 扶梯转换运行方向的操作程序

1）将钥匙插入报警停止开关，鸣响警笛。

2）确认扶梯梯级上无人后用钥匙开启停止开关，将钥匙拔出。

3）待完全停止后，将钥匙插入运行开关，开启希望运行方向的开关（上或下）。

6. 自动扶梯的日常检查操作

根据城市轨道交通运营企业的相关规定，车站工作人员需要对自动扶梯进行定期检查和日常巡查，检查项目主要包括以下几项内容：

1）扶手带。检查是否有异常膨胀或者老化，是否附有口香糖、有无污垢，如果有则应擦去（日常巡查）。

2）梯级。检查是否有异物，螺钉是否松动，梳齿及梯级面板是否有断裂或者损伤（日常巡查）。

3）乘客舒适感。乘搭时，感觉扶梯顺畅平稳且安静，扶手带和梯级是否同步（日常巡查）。

4）急停按钮。按下按钮，扶梯停止（定期测试）。

7. 自动扶梯常见问题处理

自动扶梯常见的故障有卡异物、异常停梯、反转、异响、漏油等。无论发生何种故障都需要专业维护人员到现场进行维护和处理，作为车站的站务员只需要进行必要的配合即可。主要包括：

1）当发现扶梯异响、运行异常后，应及时关闭电梯。

2）若出现扶梯急停，要立即到现场查看是否有乘客受伤，是否有异物。确认符合开放条件后才可重新启动。

3）当故障发生时，现场的工作人员必须保证及时停梯并疏散扶梯上的乘客。

4）若扶梯无法启动时，可用钥匙多试几次，若仍无法启动，应报机电人员维修，报告故障扶梯编号和故障现象。

5）当扶梯停止使用后，要在扶梯出入位置设置相应的提示牌和安全围栏（上、下方都需要设置），并向乘客做好宣传解释工作。

6）若扶梯不能使用，将会导致步梯或通道的压力增加，在重点时段时，要在通道、站厅等位置提前对客流进行控制。

7）当客流压力很大时，可将扶梯临时作为步梯使用，但由于扶梯梯阶较高，需提示乘客注意。客流压力减缓后，重新开放使用。

4. 自动扶梯可靠度

自动扶梯可靠度是实际服务时间与应服务时间之比，计算公式为：

自动扶梯可靠度 = 自动扶梯实际服务时间/自动扶梯应服务时间 ×100%

按照《城市轨道交通客运服务》规定，自动扶梯1年内服务的可靠度应不小于98.5%。

（五）自动人行道

自动人行道是带有循环运行（板式或带式）的走道，用于水平或倾斜角不大于12°输送乘客的固定电力驱动设备。其结构与自动扶梯相似，主要由活动路面和扶手两部分组成。通常，其活动路面在倾斜情况下也不形成阶梯状。自动人行道按结构形式可分为踏步式自动人行道（类似板式输送机）、带式自动人行道（类似带式输送机）和双线式自动人行道，如图3-13所示。

图3-13　总长度超过百米的地铁自动人行道

自动人行道的倾角为 0°~12°，以前推荐可至 15°，但考虑到安全要求只允许使用到 12°。自动人行道的输送长度在水平或微斜时可至 500m。输送速度一般为 0.5m/s，最高不超过 0.75m/s。

（六）站台门（图 3-14）

站台门是集建筑、机械、材料、电子和信息等学科于一体的高科技产品，使用于地铁站台。站台门将站台和列车运行区域隔开，通过控制系统控制其自动开闭。从封闭形式上可将站台门分为闭式站台门和开式站台门两种类型。封闭式站台通常被称为屏蔽门，也是最常用的一种。开式站台门即安全门，有全高和半高两种形式，只起到安全和美观的作用。有些车站安装了电动安全栏杆。站台门的应急开启装置应完好，操作导引应醒目、清晰。

除了保障了列车、乘客进出站时的绝对安全之外，地铁站台安装站台门还可以大幅度地减少列车司机的瞭望次数，减轻了列车司机的思想负担，并且能有效地减少空气对流造成的站台冷热气的流失，降低列车运行产生的噪声对车站的影响，提供舒适的候车环境，并具有节能、安全、环保、美观等功能。

地铁站台门系统可使空调设备的冷负荷减少 35% 以上，环控机房的建筑面积减少 50%，空调电耗降低 30%，有明显的节能效果。

地铁通风与空调系统应结合地铁的运输能力、当地的气候条件、人员舒适性要求和运行及管理费用等因素进行技术综合比较，作为确定车站是否设置站台门的依据。

图 3-14　站台门设施

a）站台半高式站台门　b）站台封闭式站台门　c）站台开式站台门　d）电动安全栏杆

电动安全栏杆不仅造价低，而且安全性比较强。在车头控制箱的面板上有一个启动开关，电子安全栏杆由列车司机进行操控，列车司机确认电子门全部关闭后，列车才能启动。

站台门系统是由门体结构和门机结构组成的。门体结构包括固定门、滑动门、应急门、端门。固定门设置在两扇门之间，结合规定条件进行设置。滑动门分为标准双扇滑动门和非标准双扇滑动门，非标准双扇滑动门一般设置在靠近列车驾驶室相应的站台门。应急门不带动力，在紧急情况下由乘客在轨行区侧手动打开逃生。端门设置在站台两端，由列车司机或站务员手动打开，紧急情况下可用作乘客疏散通道。

站台门系统的门体结构图如图 3-15 所示。

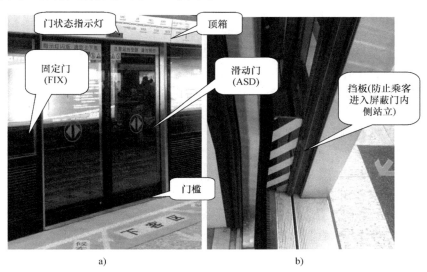

图 3-15　站台门系统的门体结构图

（1）门体承重结构　门体承重结构由下部支撑组件、立柱、横梁、顶部钢结构及伸缩装置等组成，用于安装门机、滑动门、固定门、应急门、端头门等，并承受站台门的垂直载荷、隧道通风系统产生的风压、列车运行时形成的正负水平载荷和乘客挤压载荷等。承重结构一般由各种型钢加工组合而成，其可见外表面为满足外观要求均采用铝合金或不锈钢进行装饰。门体承重结构通过上、下部连接结构与顶部和底部的土建结构相连。

（2）门槛　门槛又称踏步板，安装在站台板边缘，上表面与站台装饰层平齐，为乘客进出地铁车厢的必经之路。门槛包括固定门门槛、应急门门槛和滑动门门槛。固定门门槛承受固定门的垂直载荷，应急门门槛和滑动门门槛承受乘客载荷。门槛结构中有滑动导槽，配合滑动门滑动。门槛位于所有滑动门的下端，因为这些地方是乘客最有可能踏过的区域，其主要作用是保护乘客经过时不会摔倒，同时防止乘客触电。

（3）踢脚板　踢脚板采用的是不锈钢材料，主要是用来防止乘客有意或无意地踢脏或踢碎门体玻璃。

（4）顶箱　顶箱由前后盖板、上封板、底部装饰板、密封件等组成，置于门体顶部，内置有门驱动机构、滑动门锁紧装置、门控单元、端子排、导轨、滑轮装置、传动装置、门机梁、横梁等部件。顶箱零部件采用铝合金型材制成，具有屏蔽电磁波的作用，可以保证顶箱内电气组件的正常工作。

顶箱上一般会设置一些导向标识。站务员如果发现顶箱没有完全关闭，应立即汇报，并采取必要措施，否则安全门系统可能会因其他设备的电磁干扰而无法正常工作。

（5）门状态指示灯　门状态指示灯是通过显示颜色、显示方式（常亮、闪烁等）来表示站台门所处的状态的。

（6）滑动门（ASD）　滑动门又称活动门，是在列车进站时可以和车门同时开/关的门，其数量应与列车客室车门数量一致，并具有障碍物探测功能，是正常运行时乘客上、下车的通道。正常情况下，滑动门的开/关应由门机驱动机构操作，由门控单元（Door Control Unit，DCU）控制，有系统级、站台级、手动操作3种控制模式，手动操作优先级最高，其次为站台级控制。滑动门必须有锁定装置、锁定信号和解锁装置，在未开锁情况下，不能开门，应配置滑动门关门到位开关，应有滑动门锁定的联锁信号。

每个门单元的左滑动门上都装有手动解锁装置，在紧急状态下乘客可以在轨道侧操作解锁把手打开活动门，工作人员也可以从站台侧使用专用钥匙将门打开。

（7）应急门（EED）　在正常营运时，应急门保持关闭且锁紧状态，作为站台公共区与隧道区域的屏障。当列车进站无法对准滑动门时，乘客能在轨道侧手动打开，作为乘客的疏散通道。该门可向站台侧旋转开启且可90°定位。

应急门由钢化玻璃、门框、闭门器、推杆锁等装置组成，采用上、下转轴方式固定，竖框内设置有推杆锁装置。应急门设有位置信号装置，可以将门锁闭和解锁信号反馈到PSC。

应急门只能由乘客在轨道侧当列车客室门打开后手动打开；而站台门本体在站台两端所设的工作门，是站务员进、出站台公共区与设备管理用房区的专用门，只能由站务员在站台公共区侧以专用钥匙打开或者在设备管理用房区侧手动打开。因此，这两种门均不列入站台门控制系统的控制范围，但状态信息受监视。针对列车因故不能停靠到位，并导致所有双扇滑动门与列车客室门不能对应并提供上、下车通道的情况，必须考虑设置应急门，以满足乘客疏散的需求；为满足站务员进、出站台设备管理用房区的需要，必须考虑在站台两端设置工作门。

（8）固定门（FIX）　不可开启的门体，放置在滑动门与滑动门、滑动门与端门之间，是车站与区间隧道隔离和密封的屏障。根据滑动门的间距，在满足门本体结构强度、刚度的前提下，一般采用整体固定门。固定门高度与滑动门一致。

（9）端门（图3-16）　端门布置于站台两端，与站台边站台门垂直，将乘客区与设备区分开。端门的结构与应急门基本一致，安装有紧急推杆锁。

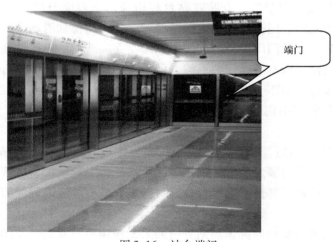

图3-16　站台端门

在正常运营状态下,端门保持关闭且锁紧。端门在轨道侧设有手动开门推杆,在站台侧设有门锁和隐蔽的开门机构,当列车在区间隧道发生火灾或故障时,可由列车司机或车站工作人员可手动打开作为乘客的疏散通道,也是车站工作人员进入隧道的专用门。端门可向站台侧旋转90°平开,且在打开后能自动复位关闭;端门配有位置开关,其状态由位置最靠近的门控单元监控;端门净开度尽量保证1200mm,困难情况下也应保证900mm。

三、无障碍服务设施设备

城市轨道交通作为大众化交通工具,应照顾所有乘客的需求。残障人士是社会特殊群体,在设备设施方面应特别设计专用通道。无障碍服务设施的设置应符合《无障碍设计规范》GB 50763—2012规定,确保设置连贯、功能正常、标识醒目、通行无阻碍。

1. 车站无障碍通道(图3-17)

新建城市轨道交通车站内每个独立付费区应设置无障碍通行专用检票通道。无障碍电梯在非付费区内宜采用自助服务方式,在付费区内宜采用自助服务为主、人工服务为辅的服务方式。

a)

b)

c)

d)

图3-17 车站无障碍通道
a)街道出入口 b)站厅出入口 c)无障碍检票通道 d)站台出入口

图 3-17　车站无障碍通道（续）

e）站台无障碍通道（盲道至车门口）　　f）站台无障碍通道（盲道延伸）

g）特殊时期列车无障碍专区

根据《城市轨道交通客运服务》（GB/T 22486—2008）的规定，城市轨道交通乘客中存在乘轮椅者、挂盲杖者及使用助行器者等行动不方便的乘客时，运营单位应针对这些乘客的特点制订相应的服务规范，为这些乘客提供便捷的服务。

无障碍通道设计突出交通服务"以人为本"的定位。针对地铁车站设置的位置不同，无障碍通道的形式也不同。当车站位于道路地面以下，出入口位于道路的两侧时，残疾人乘坐的轮椅可通过在楼梯旁设置的轮椅升降台下到站厅层，然后经设置于站厅的无障碍电梯下达到站台。为盲人设置的盲道应从电梯门口铺设盲道至车厢门口。当车站建于街坊内的地下时，车站的无障碍电梯可直接升至地面，因此，在地面应直接设有残疾人出入口，以方便残疾人的使用。盲道的铺设必须连贯，在站台层，上行和下行两个方向都需要铺设，但一般只需自站台中心处的车厢门铺设至无障碍电梯门口。

2. 楼梯升降机（图 3-18）

为确保无障碍通行，对不具备安装电梯的站点，地铁一般设置有楼梯升降机，大小正好可以放上一个轮椅。楼梯升降机一般放在地铁站出入口，升降机旁边距地面约 1m 处设置呼叫按钮装置。有需要的乘客按下呼叫键就可以直接和车站控制室通话。届时根据情况车站派专人到现场指导服务。

具体操作使用：按动按钮装置后，折叠着的平台就会自动放下来，升降机自动打开一面金属面板。待其平稳"落地"后，按动操作键沿着定制的轨道，轮椅车顺着楼梯扶手就能自如地进出地铁，载人向下或向上移动。残疾乘客只需按动呼叫键告知需求即可，剩下的事情由站务员协助操作。乘客不能擅自启动带红色呼叫按钮的操作装置。升降机可载重120kg，运行速度为0.15m/s，非常平稳。

a)

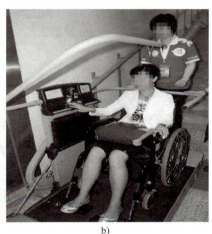
b)

图 3-18　楼梯升降机

比起一般的残疾人电梯，可折叠的升降平台占地少，尤其适合站台较小的地铁车站。如今，新建筑上也可安装这样的斜挂式楼梯无障碍升降平台。

四、票务服务设施设备

票务设施设备主要有车票、自动售检票设备、票务处理机、票务备品等。城轨交通车站应为车票发售、票务处理等票务服务活动提供必要的场所。根据《城市轨道交通客运服务》（GB/T 22486—2008）的要求，票务设施应布局合理、满足通过能力和客流疏散要求。售检票设施应安全可靠、状态完好。当票务设施发生故障无法使用时，应有明显的标识引导乘客使用其他可用设施，必要时，票务自动检票机通道应处于全开通的状态。

（一）车票

车票是乘客乘车的凭证。车票记载了乘客从购票开始，完成一次完整行程所需要和产生的费用、时间、乘车区间等信息。为满足不同消费群的需求，地铁运营方提供多种形式的车票供乘客自由选择。由于不同国家、不同地区采取的扶持政策不同，因此，各地的票卡种类也存在很大的差异。

车票形式如图 3-19、图 3-20 所示。

（二）售检票设施设备的布置

乘客进入车站付费区前需要购票，其方式有人工售票和自助售票两种。持市政公交一卡通卡的乘客有时需要充值服务。自动售票机和售票亭的设置应位于乘客进站乘车流线的前

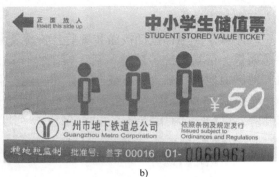

图 3-19 不同地区城市轨道交通车票
a) 塑质磁卡单程票 b) 塑质磁卡储值票 c) IC 卡储值票

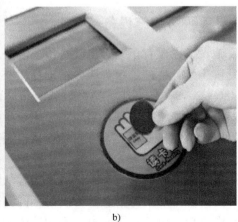

图 3-20 广州地铁的筹码型 IC 车票

端,售票设备不能被其他用途的设施遮挡,应引导指示明确、标识醒目,数量设置应满足购票客流高峰时段乘客的购票需求,购票充值时间不宜过长。

乘客购票后需要经过检票机进入付费区乘车,到达目的车站后需从检票机处刷卡出站,因此检票机位置应醒目且引导指示明确，以保证乘客能快速通过闸机进出站。

自动售、检票设备设置得是否合理对乘客服务工作起着至关重要的作用。

1. 影响自动售、检票设备布局的因素

自动售、检票设备布局就是指各个设备的空间布置，其影响因素主要有以下几个方面：

（1）客流　城市轨道客流的波动性和方向性特征比较突出，车站自动售、检票设备的数量配置和位置设置都会直接影响到客流流动的顺畅和速度。因此，高峰小时进出站客流的数量是决定车站自动售检票设备配置的主要因素，流向则是决定车站自动售检票设备布局设置的主要因素。

根据客流统计资料数据分析，车站客流的进站高峰小时与出站高峰小时出现的时间通常不同，尤其是大型城市工作日高峰小时进、出站客流通常大于双休日高峰小时进、出站客流，因此，一般采用工作日高峰小时进、出站客流作为计算车站自动售、检票设备配置数量的依据。

车站自动售、检票设备布局设置应与车站内乘客的流向及行程轨迹密切结合，尽可能避免因售、检票设备布局引起的客流交叉和迂回流动。

（2）车站自动售、检票设备使用能力　车站自动售、检票设备使用能力是指车站自动售、检票设备在单位时间内的出票张数或通过人数等。车站自动售、检票设备通过能力可以分为设计能力和使用能力。设计能力是理想状态下的设备能力，根据自动售、检票系统文件提供的数据确定，例如检票机的设计能力主要取决于票卡读写时间、闸门开启时间和乘客通过闸门时间等。但实践中，由于乘客特性、使用熟练程度、设备利用不均匀等原因，车站自动售、检票系统设备的使用能力小于设计能力。因此，在进行自动售、检票系统设备配置数计算时，应考虑其使用能力。

（3）站台与站厅层设计布局　站台、站厅层设计布局对自动售票机和检票机的设置有较大影响，从而影响车站自动售、检票设备的配置和布局。例如在岛式站台车站，付费区的自动扶梯、步行楼梯一般设置在站厅的中央区域，因此，客流量比较大的车站，需要在付费区两侧布置自动检票机。

2. 车站自动售、检票系统设备的布局形式

自动售、检票系统设备主要设置在站厅层，按乘客进、出站流向合理布置，向乘客提供购票、检验车票等服务，主要有自动售票机、自动充值机、验票机、进站闸机和出站闸机等。车站自动售、检票系统设备的布局形式有集中布局、分类布局、直线布局和错位布局。

（1）集中布局　集中布局方式适合空间较大的功能区域，如售票大厅、候车区域，不适合乘客流动性大的集散点，如图3-21所示。

（2）分散布局　分散布局方式是指自动售、检票系统设备分开摆放在其他设施设备之间。这种摆放方式适合于乘客流动性比较大的入口位置，对乘客流线起到分流的作用，并有效防止乘客拥堵及流线的交叉。例如在进站口，设备分散布局于进站口的两侧有助于分流及减少乘客流线的交叉，有效缓解购票乘客流线与持票乘客流线间的交叉。

（3）直线布局　直线布局方式需要注意设备之间的距离，距离较大会造成车站空间的浪费及影响空间功能的使用，距离过小易导致购票旅客队列之间的拥挤，使服务水平降低。直线布局方式是一种较为常见的布局方式，适宜于空间较大、乘客流动性弱的区域，如图3-22所示。

图 3-21　某站自动售票机布置图

图 3-22　某站直线布置的自动售票机

（4）错位布局　对于车站较特殊或空间受限的位置，自动售、检票系统设备错位布局方式要优于直线布局的方式。

按照进站客流的流动路线特点，有一部分客流从入口进站后首先需要买票，所以售票设备一般设在站厅非付费区内。随着城市经济的不断发展，大部分城市轨道售票设备都采用自动售票机，还有一些城市的轨道车站采用人工售票设备，有些车站是人工售票与自动售票相结合。售票处（机）或其附近应有醒目、明确的车票种类、票价、售票方式、车票有效期等信息，方便乘客购票。自动售票机、充值设备上或自动售票机和充值设备附近应有醒目、明确、详尽的操作说明。

另外，售票设备的设置应考虑车站规模大小来配备。自动售票机大部分需要用零钱来购买车票，因此在自动售票机旁边还应配备找零钱的机器，机器识别人民币纸币面额不易过大，否则会造成零钱紧张而影响正常服务。考虑城市轨道车站出入口特点，每个出入口基本都是双向使用，因此，自动售票机如果设在入口进站客流一侧，虽然方便了乘客购票，但客流量大时就会造成进、出站客流拥堵。另外，售票机配置数量太多又分散，就会增加投资，造成一定程度的浪费。所以自动售票机的放置位置及配置数量既要考虑方便入口乘客购票，也要考虑车站设备的利用率，其设置位置根据每个车站的站厅层的规模和结构，集中摆放一个或两个区域，尽量避开直接进站上车无须购票的乘客流线和出站乘客流线，区域大小应留有余地，以满足客流高峰时期的需要。

（三）自动售票机

1. 自动售票机外部构成（图3-23）**及用途**

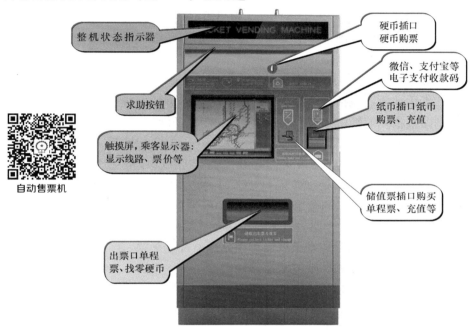

图3-23 自动售票机外部构成

（1）机箱 机箱主要起支撑和保护机内机电部件的作用，外形设计符合人体工程学；有机械锁定装置，须使用钥匙开启，自动售票机后门可以开启；装有传感器（门禁），用于防止非法开启。

（2）"召援"按钮（"求助"按钮） 有些自动售票机外部设置了"召援"按钮，乘客如果在操作中有疑问，可使用"召援"按钮请求车站工作人员帮助。

（3）整机状态指示器 显示设备工作状态的部件，如暂停服务等。

（4）硬币、纸币入币口、储值卡（或银行卡）投入口 进行购票操作时，从硬币入币口投入硬币，纸币入币口投入纸币，储值卡投入口插入储值卡。

（5）照明设备 为乘客操作和维护工作提供照明。

（6）乘客显示器和红外触摸屏 用于显示有关售票操作指示和交易信息，中英文双语提示，触摸式操作。乘客操作屏幕（触摸屏）：该屏幕上有站点、票价等信息，供乘客购票时用于选择目的站和购票张数的屏幕。

（7）出票口和找零口 从此处吐出车票和找零款。

（8）打印凭条口 用储值卡（或银行卡）购票需打印消费凭条时，从此处取凭条。

2. 自动售票机内部构成（图 3-24）**及用途**

（1）电源模块　TVM 机电源接线端子正常情况下连接市电（交流电），也提供直流电源与 TVM 机电源的连接，为自动售票机中所有电子和电气部件提供稳定可靠的直流电源。当市电中断时，可暂时提供 TVM 临时电源。

（2）主控单元　为协调自动售票机动作的中枢，控制设备内部各单元协调工作，完成自动售票机总体管理功能，实现 TVM 的各项功能。

（3）硬币处理单元　接收乘客用于购票的硬币或用于找零，由硬币鉴币器、硬币钱箱组件和硬币传送机构组成。硬币鉴币器用于硬币识别；硬币钱箱组件用于硬币储存和周转；硬币传送机构用于硬币找零、接收。

（4）纸币识别单元　纸币识别单元包括纸币接收器和纸币钱箱，用于小额纸币的识别、接收及找零。纸币接收器包括纸币投币口、纸币验币器等，可辨别投入纸币的真伪及金额，将不符合识别参数指标的纸币和假币退返给乘客，识别币种及金额可通过参数设置，一般带有缓存功能。大部分 TVM 机只接收人民币 5 元、10 元和 20 元纸币（第四、第五版本）。深圳地铁一期工程自动售票机的纸币单元可连续接收 15 张纸币。

（5）车票处理单元　车票处理单元包括车票处理机构和车票读写器。前者用于车票的馈出及到收，后者用于对馈出的车票进行读/写，根据乘客选择的目的站点和购买张数自动发售相应票价和数量的车票。车票处理单元包括存票箱、出票机和补票箱。

（6）车票加票箱　用来存放车票或向车票处理器补充车票。

（7）硬币回收箱　回收硬币或收集溢出硬币。

（8）单程票回收箱、废票箱　回收单程票或接收废票。

（9）维护单元　供车站人员对设备进行日常操作，如供车站人员进行登录、加币、加票、回收清点等日常工作时使用。

（10）乘客显示屏控制板　控制自动售票机与乘客的交互界面——乘客显示屏。

（11）打印机　打印各类报表及数据。

（12）维修键盘和维修显示屏　为操作员或维修人员提高操作界面。

3. 自动售票机的可靠度

城市轨道交通客流具有流量大、流动速度快、波动幅度大等特点，因此服务设施设备必须要保证客流高峰期的高效使用，具有高度的可靠性。

自动售票机的可靠度为售票机实际服务时间与应服务时间之比（实际服务时间包括正常的加票和加币时间），计算公式为：

$$售票机可靠度 = \frac{售票机实际服务时间}{售票机应服务时间} \times 100\%$$

按照《城市轨道交通客运服务》（GB/T 22486—2008）规定，售票机 1 年内服务的可靠度应不小于 98%。

（四）自动检票机

目前城市轨道交通采用的自动检票机也称为闸机。

闸机安装在车站付费区和非付费区的分界处，用于乘客自助检票通行，能自动计算乘车费用并扣费。在国内，闸机的设计符合乘客右手持票的习惯。

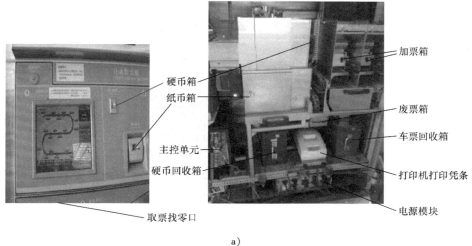
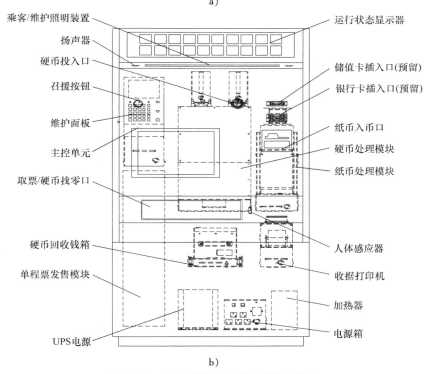

图 3-24 自动售票机内部构成及示意图
a) 自动售票机内部构成 b) 自动售票机内部构成示意图

闸机按阻拦方式主要有三杆式闸机和扇门式闸机（图 3-25）两种，按安装位置和功能不同可分为入站闸机、出站闸机和双向闸机。不论何种类型的闸机，一般从安全方面考虑，在紧急情况或断电时，闸机的通行阻挡功能都能自动解除，以便乘客快速通行或疏散。

三杆式闸机是最早、也是广泛应用的闸机，目前在国内地铁自动售、检票系统中几乎都有应用。三杆式闸机技术成熟、阻挡效果较好，可靠性较高，性价比高。但是三杆式闸机存在着下述不足之处：三杆式闸机的三杆转动是靠乘客的身体接触来推动的，因此人机友好性

a)   b)

图 3-25 三杆式和扇门式闸机
a) 三杆式 b) 扇门式

低；三杆之间通行的空隙较小，带行李的乘客通行会深感不便。

扇门式闸机是目前比较先进的检票闸机，只有一对隐藏门。扇门式闸机示意图如图 3-26 所示。它的通行速度较三杆式闸机快。扇门式闸机采用多对光电传感器来识别乘客的通行行为和行李情况，自动开关隐藏门，行人和行李可以同时方便地通行。扇门式闸机目前被认为是闸机发展的趋势，在国外的地铁自动售、检票系统中也得到了广泛的应用，在我国已建的地铁自动售检票系统中应用也较多。

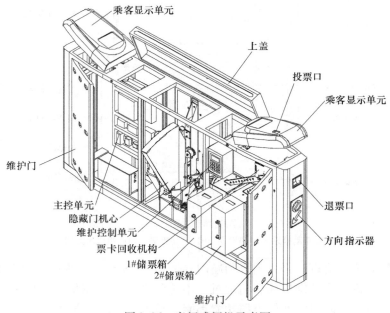

图 3-26 扇门式闸机示意图

1. 闸机的功能

闸机的基本功能有：检查车票的有效性、控制乘客通行、接收车站计算机控制、交易及状态上传及下载参数并应用等。

闸机在待机状态下将监测自身各部件的工作状态，搜索车票及等待接收车站计算机系统的指令。当发现车票后，闸机将首先检查车票的有效性。闸机对车票的有效性检查主要包括：密钥安全性检查、黑名单检查、票种合法性检查、车票状态检查、使用地点检查、余值检查、有效期（使用时间）检查、进/出站次序检查等。闸机的工作原理如图3-27所示。

自动检票机

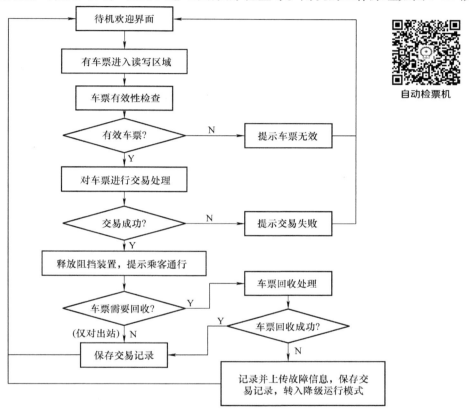

图3-27 闸机的工作原理

2. 闸机的构成及用途

闸机的外部构成如图3-28所示。

（1）机箱　机箱由壳体和支撑支架组成，外壳采用有纹理的防腐不锈钢构成，底座采用不锈钢制成。底座通过螺栓固定在地面上，并有足够的强度保证在受到正常的冲击时不发生移位。外形设计符合人体工程学；有机械锁定装置，须使用钥匙开启；维护门装有传感器，维护时闸机自动进入暂停工作状态。

（2）通行监控单元　通行传感器分布在闸门两侧通道内，每侧7对，用来监控乘客的通行过程。4对安全传感器在闸门两旁，可以防止闸门夹伤乘客。

（3）闸机机心　闸机机心安装在闸机的中间位置。机心的核心部件接收通行传感器、安全传感器的信号，传输给工控机，并根据工控机发出的指令驱动闸门驱动机构，从而打开或关闭闸门。

（4）通道可用指示器　通道可用指示器安装在闸机两端的面板上，由表示"通道可用"的绿色指示灯和"通道不可用"的红色指示灯组成，使乘客可以在远处依据该指示器

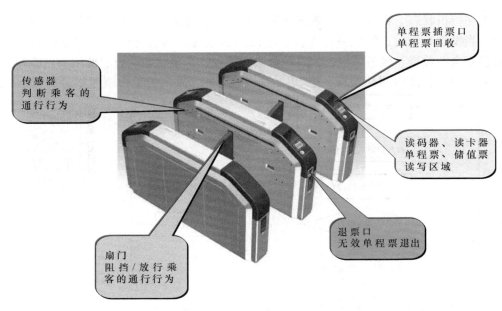

图 3-28　闸机的外部构成

选择通道。

（5）乘客显示器　乘客显示器安装在闸机上盖的端部，向上倾斜 15°，以方便乘客观察显示内容。闸机正常且无刷卡信息时显示欢迎界面，乘客刷卡时显示该卡是否合法有效，对有效卡显示当前扣款额和可用余额等相关信息，对无效卡提示乘客到售票问讯处处理。

（6）乘客通行指示器　乘客通行指示器和乘客显示器装在一起，由绿色箭头和红色十字叉指示灯组成。刷卡有效时绿色指示灯亮，乘客可以通行；刷卡无效时红色指示灯亮，乘客无法通行。

（7）票卡读写单元　票卡读写单元用于读取车票内的信息。进站读卡读写单元可以读取单程票和储值票的信息。出站读卡读写单元只能读储值票的信息。单程票读卡读写单元只能读取单程票的信息。

（8）优惠/警告指示灯　优惠/警告指示灯安装在闸机上盖的中部位置，内有红色指示灯和橙色指示灯各 1 个。通道中每个可以使用的方向上装有优惠/报警指示灯 1 套。当有乘客持优惠票刷卡时，该方向上的橙色指示灯亮，当有乘客持黑名单票刷卡时该方向上的红色指示灯亮。

（9）主控单元　主控单元控制闸机的其他部件的工作行为，根据其他部件的工作状态确定闸机的整机状态，并记录闸机的所有交易、状态、操作和台账且实时上传数据。

（10）维护单元　维护单元安装在闸机的内部，位于票箱的上部。它根据回收机构各传感器和主控单元的命令控制回收机构各电磁铁的动作。运营工作人员要通过维护单元的键盘输入用户名和密码，维护人员通过维护单元的键盘和液晶显示来检查整机和各部件的状态以及传感器的状态。

（11）单程票回收箱　单程票回收箱安装在闸机的内部，位于闸机底部，靠近出站端。单程票回收箱最多可存储 1000 张单程票。票箱带有电子 ID 和计数器，以便让系统内的所有设备可以直接获取单程票回收箱的编号和内部存储的票数。

（12）单程票回收机构　单程票回收机构安装在闸机内部靠近出站端。乘客投入的有效票被送入单程票回收箱（以下简称票箱），而乘客投入的无效票及其他物体（如硬币等）被退回至退票口。

（13）电源模块　电源模块由变压器和开关电源组成。变压器安装在主控单元的侧下部，给机心控制单元供电。开关电源安装在闸机主控机箱内，给闸机内的其他部件供电。

（14）乘车码读写单元　用于读取乘车码信息，进出闸机时读写数据并自动完成扣款。

3. 闸机的工作流程

（1）进站闸机　当票卡进入读卡区范围时，读卡器将对车票进行有效性检查，若为有效票，则自动将进站站名、进站时间和设备号等信息写入车票中，然后打开扇门，检测到乘客通过后，关闭扇门并返回到开始状态；若为无效票，则提示车票无效或警告，并维持扇门处于关闭状态禁止通行。

无效车票一般包括过期车票、次序错误的车票、非本市发行的车票、余额不足和黑名单车票等。

（2）出站闸机　当票卡进入读卡区范围时，读写器对车票进行有效性和车费检查，若为有效票，闸机自动打开扇门，检测到乘客通过后关闭扇门并返回到开始状态；若为无效票或费用不够，则提示无效或欠费，并维持扇门处于关闭状态禁止通行。

（3）双向闸机　双向闸机可设置为进站检票机状态、出站检票机状态或是进出站检票机状态。当检票机处于进站状态时，设备自动执行进站检票机的工作流程；当检票机处于出站状态时，设备自动执行出站检票机的工作流程。

自动检（验）票机或其附近应有相应的标识或图示，方便乘客检（验）票。

4. 进、出站闸机可靠度

进、出站闸机可靠度是实际服务时间与应服务时间之比，计算公式为：

$$进出站闸机可靠度 = \frac{闸机实际服务时间}{闸机应服务时间} \times 100\%$$

按照《城市轨道交通客运服务》（GB/T 22486—2008）规定，进、出站闸机 1 年内服务的可靠度应不小于 99%。

（五）票务处理机

票务处理机简称 BOM 机，如图 3-29 所示。

票务处理机通常安装在售/补票房客服中心内，采用人工方式完成票务处理，如车票发售、加值（充值或增值）、车票分析（验票）、退票及其他票务服务，因此票务处理机又称为半自动售/补票机。

票务处理机是自动售、检票系统中业务功能较为齐全的终端设备，一般放置在车站的客服中心或出站口票务室内，可以对付费区和非付费区的乘客提供服务。它能实现多种业务，包括售票、充值、退票、挂失、车票异常处理、信用设置、卡内信息资料更改以及密码设置

图 3-29　半自动售/补票机

等功能，还能实现一些行政事务等方面的业务处理。

可以根据需要将半自动售/补票机功能分离设置成单独的半自动售票机或半自动补票机，也可设置成具有半自动售票和补票功能相结合的设备。

功能单一的半自动售票机应部署于非付费区，而半自动补票机则用于付费区内服务。功能结合的半自动售/补票机可以同时为非付费区与付费区服务，兼顾售票及补票功能。使用同一个设备需对两个区域分别设置单独的乘客显示器。

票务处理机（半自动售/补票机）通常由主控单元、乘客显示器、操作显示器、票卡发送装置（可选）、读写器与天线、键盘与鼠标、机身、电源模块（含 UPS 或电池）、支持软件等部件组成。

1. 票务处理机的功能

（1）车票发售功能　发售包括单程票、储值票、纪念票在内的各种类型的车票。

（2）车票分析功能　对车票有效性进行分析，查询车票历史交易信息。

（3）票务处理及服务功能　对无法正常完成进、出站的车票进行票务更新，发售出站票，退票处理，受理车票挂失，车票续期（年审），查询票价及其他服务。

2. 票务处理机的工作流程

票务处理机具有两种工作模式，即售票模式和补票模式。安装在非付费区内的票务处理机通常工作在售票模式下，可以发售除出站票以外的各种车票，并可以进行票务处理及其他服务。

安装在付费区内的票务处理机通常工作在补票模式下，在补票模式下只允许发售出站票，用于无票或车票破损的乘客补票使用，其他车票均不能发售，此外还支持车票更新操作。

票务处理机在发售车票时的车票有效性检查内容包括：密钥安全性检查、票种合法性检查、车票状态检查。

票务处理机在进行票务处理时的基本交易流程如图 3-30 所示。

车票有效性检查主要内容包括：密钥安全性检查、票种合法性检查、车票状态检查、黑名单检查。

车票状态分析内容包括：使用地点检查，余值检查，有效期（使用时间）检查，进、出站次序检查等。

在特殊情况下，应及时采取有效措施，为乘客进行必要的票务处理。

（六）自助增值机（AVM）的构成及使用

自助增值机通常安装在非付费区，用于乘客自助完成对储值票的增值，通常自助增值机还可以提供车票查验等其他服务。

自助增值机一般由乘客显示器、触摸屏、IC 车票读写器及天线、纸币处理单元、主控单元、维修面板/移动维护终端接口、乘客接近传感器、机身、支持软件、电模块（含 UPS 或电池）和票据打印机等部件组成。

自助增值机以主控单元为核心，辅以车票读写器、乘客显示器、打印机、电源、现金识别设备等模块，还可以根据需要配置触摸屏、银行卡处理设备等部件。储值卡充值机是最常用的自动增值机。

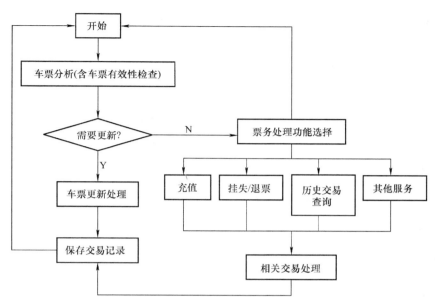

图 3-30　票务处理机在进行票务处理时的基本交易流程

1. 储值卡充值机各部件功能

储值卡充值机各部件功能具体如下：

（1）机箱　机箱主要起支撑和保护机柜内机电部件的作用，设计符合人体工程，外形采用流线型，设备表面平滑，边角圆滑过渡，不会对使用者造成伤害；有机械锁定装置，后门须使用钥匙开启；装有传感器，用于防止非法开启。

（2）整机状态指示器　显示设备当前的工作状态。

（3）"召援"按钮　当乘客在操作中有疑问或不能正确完成操作时，可按下"召援"按钮，请求工作人员帮助。

（4）储值票传送单元　储值票传送单元包括储值票传送机构和储值票读写器两个部件。储值票传送单元是一种 IC 卡传送机构，用于储值票的输入和退出，储值票读写器用于对乘客插入的储值票卡进行读/写。

（5）纸币识别单元　纸币识别单元包括纸币识别器和纸币钱箱。纸币识别器是用于纸币识别的一体化设备，方便打开外壳、处理夹币、清洗、更换等操作。设定识别接收人民币类型后，不符合识别类型的纸币和假币退还乘客。纸币单元的纸币钱箱设置一定容量。

（6）银行卡处理单元　银行卡处理单元包括银行卡读写器和银行卡处理模块。前者用于读取乘客放入的银行卡卡号；后者为与银行的信息交换接口，保障乘客的银行卡安全，符合中国人民银行的有关规范。

（7）票据打印机　票据打印机用于打印乘客增值交易的凭据。针式打印机带自动切纸、出纸器和卷纸器。

（8）直流电源　为储值卡充值机中所有电子和电气部件提供稳定可靠的直流电源。

（9）照明设备　为乘客操作和维护工作提供照明。

（10）交流电源　为储值卡充值机中电子和电气部件提供交流电输入。

（11）维护单元　供车站人员进行登录、回收清点等日常工作时使用。

（12）乘客显示器和乘客触摸屏　乘客显示器和乘客触摸屏用于乘客增值操作和显示相关信息，中英文双语提示，触摸式操作。

2. 储值卡充值机可靠度

储值卡充值机可靠度是实际服务时间与应服务时间之比（实际服务时间包括正常的加票和加币时间），计算公式为：

储值卡充值机可靠度 = 储值卡充值机实际服务时间/储值卡充值机应服务时间 × 100%

按照《城市轨道交通客运服务》（GB/T 22486—2008）规定，储值卡充值机 1 年内服务的可靠度应不小于 98%。

（七）票务工器具

票务工器具是指具备独立的功能，用以辅助车站员工进行车票的清分清点、现金的检验清点等工作的设备。票务工器具一般包括单程票清分机、单程票清点机、手持验票机、验钞机、点钞机、硬币清分机、保险柜/箱和票务备品等。

1. 单程票清分机

单程票清分机能根据分拣条件将不同的车票分别分拣到不同的票箱中，同时可以将废票分拣出来，便于车站单程票的循环使用及废票上交工作。由于单程票清分机的清点速度较慢，车站一般还配备有单程票清点机，对无须清分的单程票进行快速清点。

2. 手持验票机

手持验票机是车站票务人员查验车票信息的专用设备，具有方便、轻巧等特点。

3. 验钞机（图 3-31）

验钞机用于辅助人工识别纸币的真伪和数量的清点，放置于客服中心和票务室。客服中心的验钞机用于乘客与售票员之间的业务处理。票务室的验钞机运用于纸币钱箱清点以及售票员配票和结算。

图 3-31　验钞机

4. 点钞机

点钞机用于车站纸币的清点并能识别纸币的真伪。

5. 硬币清分机

硬币清分机用于硬币的鉴别、分类和清点。

6. 运营小车

运营小车的作用是方便车站员工日常的补币、补票、回收等工作。

7. 保险/柜箱

保险/柜箱用于车站存放贵重的物品，如现金等。

8. 票务备品

车站在日常对售检票终端设备进行补币、补票、回收等工作时，要用到一些辅助用品进行相应替补，以减少设备的停用时间，方便车站人员的工作，这些辅助用品称为票务备品。

票务备品包括：钱箱、读卡器（图 3-32）、补币（硬币）箱、纸币钱箱、闸机票箱（单程票补票箱）、硬币回收箱、单程票回收箱、配票箱、点票机、售票盒（图3-33）等。

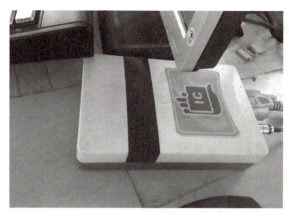 

图 3-32 读卡器　　　　　　　　　　图 3-33 售票盒

车站在日常的票务运作中，还需使用到一些用品，如手提验票机、临时单程票回收箱、交接班小钱箱、票据存储箱、解行箱、解行锁、塑料盒、色带、钞票捆扎带、报表专用信封、儿童购票量度标、大件物品的量度器、布袋、计算器等备品。

五、导乘设施设备

城市轨道车站导乘设施设备应满足乘客安全便捷出行、动态信息及时有效发布、非正常情况下客流疏导疏散等需求，主要有导向标识、乘客信息系统和广播信息系统。根据《城市轨道交通运营管理规定》及《城市轨道交通客运组织与服务管理办法》（交运规〔2019〕15号）规定，城市轨道交通线网应统一标志标识，运营单位应当通过标识、广播、视频设备、网络等多种方式按照下列要求向乘客提供运营服务和安全应急等信息：

1）在车站醒目位置公布首末班车时间、线网示意图、疏散示意图、周边公交换乘信息，以及禁止、限制携带物品目录、进出站指示、换乘指示和票价信息。

2）在站厅或者站台提供列车到达、间隔时间、方向提示、周边交通方式换乘、安全提示、无障碍出行等信息。

3）在车厢提供城市轨道交通线网示意图、列车运行方向、到站、换乘、开关车门提示等信息。

4）首末班车时间调整、车站出入口封闭、设施设备故障、限流、封站、甩站、暂停运营等非正常运营信息。

导乘设施的设置信息标识内容应根据变化适时更新。站内宜设置服务查询设施，应确保信息内容准确并及时更新。

（一）乘客服务信息标识

《地铁与轻轨系统运营管理规范》规定运营单位应统一提供清晰可靠的乘客服务信息，并应设置标准的静态或动态标识系统，标识的设置应符合《城市轨道交通客运服务标志》（GB/T 18574—2008）的有关规定。

车站乘客信息标识分为导向信息标识、公共信息标识和警示信息标识等。

车站乘客信息标识的设置方式包括附着、悬挂、悬臂、柱式、摆放式、站立式等，如图 3-34 和图 3-35 所示。

图 3-34　附着式导向信息标识

图 3-35　站立式定位信息标识

1. 导向信息标识

城市轨道交通车站乘客导向信息标识系统在功能设计上主要充分表达站房设计时的客流组织理念，满足引导乘客快进快出、快捷换乘的要求，同时方便工作人员组织客流。为了更好地与乘客进行信息沟通，地铁运营公司应尽可能多地把乘客应了解的信息用文字、图形、图表或电子显示等形式进行及时展示。由于乘客在车站流动速度相对较快，因此车站导向系统以静态标识、信息揭示为主，电子信息显示及语音导乘为辅。

对于换乘站，导向信息标识系统应为各种交通工具之间的快捷切换提供引导服务，同时车站导向标识系统应将地域、历史文化、民俗风情等人文因素与信息导向标识系统的功能性相结合，赋予导向标识系统文化内涵，体现人性化设计，有利于城市的品牌形象建设，如图 3-36 所示。

（1）导向信息标识的设计　乘客导向信息标识系统应本着乘客"看得见、看得清、看得懂、找得到"的原则设计，以标识系统化设计为导向，综合实现信息传递、识别、辨别和形象传递等功能，如图 3-37 所示。

1）标识本体的醒目性。导向标识设置的位置应显而易见，避免被其他固定物体遮挡，与广告之间应有一定区隔，易于旅客在复杂的站区环境中及时发现，避免因寻找标识的时间长而停留导致客流拥堵。导向标识在夜间使用时，应保证有足够的照明或使用内置光源，方便乘客识别。

2）导向信息的易辨性。导向信息中的图形符号、中英文字、数字等彼此之间应清晰可辨，通过笔画粗细、字体形式、色彩对比等条件来实现。同时，图形、文字的间隔群组方式、行列间距、周边留白等版面设计也将直接影响到旅客对导向信息的判断。导向标识版面信息排版方式应首先考虑人体生理特征及阅读习惯，版面信息以横向排版为主，将视觉重心作为优选区，将主要的导向信息和乘客最需要获取的信息排列在此位置，以达到快速导向的效果。

图 3-36　沈阳地铁中街站的中国传统大红色设计

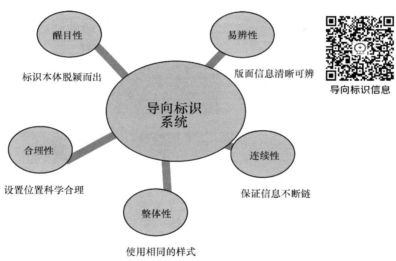

图 3-37　乘客导向标识系统的设计目标

3）标识设置的合理性。标识必须设置在乘客流线相应节点的位置，能为乘客提供在此位置最需要的信息，设置方向应与主客流来向垂直。应尽量避免引导乘客改变方向的情况，避免标识重复设置混淆乘客感观。

4）传递信息的连续性。为了保证乘客在进、出站过程中不产生疑问，导向信息的连续表示非常重要。导向系统的点位设置不能仅仅考虑单体，而要前后关联，相互呼应，避免形成导向信息的断链。

5）标识系统的整体性。导向标识系统的设计应注重整体性。各类标识在材质、形式、规格、色彩等方面都要保持统一，形成一个较为稳定连贯的体系，使乘客不易混淆。

（2）乘客导向标识的分类　导向标识系统按用途分为引导性导向标识、定位性导向标识。按材质分为通电发光导向标识、蓄能或蓄电发光导向标识、不发光导向标识。

所有紧急标识均应为夜光标识，如紧急疏散标识、出口导向标识等。

1) 引导性导向标识。引导性导向标识是指引乘客进站、乘车、出站以及换乘最为主要的一种导向标识，其作用是清晰、准确地将乘客从起始点引导至目的地。标识主要显示的是去目的地的方向，但也包括一些站域周边公共建筑物、车站公共设施等辅助信息，以便让乘客更加快速、准确地选择其走行的路线。引导性导向标识包括进站导向标识、出站导向标识、换乘导向标识、疏散导向标识等。

① 进站导向标识。进站导向标识是将乘客从地面经由出入口、通道、站厅非付费区、进站检票口、楼扶梯、站台引导至所乘目的列车的导向标识，主要包括：站外路引（沿城市轨道方向 500m 范围内连续设置）、车站站名、站内乘车导向（按 20~30m 距离连续设置）、售票导向及定位、检票口定位、乘车导向、行车方向导向等标识，如图 3-38 所示。

图 3-38　进站导向标识

a）站外路引标识　b）进站乘车导向标识　c）站内乘车导向标识　d）检票口定位标识

② 出站导向标识。出站导向标识是将乘客从城市轨道列车引导至目的地车站，经由站台、楼扶梯、出站检票口、站厅非付费区、通道、出入口直至地面的导向标识，主要包括：楼扶梯导向、换乘导向、地面信息、出口导向（按 20~30m 连续设置）等标识，如图 3-39 所示。

③ 换乘导向标识。换乘导向标识是将乘客从某线路的站台引导至另一条线路的站台，经由站台、楼扶梯、站厅付费区、楼扶梯至另一站台的导向标识，主要包括：楼扶梯导向、换乘方向、乘车导向等标识，如图 3-40 所示。

④ 疏散导向标识。疏散导向标识一般设在自站台设备区和公共区至车站出入口，在天花板或站房房顶下方或沿地面和墙壁连续设置（包括在隧道墙壁上连续设置引导往车站方

向的疏散标识），引导乘客在紧急情况下迅速疏散。疏散导向标识一般采用蓄能或蓄电发光导向标识，如图 3-41 所示。

⑤ 特殊导向标识。特殊导向标识主要指无障碍设计的特殊导向信息标识，它体现了城市精神文明，如残疾人电梯、盲道等标识。特殊导向标识的目标单一且明确。墙壁式特殊导向标识间距应在 10m 以内，地面式特殊导向标识间距应在 5m 以内，如图 3-42 所示。

2）定位性导向标识。定位性导向标识的作用是对一些停顿点位置的说明和确认，以便使用者能准确、清楚的知晓当前所处的方向和位置，如出入口、售票点、设备用房门牌标识等，如图 3-43 所示。

图 3-39 出站导向标识

a)

b)

图 3-40 换乘导向标识
a）上海地铁龙阳路站换乘导向标识 b）上海地铁世纪大道站换乘导向标识

3）通电发光导向标识。一般引导性导向标识通常采用通电发光式，悬挂在天花板下，外接电源发光，如各出入口方向、乘车导向标识和闸机上方状态指示标识等。

4）蓄能或蓄电发光导向标识。蓄能或蓄电发光导向标识主要用于疏散导向标识，通过平时蓄能或蓄电，在没有照明时能自动或主动发光，引导乘客紧急疏散到站外，如图 3-44 所示。

a)　　　　　　　　　　　　　　　b)

图 3-41　疏散导向标识

a)　　　　　　　　　　　　　　　b)

图 3-42　特殊导向标识

a）上海地铁无障碍检票通道标识　b）上海地铁敬老卡和电子钱包检票通道标识

a)　　　　　　　　　　　　　　　b)

图 3-43　定位性导向标识

a）车站出入口　b）站台定位

5）不发光导向标识。不发光导向标识主要指一些地面信息、安全警示、公共告示和温馨提示等标识。

2. 公共信息标识

公共信息标识包括列车运营、标准时间、公用电话、警务站、卫生间、车站广播、宣传

图 3-44　蓄电发光导向标识

标识、系统适用法律等,还有辅助导向信息,如市区图、街区图、换乘图、站区图、站层图、三维透视图等,如图 3-45 所示。

3. 警示信息标识

警示信息标识包括警告信息、禁止信息等。警示信息标识是提醒乘客有危险或禁止乘客不合理行为的标识。在有安全隐患的地方或禁止乘客某种行为时,均会设置一种或多种明确的警示信息标识,如"禁止跳入股道""当心触电""禁止倚靠站台门""小心碰头""禁止饮食"等标识,如图 3-46 所示。

图 3-45　公共信息标识

图 3-46　警示信息标识

4. 信息标识的颜色

信息标识的颜色根据标识内容,依据国家关于公共场所信息标识相关标准规范可分为红色类、黄色类、蓝色类和绿色类。一般禁止、停止类标识用红色,警告和安全注意提示类用黄色,指令性标识(如导向标识等)用蓝色,安全通行类标识(如紧急疏散出入口或安全出口导向标识等)用绿色,如图 3-47 所示。

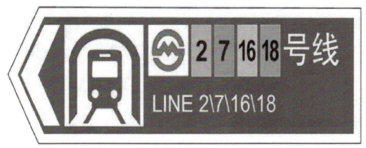

图 3-47　信息标识的颜色

📖 小知识

线路标识色对于乘客识别和认知车站空间具有很好的引导功能,能为乘客提供直观、快捷的线路信息提示,方便乘客换乘。此外,色彩在空间环境和公共艺术中的应用,也为每条线路增添了各自的个性特色。上海和国内外其他城市一样,每条轨道交通线路都使用一种颜色作为线路的标识色,如1号线为红色、2号线为绿色等。线路标识色主要用于站内外导向系统、列车识别以及网络地图、车站环境设计等处。在多线换乘的车站,如世纪大道站,循着2号线的浅绿色、4号线的深紫色、6号线的品红色和9号线的浅蓝色,乘客可以很方便地找到自己所要乘坐的线路,见表3-2。

表3-2 上海轨道交通网络线路标识色

线路标识	线路号	线路标识	线路号
1	1号线	9	9号线
2	2号线	10	10号线
3	3号线	11	11号线
4	4号线	12	12号线
5	5号线	13	13号线
6	6号线	16	16号线
7	7号线	17	17号线
8	8号线		浦江线

5. 信息标识的符号

信息标识的符号应满足国家相关标准规范以及国际惯用的符号或图形等,便于乘客识别和辨认。我国城市轨道交通信息标识大部分不是很规范,应参照《公共信息图形符号 第1部分:通用符号》(GB/T 10001.1—2012)来设计。随着我国对外开放的不断深入,各城市轨道交通文字性信息标识应尽可能采取双语(中文和英文)标识,如图3-48所示,特殊地区可加入当地语言,但最多不应超过3种文字。

6. 信息标识的形状

信息标识的形状一般采用几何形状,如正方形、三角形、长方形、圆形等。例如导向标识一般用长方形,警示性标识用圆形或方形,禁止

自动售票
Automatic Ticket

图3-48 双语标识

性标识多用三角形或圆形等，如图 3-49 所示。

禁止跳下
No jumping down

禁止入内
No entering

图 3-49　禁止性圆形标识

（二）乘客信息系统

乘客信息系统（Passenger Information System，PIS）是为站内、车内乘客提供有关安全、运营及服务等综合信息的设备的总称。PIS 以计算机系统为核心，利用网络技术、多媒体传输、显示技术，在指定时间，通过车站和车载显示终端将指定信息显示给指定人群。图 3-50 为 PIS 框架结构示意图、图 3-51 为 PIS 系统终端设备。

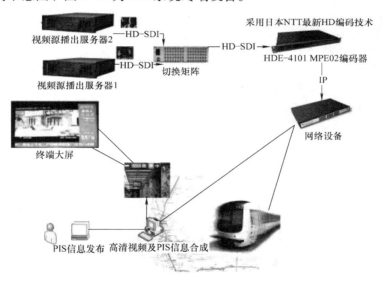

图 3-50　PIS 框架结构示意图

《城市轨道交通运营技术规范》规定，乘客信息系统应具有完备的信息处理能力，能向乘客提供信息服务，其信息内容应与广播系统保持一致。乘客信息系统的信息应在控制中心统一采编、制作、管理、下发，各车站紧急信息宜能在本站发布。在灾害或发生突发事件时，可预先设定紧急灾难报警模式并应通过自动或人工触发将相关信息发布至指定的终端显示屏。运营和紧急信息应优先播放。

乘客信息系统应确保信息发布的安全可靠，根据《城市轨道交通客运组织与服务管理办法》（交运规〔2019〕15 号）规定，车站乘客信息系统应当准确发布当前列车到达时间、后续一班列车到达时间、开行方向等信息，发生突发事件时，及时提供紧急信息。车站乘客信息系统出现故障或信息发布错误等情况时，应及时处置。

1. PIS 的终端显示设备位置

PIS 显示终端一般设在比较醒目的地方：

1）出入口外的户外双基色 LED 显示屏。
2）出入口通道连接站厅处 LED 显示屏。
3）下行自动扶梯上部 LED 双基色大屏幕。
4）自动售检票闸机群上方 LED 条屏。
5）车站触摸屏（LCD）查询机。
6）站台双面等离子屏。
7）列车车厢内等其他地点。

图 3-51　PIS 终端设备

图 3-52　列车到达时间显示

2. PIS 的功能

（1）信息播出功能　PIS 会将信息分为 4 种形式播出，包括紧急状态信息、重要信息、预定信息和一般信息。PIS 播出的信息主要包括：

1）乘客引导信息、乘车须知等。
2）即时显示列车到达和离开的时间（图 3-52）。
3）重要通知和突发事件的通知。
4）各种广告信息和便民信息的显示（图 3-53、图 3-54）。
5）转播电视节目（图 3-55）。
6）时钟信息显示。
7）其他内容。

图 3-53　PIS 车载子系统显示终端

图 3-54　广告及列车运行信息

图 3-55　转播电视节目

> **LED 显示屏**　LED 显示屏是采用单元模块化结构按阵列排列组成的显示屏幕，屏体大小可按 PIS 要求灵活拼制。LED 显示屏的特点是全彩色、双基色等不同颜色模式，能够按照乘客的需求及视觉模式效果设置在不同地点，工作稳定、使用寿命长、功耗低、清晰度高、色彩鲜艳、视角大。
>
> **LCD 显示器**　LCD 显示器是一种液晶显示器，采用液晶控制透光度技术来显示色彩。LCD 显示器的特点是画面稳定、无闪烁感、真正的完全平面、不会产生色彩偏差或损失、完全没有辐射、体积小、能耗低。

（2）预设紧急信息的功能　PIS 可以预先设定多种紧急灾难告警模式（如火警、恐怖袭击等），并设定每种模式的警告信息及各种警告发布参数，方便自动或人工触发进入告警模式。当指定的灾难发生时，PIS 就会进入紧急灾难警告模式。此时，相应的终端将显示乘客警告信息以及人流疏导信息。

（3）实时显示功能　屏幕上不同区域的信息可根据数据库信息的改变而随时更新。实时信息的更新可以采用自动方式或手动方式。实时信息包括：数字电视、网上新闻、天气（图 3-56）和通告等。工作人员可以即时编辑指定的提示信息，并发布至指定的终端显示屏，提示乘客注意。除此以外，工作人员还可以设定实时信息的发布形式，发布高优先的信息可以及时打断原来正在播放的信息内容，并及时显示。

（4）时钟同步显示功能　PIS 可以读取时钟系统的时钟基准，并同步读取整个 PIS 所有设备的时钟，确保终端显示屏幕显示时钟的准确性。屏幕可以在播出各类信息的同时提供时间显示服务（图 3-57）。在没有安装时钟的地方，通过播放时间列表可以设置终端显示屏或指定的子窗口显示多媒体时钟。

（5）多语言支持功能　PIS 可以支持简体中文、繁体中文、英文，同时混合输入、保存、传输和显示，也支持 Windows XP 操作系统支持的文字的导入、保存、传输和显示。

（6）集中网管维护功能　为确保系统正常运行，乘客信息系统提供了完备的网管功能。控制中心设置的中心服务器可以实时监控各终端节点的状态，车站服务器管理各自车站的乘客显示终端。中心网管工作站动态显示系统各设备的工作状态，实时监控系统，实现智能声光报警，并能自动生成网络故障统计报表，智能分析故障，实现远程集中控制，理论上可以做到无人值守。

图3-56　列车运行信息及天气实时信息

图3-57　时钟同步显示

（7）权限管理功能　PIS是一个面向公众的信息系统，系统分布范围广、节点众多，因此信息安全性十分重要，做好对操作员权限的管理十分重要。每个站台的操作员工作站均受OCC的操作员控制；OCC的操作员可设定每一车站的操作员工作站以及其信息录入权限。

3. PIS信息显示的优先级

PIS每天都给乘客提供大量的乘客信息，确保乘客安全、顺畅地到达目的地。

根据各种信息的紧急情况，PIS设置了信息显示的优先级，具体如下：

1）紧急灾难信息的优先级最高，然后依次是列车服务信息、旅客导向信息、站务信息、公共信息和商业信息。

2）高优先级的信息可中断低优先级信息的播出；当高优先级信息被触发时，低优先级信息被中断而停止播出。

3）如果出现紧急信息，自动进入紧急信息播出状态，其他信息播放终止，系统以醒目的方式提示乘客紧急疏散，直到警告解除为止。

4）相同优先级的信息，按信息产生的先后顺序播放。

4. 车站乘客信息系统可靠度

车站乘客信息系统可靠度指车站乘客信息系统实际服务时间与应服务时间之比，计算公式为：

$$车站乘客信息系统可靠度 = \frac{车站乘客信息系统实际服务时间}{车站乘客信息系统应服务时间} \times 100\%$$

按照《城市轨道交通客运服务》（GB/T 22486—2008）规定，车站乘客信息系统1年内服务的可靠性应不小于98%。

5. 列车乘客信息系统可靠度

列车乘客信息系统可靠度指列车乘客信息系统实际服务时间与应服务时间之比，计算公式为：

$$列车乘客信息系统可靠度 = \frac{列车乘客信息系统实际服务时间}{列车乘客信息系统应服务时间} \times 100\%$$

按照《城市轨道交通客运服务》（GB/T 22486—2008）规定，列车乘客信息系统1年内服务的可靠度应不小于98%。

（三）广播信息系统

广播系统控制台一般设在车站控制室，可对通道、站厅层和站台层同时进行广播，也可进行分区单独广播。有些车站站台监控亭另设有站台广播控制台，车站站台监控亭值班人员可通过广播控制台对本站的站台广播区进行选择广播。

广播的方式有：人工语音广播、语音合成广播、音乐广播和多路平行广播等。

六、问询服务设施设备

城市轨道车站问询服务设施设备主要有问询中心（各城市轨道交通运营公司命名不尽相同，有的为"客服中心""票务服务中心"等），主要为乘客提供现场人工问询服务，如图3-58和图3-59所示。另外，大部分车站还配备乘客自主查询设备（图3-60），为乘客提供远程问询服务。根据《城市轨道交通客运服务》（GB/T 22486—2008）的要求，车站问询设备应明确标示问询点现时的工作状态，自助查询设备应性能可靠、操作简单、指示明确、状态完好。

图3-58　沈阳地铁一号线车站内的售票/问讯处

图3-59　上海地铁四川北路车站乘客服务中心

图3-60　自主服务查询机

七、照明设施设备

车站照明设施的设置、性能等应符合《城市轨道交通照明》（GB/T 16275—2008）的要求。车站正常照明和应急照明设施应状态完好，正常照明应采取节能措施，并持续改进。

地铁车站的地下地域特征及地铁运营性质决定了地铁内照明种类的多样化，按属性分，有应急照明、节电照明、标识照明、出入口照明、一般照明、广告照明、事故照明等若干种。

一般照明是地铁车站地道、站厅、站台内设置灯具最多的一种照明。这种照明用来保证乘客在地铁车站里能安全地候车和上下车。

应急照明是正常照明以外的一种备用照明。地铁车站内有许多运营设备用房，例如变电所、环控机房、通风机房、消防机房、通信机械室等，这些用房内除了正常照明外，也必须设置事故照明，保证在正常电源失电的情况下，设备人员能继续监视设备的运行和进行必要的技术处理。地铁车站是一个比较大的公共场所，上、下通道及进、出口较多，需设诱导灯指示方向，特别是在紧急情况下更显其重要性。照明系统按区域划分为出入口照明、公共区照明、区间隧道照明以及电缆廊道照明。

1. 照明控制

照明控制一般由控制中心控制，而对隧道照明灯应可用通信设备接通（在 50m 以内直接使用的开关除外）。当牵引供电失压超过 60s 时，隧道照明应能自动接通，该开关只能由控制中心关断。

2. 紧急疏散照明

1) 当正常照明电源或部分正常照明电源出故障时，紧急疏散照明可完成下述功能：
① 清楚无误地指示出疏散路径。
② 在疏散路径中指示安全行进方向直到所提供的出口。
③ 应确保疏散途中的火警报警点及消防设施安装到位并可随时启用。
④ 能够对有关的安全措施进行操作。

2) 紧急疏散照明不仅在正常照明电源完全出故障时起作用，而且在局部故障时也可起作用。

3) 必须为下述地点提供紧急疏散照明：
① 因交通流量及运营条件而需要的站台，特别是在高架及地下车站和相关出入口。
② 紧急疏散的路径上。
③ 隧道内避难所（站台下的安全室及桥型通道除外）。
④ 紧急出口（包括相关出入口的乘客服务基础设施）。

4) 紧急疏散照明必须使上述区域处于足够照明的状态。当正常照明故障，紧急疏散照明必须作为必要的运营要求在 0.5s 内开启。对于隧道及紧急出口，该时间要求可增加到 10s。

5) 出口或方向标识沿疏散路径应清晰。所有标识出口和疏散路径的标识应明亮。标识出口和疏散路径的标识应位于地板面以上 2~2.5m。

6）出口标识应是可维护型，其他紧急照明可为免维护型，最小应急照明持续时间为3h。

7）应急疏散照明的照度沿疏散路径的轴线不得低于1lx（lx为照度单位）。这是在使用寿命结束时所达到的最小值。

8）沿疏散路径轴线测量平面的照明均匀度应不小于1∶40。

八、列车设施设备

城市轨道列车是完成乘客运输的主要载体，乘客大部分出行时间都是在列车上度过的，因此，列车设施设备应充分考虑乘客使用的安全、便捷和舒适等需求。客车一般采用轻质材料制造，车体线条采用流线型设计，客室设备设计也注意乘客的流动方便与最大限度提高客室空间的利用率。

根据《城市轨道交通客运服务》（GB/T 22486—2008）的要求，列车上的座椅、扶手等设施应安全可靠，乘客信息系统应清晰、有效；列车上的残障等特殊乘客优先座椅应有明显标识；列车上的应急设备应保持有效，并设置醒目的标识和操作导引；列车上的空调、采暖、通风、照明、闭路电视（监控用）等设备应保持状态完好，并按规定开启；运营列车应保持技术状态完好。

（一）列车客室服务设施设备

地铁列车客室内的设备相对比较简单，其主要功能是运载乘客，提供足够的乘车空间。根据城市轨道客流的特点：流量大、乘车时间短、波动规律、快进快出、流动频繁等，车厢内如果大量设置座位，在方便部分乘客的同时会给大部分乘客带来上、下车移动的不便，另外座位占地面积比较大，设置过多会减少乘客站立面积，降低列车的载客能力。大部分乘客的乘车时间短，无须座位即可完成乘车过程，所以车厢内的座位设置要适中，其位置一般靠近车厢两侧壁。为了增加座位的利用率，有些座位设计采用长条板凳形状。

车厢内除了座位外，为了保证乘客乘车途中的安全，站立的乘客在列车起停车及晃动时必须有所依靠，列车客室大部分乘客是站立的，因此列车需要设置一些吊环把手、吊杆或立杆等。对残疾人、儿童、老人等特殊乘客来讲，使用吊环把手和吊杆有一定的困难，而立杆对他们来讲比较适合。普通乘客使用立杆也会感觉比较舒适方便一点，因此有些列车客室设置较多的立杆来保证乘客安全，不过立杆的设置会给乘客的流动带来障碍，也不利于特殊情况下车厢内乘客的疏散，而设置吊环手把和吊杆相对要有利一些。

轨道列车客室内一般没有乘务人员现场提供服务，应有广播报站和广播服务设施，大部分列车客室内设置了电视，供旅客途中消遣观看，同时可以利用其为载体来宣传一些交通知识或播放公益广告，有些电视也播放商业广告。

大部分列车为了方便乘客随时了解自己的位置，在车厢内不同的位置设置城市轨道线路、车站示意图。随着外籍乘客的增多，车站站名一般用中、英文双语显示，配合电子技术，用不同的灯光显示来提示乘客列车运行所在线路位置和前方停车站等信息。列车客室设施设备如图3-61所示。

图 3-61 列车客室设施设备

a) 车厢座席　b) 列车车门　c) 车厢扶把手　d) 列车门灯及线路车站显示

（二）列车客室安全应急设施设备

列车客室车门应设自动控制和联锁的装置，并应具有防夹功能，每个车门内侧都应设置手动开门装置（图 3-62），解锁手柄所在处应设明确告示和操作注意事项。手动开门装置是在车门处发生特殊情况时能够单独操作车门的开关。

客室还设有乘客遇到特殊情况如火灾、爆炸等请求救援的紧急对讲机设备（图 3-63，按照面板提示操作即可与列车司机直接通话），以及紧急破窗锤（图 3-64）。列车运行时所有车门应处于锁闭状态，车门未全部关闭时，列车应具有起动防护功能。客室内应配置紧急制动手动操作装置（图 3-65），该装置应具有自动报警功能，并应受列车司机监控。为了便于安全管理，目前已经有大量城市轨道列车客室安装了摄像设备，如图 3-66 所示。

图 3-62　手动开门装置

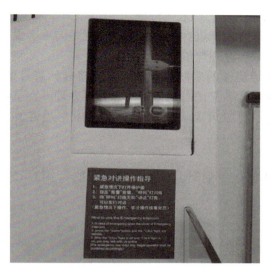

图 3-63 车厢内紧急对讲机设备

图 3-64 车厢内紧急破窗锤

图 3-65 车厢内紧急制动手动操作装置

九、其他设施设备

《城市轨道交通客运服务》（GB/T 22486—2008）要求：车站宜设置适量的乘客座椅，并保持完好；车站内设置的公共卫生间应清洁，并保证正常使用；通风、采暖与空调系统、环境与设备监控系统应按规定设置并开启；火灾报警系统应按规定设置，并保证处于正常运行状态；站台门的应急开启装置应完好，操作导引应醒目、清晰；车站的站台、站厅宜设置适量的废物箱。

1. 临时票亭

临时票亭的位置一般会根据突发客流的大小和方向来进行设置，主要作用是向乘客提供人工售票服务，弥补车站售票能力不足，例如为乘客办理储值票、学生票、老年人、儿童等优惠票业务。根据各城市具体情况，有些城市轨道运输的票制设置比较灵活多样，有月票、季票、半年票或年票等，一般用交通卡的形式采用实名登记制，为了乘客方便办理，在某些较大的车站设置业务服务用房。同时，这些服务用房担负着为乘客提供其他交通咨询的业务。

2. 辅助用房

辅助用房有更衣室、休息室、医务室、茶水间、卫生间、备品库、垃圾间（图3-67）、清扫工具间及站台监视厅等。

图3-66　车厢内摄像头

图3-67　辅助用房垃圾间

公共洗手间：在车站站厅层一般设有公共洗手间，有条件的车站专门设置有残疾人专用洗手间。

公用电话：有些车站将公用电话安装在站厅层和站台层，方便乘客使用。有些车站将公用电话安装在通道一侧。

银行或自助银行：根据各城市的轨道交通设施状况不同，有些城市在大、中型轨道车站内设置银行或自助银行，一般位置设在站厅层，为乘客提供兑零、取款、存款、转账。

医务室：车站必须至少设置一个医务室或类似的（房间）部门，医务室或类似的（房间）部门的指示与位置必须标明。这些房间必须可供担架进入。这些房间必须配备工作场所需要的医疗急救设施及药品，这些医疗急救设施及药品必须防腐、防潮、防高温。在大范围工作区域，提供的医疗急救设施在需要进行手术（或加固）时，必须能够随地找到担架。放置医疗急救设施及担架的地方必须有标识。

十、车站设备维修人员服务

1. 车站设备维修人员服务的基本要求

1）在维修过程中应以乘客的安全为大前提，并尽可能缩小工作范围，避免影响乘客及其他设施的正常运行，必要时应设置围栏等施工安全防护。

2）在维修的过程中，应在故障设备旁边放置提示牌，提示设备已出现故障。

3）搬运维修设备时，应避让乘客，避免在地面拖拉设备。

4）维修完成后，应及时清理杂物，保持车站清洁。

5）注意个人仪表及谈话声音，不得聚集在一起闲谈。

2. 车站设备维修人员服务常见问题处理

1）当有乘客想通过故障区域时，应耐心向乘客解释："对不起，请绕行，我们正在维修设备，谢谢您的配合。"

2）当乘客使用故障设备时，应给予提醒："对不起，我们正在维修，请您使用其他设备。"

3）维修过程中遇到乘客问询时，应耐心回答，需要时可以请求其他同事帮忙或指示乘客前往适当的查询地点。

4）维修过程中遇到突发事件（例如乘客在自动扶梯上摔倒）时，应主动上前了解情况，尽量提供协助，及时通知值班站长安排其他员工进行处理。

 情景训练

1. 根据给定的模拟情景，自己编排乘客信息系统（PIS）的内容

实施：

1）老师给定一些车站和列车资料，设计一些模拟场景如地铁突发爆炸等情景。

2）学生根据以上所学知识能编排出 PIS 应提供的信息内容及方式，如广播子系统的信息编排、视频系统的显示画面设计等，充分发挥学生的创新思维，消化、理解并运用所学知识。

2. 掌握城市轨道交通服务设施设备的布局和运行原理及标准

实施：以教师多媒体教学演示为主，掌握扎实的理论知识。

3. 设备操作实施部分如有实训设备，以实训练习操作为主

 复习思考题

1. 城市轨道交通车站的种类有哪些？
2. AFC 售检票终端设备有哪些？
3. 车票的种类有哪些？
4. 设备设施的可靠度如何计算？

项目四 城市轨道交通服务基本礼仪

知识要点

1. 服务行为礼仪。
2. 服务用语。
3. 问讯服务礼仪。
4. 特殊乘客服务礼仪。
5. 投诉受理及处理礼仪。

学习任务

在学习掌握服务礼仪相关知识的基础上进行实训，模拟练习解决客运服务中的有关礼仪方面的问题。

相关理论知识

一、服务行为礼仪

客运服务人员的形象不仅兼具自信和敬人的双重功能，而且更代表着城市轨道交通的形象。对于乘客而言，好的服务除了包括车站环境整洁优美、列车正点安全运营外，所有客运服务人员的形象也是构成城市轨道交通一流服务质量的重要因素。《城市轨道交通客运服务》（GB/T 22486—2008）中对客运服务人员的行为要求：

1) 服务人员应按规定着装，正确佩戴服务标识。
2) 服务人员应坚守岗位，严格遵守规章制度。
3) 服务人员应做到精神饱满、端庄大方、举止文明、动作规范。

（一）着装要求

客运服务人员的服饰应做到整洁大方、规范得体，并与城市轨道交通的工作性质相协调。穿着职业服装不仅是对服务对象的尊重，彰显出职业的自豪感，也是塑造良好企业形象的途径，为此要求上岗的员工统一着装、按规定佩戴服务标识。

1) 根据岗位（工种）的着装规定，统一穿着制服（包括领带、领花、头饰及帽子）、工作鞋。

① 车站服务人员制服类型应确保统一（例如统一穿着长袖制服或短袖制服等）。
② 穿着制服，应保持衣装整洁、无皱褶。

③ 套装及衬衫的胸袋只作装饰用，不可放任何物品，裤袋限放工作证等扁平物件或体积微小的操作工具，避免服装变形。

④ 应扣好衣扣，不可缺扣，不可立领、挽袖挽裤。

⑤ 穿着防寒大衣时应扣好纽扣，不可披着、盖着、裹着。在车厢或车站范围内，即使不当班，穿着制服时也应按规定穿戴整齐。

2) 上班应穿着工作鞋，保持清洁。

3) 戴帽子时，帽徽应朝向正前方，不得歪戴。

4) 按规定佩戴服务标识。

应确保服务标识整洁、完好；工号牌佩戴左胸上方，工号牌下沿应与制服第二粒纽扣上沿齐平。需要插牌上岗时，须将插牌平整插于插卡处，不可歪斜、倒置、遮盖号码。

5) 季节替换时，按规定更换工作服装，不得擅自替换。

（二）仪容举止要求

客运服务人员的仪容举止体现个人的文化素养和城市的文明程度，应做到：精神饱满，服装整洁，端庄大方，举止文明。

1. 仪容

仪容也叫容貌，是指一个人的外在相貌，主要包括头部、面部、颈部、手部等直接裸露在外的部位。客运服务人员的仪容要做到形象端正、注重修饰。

1) 发型应整齐利落，不可剃光头，刘海以不遮住眼睛为限；染发及烫发不可过度明显、夸张。男性不可留长发，发长过肩的女性必须佩戴有发网的头饰，将头发挽于头饰发网内。

2) 车站服务人员不可留长指甲，指甲长度以从手心向外看不超过1mm为宜；只可涂肉色或透明色的指甲油并保持完好，不得使用指甲装饰品；女性化妆应自然大方，不可过浓，以淡妆为宜，并避免使用气味浓烈的化妆品；男性应净面，不可留胡子。

3) 除工作需要和眼疾外，不可戴有色眼镜或有色隐形眼镜。

4) 上班期间不可以佩戴除项链、戒指、耳钉外的首饰；男性服务人员不得佩带耳钉；项链应佩戴于衣领内，不可外露；戒指只可佩戴1枚，不可佩戴镶嵌戒，戒指最宽处不可超过5mm；耳钉直径不可超过5mm，一侧耳上不能同时佩戴2枚或2枚以上耳钉；饰品应自然大方，不可过度明显夸张。

5) 手表造型、颜色不可过于夸张。

6) 保持口腔清洁，工作前忌食葱、蒜、韭菜等具有刺激性气味的食物，去除因吸烟过多而引起的口腔异味。

2. 举止动作

举止动作是一种无声的语言，它能够更准确、更直接地反映一个人的内心情绪和思想感情，而且举止动作反映出来的信息往往比口头语言更令人信服。

（1）精神面貌 上岗应精神饱满，举止规范。

（2）站姿 站姿端正，稳重，自然；做到上身正直，头正目平，挺胸收腹，两手自然下垂或体前相握，两脚跟并拢，脚尖分开45°为宜；不叉腰、抱肩膀、颤腿或把手插在衣袋内。

男性服务人员站姿：双手自然下垂时应放于裤缝边；体前单握时应双手虎口相握，左手在上，自然叠放于腹前；未接待乘客时可两手单握自然背于身后腰部；双脚可以分开，大致上与肩部同宽。男性的站姿要体现出刚健、潇洒、英武、强壮的风采，如图4-1所示。

女性服务人员站姿：双手自然下垂时放于裤缝边，双脚呈"V"字形站立；体前相握时应双手虎口相握，右手在上，自然下垂，叠放于腹前，双脚可以在以一条腿为重心的前提下，"丁"字形分开。女性的站姿应表现出轻盈、娴静、典雅的韵味，如图4-2所示。

图4-1 男士站姿示范

图4-2 女士站姿示范

（3）坐姿 坐姿要正，正面对着窗口，目光正视乘客，身体挺直，双腿并拢，不跷二郎腿，不趴着，不打瞌睡，不用手托腮，不看书报，不侧身斜靠桌子。穿着制服时不得坐乘客座椅，如图4-3和图4-4所示。

手臂摆放：男性服务人员双手各自放在一侧大腿上，女性服务人员双手交握放于身前。身前有桌子时，双手应放于桌上。

两腿间距：双膝间的距离，男员工以松开一拳间距为宜，但不超过肩宽，女员工宜双膝紧靠。

（4）走姿 走姿的要求是"行如风"，即身体协调、姿势优美、两肩相平不僵，两臂摆动自然，步伐从容，步态平稳，步幅适中，步速均匀，走成直线，走姿稳健，精神饱满，挺胸阔步，不嬉笑打闹，不勾肩搭背，不推拉乘客，不与乘客抢道，如图4-5所示。

（5）蹲姿 蹲姿是由站姿转变为两腿弯曲和身体高度

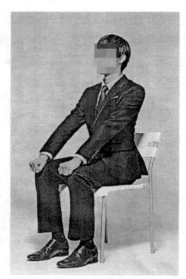

图4-3 男士坐姿示范

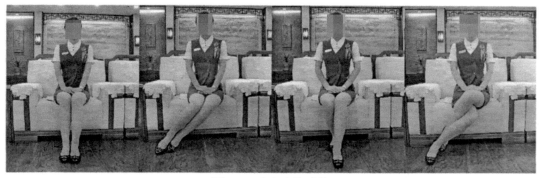

图 4-4　女士坐姿示范

图 4-5　走姿

下降的姿势，是相对静止的状态。蹲姿是在比较特殊的情况下采用的一种暂时性的体态。蹲姿的使用情况有：需要对自己的工作环境进行整理时；当别人坐处较低时，自己需要为其提供必要的服务时；本人或他人的物品掉落时，或需要从低处拿起时；需要自己照顾自己如整理鞋袜时。下蹲时要注意上身挺直，两脚前后稍分、屈膝，不要弯腰曲背、低头翘臀。

下面介绍一种最常用的蹲姿：

高低式蹲姿的基本特征是双膝一高一低。它的要求是下蹲时，双脚不并排在一起，而是左脚在前、右脚稍后，左脚完全着地，小腿基本上垂直于地面；右脚脚掌着地，脚跟提起。此时右膝要低于左膝，右膝内侧可靠于左小腿的内侧，形成左膝高、右膝低的姿态；女性应紧靠两膝，男性可两膝适度地分开；臀部向下，基本上以右腿支撑身体。男性在工作时选用这一方式，往往更为方便，如图 4-6 所示。

（6）手势　手势是人体态中最重要的传播媒介，是人们交往中不可缺少的动作，是最有表现力的一种"体态语言"。恰当地运用手势能够起到良好的沟通作用，也有利于树立自己的美好形象。

客运服务中，手势的运用要规范适度，介绍乘客、引领乘客、指引方向、清点人数等工作，都需要使用规范的手势。为乘客指示行进的方向时，应五指并拢，掌心向上，以肘关节为轴，前臂自然上抬伸直指示方向，并目视目标方向，如图 4-7 所示。

图 4-6 蹲姿示范

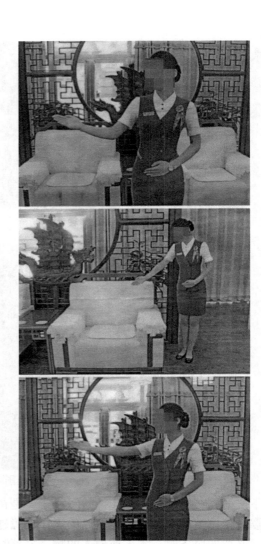

图 4-7 手势示范

使用手势要注意：一忌手势不敬，掌心向下、伸出手指指点点、手持物品都是对人不敬的手势；二忌手势过多、过大，要注意动作的幅度，手舞足蹈、动作夸张也会引人反感，双手乱动、乱摸、乱举、乱扶、乱放或是咬指甲、折衣角、拍胳膊、抱大腿等手势，也是应当禁止的不稳重的手势；三忌乱用手势，要了解手势在不同国家和地区的含义，不懂各地风俗乱用手势会引起客人的不满。

（7）表情　在面对乘客时，表情应自然、温和，眉头自然舒展。

（8）目光　与乘客交谈时，目光应注视着对方；目光应坦诚、亲切、和蔼、有神；不将目光长时间集中在对方的脸上或身体的某一个部位上，目光注视对方脸部以双眼连线为上限，以唇心为底点所形成的倒三角区域位置上。

（9）微笑　乘客服务人员在工作岗位上保持微笑，能为乘客创造一种轻松的氛围，使乘客在享受服务的过程中感到愉快、欢乐和喜悦，同时也表现出对乘客的重视与照顾。

微笑时，嘴角微翘（以上翘15°为好）、嘴唇微启，表情真诚、自然（以露出6~8颗牙齿为好)。女性乘客服务人员的微笑要甜美,男性乘客服务人员的微笑要亲切。微笑虽然是服务人员的一项基本功,但切不可流于形式,真正的微笑应发自内心,仅仅"为笑而笑"是不行的,如图4-8所示。

图4-8 微笑

微笑时应把握以下3个要点:

1)把握微笑的时机。什么时候展现出笑容是至关重要的。应该在与交往对象目光接触的瞬间展现微笑,表达友好。反之,如果与人对视,面无表情,则会传达出冷漠、厌恶、敌视的含义。如果与对方目光接触的瞬间仍然延续之前的表情,即使是微笑也会让人感觉有些虚伪、是做作的故作姿态。

2)把握微笑的层次变化。在整个服务过程中微笑的程度要有所变化,服务中需要保持微笑,但要有收有放。微笑的程度有很多层次,有浅浅一笑、眼中含笑、也有热情的微笑、开朗的微笑。在什么时候用什么样的微笑是不可能也不应该用具体的标准规定的,而是要根据交往过程中的交流情况和个人特点自然、随机的发生变化的。

3)注意微笑维持的长度。微笑的最佳时间长度以不超过3s为宜,时间过长会给人假笑或不礼貌的感觉。注意微笑的启动和收拢动作要自然,切忌突然用力启动和突然收拢。这种对于微笑时间为3s的规定似乎有些过于强调技术化,但是相对于一次微笑保持十几分钟甚至几十分钟来说,已经是非常人性化的了。实际上,在微笑的启动和收拢的过程中也蕴含着微笑的表情,并不是只有3s的表情是微笑的。

3. 接待动作

1)乘客问询时要面向乘客,站稳回答,不要边走边答。

2)乘客到窗口购票、问询时,要面向乘客答话,不可同时做其他事情。

3)乘客到办公处所时,要主动让座,没有座位时,要起立接待应答,不得冷淡无理。

4)不准随地吐痰,乱扔杂物。

5)在岗时不准使用手机(工作需要除外)等电子产品。

6)在岗时不吃零食。

7)要避免打呵欠、伸懒腰、打喷嚏、挖耳朵等不文明行为,不抱肩膀、吹口哨、打响指,不可做出挠痒、剔牙、脱鞋、吸烟、抖腿等不雅的动作。

8)不上下打量乘客、左顾右盼、心不在焉;不允许对乘客冷眼相视或置之不理;对乘客不得指指点点,评头论足;尽量减少不必要的手势。

9)不在公众区域乱跑,高声喊人或放声大笑,不与熟人聚集在一起闲谈、追逐打闹、大声喧哗。

4. 服务动作

1)清扫卫生时,要先对周围的乘客示意并表示歉意,注意清扫用具的轻拿轻放,不得从乘客头上、身上通过或接触乘客的物品。

2)需挪动乘客物品时,事先要取得乘客同意,轻拿轻放,不得损坏。

3）交给乘客车票和钱款时，要轻轻递给，不重手重脚，严禁出现摔、扔、丢现象。
4）维持秩序时，要加强宣传，说服动员，不要强行拉拽、训斥乘客。
5）处理违章时，要实事求是，不得擅自对乘客搜身或扣押乘客物品。

二、服务用语

语言是人类所特有的用来表达思想感情、交流情感、沟通信息的基本工具。在服务工作中，乘客服务人员在与乘客接触的整个过程中，始终离不开双方的语言交流。对于广大乘客服务人员而言，本人的语言运用、表达能力既体现着自己的服务水准，又直接与自己所在单位的总体精神文明状态密切相关。所以，乘客服务人员在自己的工作岗位上服务于人时，必须自觉遵守有关服务用语的规范。《城市轨道交通客运服务》（GB/T 22486—2008）中对客运服务人员的服务用语要求：

1）服务语言应使用普通话。
2）问询、播音宜提供英语服务。
3）服务用语应表达规范、准确、清晰、文明、礼貌。
4）服务文字应用中文书写，民族自治地区还应增加当地的民族文字。
5）根据本地区的特点提出服务忌语，对服务人员进行防止使用忌语的培训。

（一）服务语言应使用普通话

服务过程中，应使用普通话（服务人员在为乘客服务时必须使用普通话，只有当对方使用方言时，服务人员方可用相应的方言提供服务），口齿应清晰；对车站、车厢进行人工广播时必须使用普通话，语速中等、语调平缓、音量适中、吐字清晰、内容简洁明了。

（二）问询、播音应提供英语服务

回答乘客问题或使用人工广播时，应语调沉稳、圆润，语速适中，音量适宜，避免声音刺耳或使乘客惊慌。同时，应掌握与服务岗位相关的简单英语会话，提倡使用双语服务（普通话和英语）。

（三）服务用语应表达规范、准确、清晰、文明、礼貌

1. 自觉使用礼貌用语

为乘客服务时使用"您好、请、谢谢、对不起、再见"十字文明用语，表示歉意时使用"对不起、请原谅、很抱歉、打扰了、给您添麻烦了"等。

2. 语言要文明

所谓文明用语，具体是指在语言的选择、使用之中，应当既表现出使用者良好的文化素养、待人处事的事迹态度，又能令人产生高雅、温和、脱俗之感。

文明当先是乘客服务人员在工作岗位上使用语言时应当遵守的基本规范之一。具体而言，语言要文明包括称呼恰当、口齿清晰、用词文雅3个方面。

（1）称呼恰当　如先生、女士、小朋友、阿姨、同志等，不得使用"嘿""喂""那位"等不礼貌或带有侮辱性的词语称呼乘客。

（2）口齿清晰　乘客服务人员要做到口齿清晰，主要应在语言标准、语调柔和、语气谦恭3个方面下功夫。

语言标准的主要要求有两个：一是要讲普通话；二是要发音正确。

乘客服务人员对乘客讲话时的音量如果过高、过强，就会显得态度生硬、粗暴，而且还

有可能让对方感觉不适；相反，如果乘客服务人员的音量过低、过弱，则会显得有气无力，因而会令对方感到沉闷不堪，甚至还会产生一种被怠慢的感觉。因此，乘客服务人员在交谈时，要做到音量适中、不高不低、不强不弱。

乘客服务人员在与乘客交谈时，必须注意保持适当而自然的语速。使用普通话与人交谈时，通常每分钟所讲的字数在60～80个字为宜。在交谈期间，应注意适时地进行必要的停顿。语速过快或过慢都有可能被理解为感到厌烦，而且也会破坏乘客的情绪。

语气谦恭是指乘客服务人员在工作岗位上与乘客口头交谈时，要在语气上表现出热情、亲切、和蔼、耐心。特别重要的是不要在有意无意之间使自己的语气显得急躁、生硬和轻慢。

（3）用词文雅　对于广大乘客服务人员来讲，用词文雅主要包括两个方面的要求，即尽量选用文雅用语、努力回避不雅之语。

尽量选用文雅用语主要是要求乘客服务人员在与乘客交谈时，用词用语要力求谦恭、敬人、高雅、脱俗。在注意切实致用，避免咬文嚼字、词不达意的同时，应当有意识地使用一些文雅的词语。这样做可以展示乘客服务人员的良好教养。例如，在正式场合欢迎乘客到来时，使用雅语说"欢迎光临"，显然比说"您来了"要郑重其事得多。而对一位上了年纪并看上去有文化的老人使用雅语说"敬请赐教"，自然比对对方直言"有什么意见快提"更为中听。

努力回避不雅之语主要是要求乘客服务人员在与乘客交谈时，不应采用任何不文雅的词语。其中，粗话、脏话、黑话、怪话和废话在任何情况下都禁止出现于乘客服务人员之口。

3. 使用用语

坚持使用"敬语、暖语、谦语"等尊敬的语言、温暖的语言、谦和的语言。

4. 坚持有声服务

当有乘客需要帮助时，不能敷衍了事、一言不发，要配合语言进行规范化服务。

5. 执行"首问责任制"

第一位接待乘客询问的乘客服务人员有义务给予正确的解答，若无法进行解答的，其有责任将乘客引导到能够解决问题的地方或人员处；严禁对乘客说"我不知道"或"我没有办法"等推诿的话语。

6. 回答问题要兼顾多方

当遇众多乘客询问时，要兼顾多方，必要时要巧妙地运用自己的眼神对每一位乘客予以照顾。回答问题时应从容不迫，对暂时不能回应的应示意请乘客稍等，并表示适当的歉意。

7. 失误时及时表示歉意

在没有听清乘客意见、建议或问话时，应礼貌地请求乘客复述，并适时表示歉意。

8. 虚心听取意见

在听取乘客意见或建议时，应态度热诚、用心倾听，并适时做出相应的回应，并对乘客表示感谢。

9. 礼貌回应乘客谢意

乘客表示感谢时，应微笑并谦逊地做出回应。

10. 处理违章乘客要文明礼貌

在按规定对违章乘客进行处罚时，应态度和蔼、得理让人，不得使用斗气、噎人、训斥、顶撞、过头及不礼貌的语言。

（四）服务文字应用中文书写，民族自治地区还应增加当地的民族文字

服务文字包含公共区域的乘客须知和导向标识等以文字形式提供的服务，也包括服务人员与用语言沟通交流有困难的乘客之间用书面文字交流提供服务。文字服务应首先考虑用标准中文，在民族自治地区，还应适当增加当地的民族文字。

（五）应根据本地区的特点提出服务忌语，对服务人员应进行防止使用忌语的培训

1. 城市轨道交通乘客服务人员必须杜绝服务忌语

1）乘客服务人员应做到：不讲有伤乘客自尊心的话；不讲有伤乘客人格的话；不讲怪话、埋怨乘客的话；不讲粗话、脏话、无理的话和讽刺挖苦的话。

2）乘客服务人员忌用：撞语、冷语、辩语。

3）乘客服务人员忌用：责难的语言、侮蔑的语言、冷漠的语言、随意的语言。

2. 不应有的说话方式

1）声音使人感觉粗俗刺耳；声音太大或太小；声音慵懒倦怠；呼吸声音过大，使人感到局促不安和犹豫，鼻音过重。

2）口齿不清，语言含糊，令人难以理解；语速过慢，使人感觉烦闷；语速过快，使人思维无法跟上。

3）语言平淡，气氛沉闷；使用过于专业的术语；使用责备的口吻甚至粗鲁的语言。

4）随意打断乘客的说话，表现出厌烦的情绪和神色；边走边讲或不断地看手表；手放到口袋里或双臂抱在胸前；手扶座椅靠背或坐在扶手上。

5）谈论与工作无关的事情；与乘客嬉笑玩闹，对乘客评头论足。

3. 态度要求

在客运服务工作中，乘客服务人员的服务态度对服务质量的优劣起着重要的作用，乘客服务人员只有端正了态度，才可以做到全心全意为乘客服务。因此全体乘客服务人员应做到：主动、热情、诚恳、周到、文明、礼貌。

（1）全面服务

1）接待乘客要文明礼貌，纠正违章要态度和蔼，处理问题要实事求是。

2）接待乘客热心，解决问题耐心，接受意见虚心，工作认真细心。

3）主动迎送，主动扶老携幼、照顾重点，主动解决乘客困难，主动介绍乘车常识，主动征求乘客意见。

（2）重点照顾 对老、弱、病、残、孕及怀抱婴孩或其他一些特殊困难的人，应体贴照顾，热情周到，满足乘客的特殊需要。但提供帮助时，应先征得他们的同意，等他愿意接受你的帮助并告诉你怎么做时再做。

在城市轨道交通的乘客中，有一部分是老、弱、病、残、孕及怀抱小孩或其他一些有特殊困难的人。这部分乘客虽然为数不多，但却是乘客服务人员应重点服务的对象。由于这些乘客的自理能力或活动能力都不及一般乘客，往往都有特殊的需要，特别需要乘客服务人员的帮助。因此，城市轨道交通乘客服务人员应尽力满足他们的特殊需要，热情而周到地为他们服务。

满足乘客的特殊需要，要求乘客服务人员首先要能了解这些特殊乘客的困难和不便，体贴他们的难处，从感情上激发起为他们服务的热情；其次，要尽力设法予以特殊照顾，积极

为他们排忧解难。对老、弱、病、残、孕等特殊乘客，由于他们的行动都比较迟缓，其中有些耳目不便的，乘客服务人员就要对他多留心一点。对一些残疾乘客，乘客服务人员还要注意说话用语，不要伤害他们的自尊心，以免产生不快。这些乘客特殊需要的满足，对于乘客服务人员虽然是麻烦了一些，但它却最能体现城市轨道企业以人为本的服务理念。

坚决杜绝客运服务中忌讳的5种服务态度：不热情的态度、不耐烦的态度、不主动的态度、不负责的态度和不尊重的态度。

（3）规范服务用语 端正的态度必须通过一定的外在形式表现出来，这种表现形式就是语言。语言是人类所特有的用来表达意见、交流思想的工具，在工作和生活中发挥着重大的作用。对语言运用的好坏将直接影响到人们意见表达的效果。

乘客服务人员使用的语言要与企业的定位及乘客群体的文化层次相适应，同时，要注意克服在语言上存在的一些问题，如责难的语言、侮辱冷漠的语言和随意的语言。得到或失去一位乘客，有时原因就是乘客服务人员的一句话。因此，要实现乘客的满意，语言是一个非常关键的因素。

剖析常见的不规范用语：

1）责难的语言。责难的语言是指通过语言对别人的行为予以指责为难。在乘客服务人员与乘客之间，它不应该出现。

乘客服务人员在服务过程中会使用责难性的语言，主要缘于乘客服务人员没有摆正服务与被服务的关系，没有调整好心态。当乘客提出的需求满足起来比较困难，需要花费乘客服务人员更多的精力和时间时，乘客服务人员往往会因为个人利益受到损害而导致烦躁、不满、怨气等负面情绪的产生。从人的本性来说，这些情绪上的变化是可以理解的，但是此时正在工作岗位上，不能让这些负面情绪恣意发展。因此客运服务人员必须努力缓解激动的情绪，保持冷静。

其实，故意刁难的乘客还是少数，绝大多数乘客的要求都是合情合理的。如果乘客服务人员把乘客的利益放在首位，真正从乘客的角度思考问题，就不会动辄牢骚满腹、怨声载道了。调整服务观念，把乘客的需求和企业的利益联系在一起，进而把企业的利益和自身的利益联系在一起，对乘客的责难将不再发生。

2）侮蔑的语言。人与人之间的互相尊重不仅体现在行动上，还体现在语言上。以带有侮辱性的轻蔑、轻视的语言攻击他人，也是对人的一种严重伤害。

在城市轨道交通企业中，侮蔑的语言产生于乘客服务人员对乘客需求的敌意。为了发泄对乘客某种需求的抵制或不满，乘客服务人员往往通过一些刻薄的语言，以直接或者是隐喻的方式与乘客对抗。乘客服务人员是痛快了，乘客却因此蒙受了精神上的创伤。

现代化的城市轨道交通运营企业，正在努力以优美的站容、一流的设施为乘客营造一个良好的乘车环境，可是个别乘客服务人员的侮辱性语言却在这个轻松舒适的氛围中加入了一些不和谐的气息，使乘客心中蒙上了阴影。无论从行业角度还是公民角度，侮辱他人都是不文明的行为，也是对自我形象的否定。同时，与乘客交谈时，侮辱性语言会影响服务人员与乘客之间的沟通。激烈的竞争已经让越来越多的乘客服务人员认识到乘客的重要性，留住乘客首先就要尊重乘客。

3）冷漠的语言。冷漠的语言表达了说话者对他人和周围事物的冷淡和漠不关心，这是缺乏服务热情的表现。它一般没有措辞上的错误，是用冰冷的语气、平淡的语调和过于简略的内容来表达自己与别人的距离感。冷漠的语言并不少见，服务工作中乘客对乘客服务人员敷衍态度的投诉多半都是因为它而产生的。

在冷漠的语言背景之下，人们谈话的性质会发生改变，同样内容的一句话，可能会因为其中冷漠气息而产生另外的效果。在对乘客服务的过程中，冷淡常会使乘客服务人员无法准确捕捉乘客的真实需求，这对于实现乘客满意是一个障碍。因此，乘客服务人员应注意调整自己的心态，实现与乘客之间的有效沟通。

4）随意的语言。语言并非一定要刻意讲究，心里想什么就说什么，既客观又真实。但是，讲话要注意场合，特别是在工作时，一定要使用严谨、正规的工作语言，杜绝使用口头禅或粗话。作为城市轨道交通企业的乘客服务人员，每天要面对形形色色的乘客，而这些乘客在车站处于一种相对流动的状态中。也就是说，乘客服务人员虽然在一个相对固定的岗位工作，但面对的场景却在不断发生变化，语言环境也在不断变化，这就要求乘客服务人员注意调换自己的语言形式和风格。有时语言本身并没有问题，往往说话的场合和面对的对象变了，乘客服务人员却没有进行相应的语言调整，说话过于随意，所以才引发了矛盾。

对乘客使用随意性语言，来自于乘客服务人员潜意识中对乘客的不重视。它很难让乘客对乘客服务人员的服务产生好感，因此，在城市轨道交通运营企业中是应该杜绝的。对乘客负责其中就包括语言的负责，这是职业的要求。在工作中该说什么不该说什么，乘客服务人员都要心中有数。改变随心所欲的说话习惯，对每个乘客服务人员来讲都是一个考验。

三、问询服务礼仪

《城市轨道交通客运服务》（GB/T 22486—2008）中要求城市轨道交通公司能够提供现场问询服务和远程问询服务。

（一）乘客服务人员需要掌握的问询服务技巧

1）当乘客问询时，服务人员应面带微笑正视他，并彬彬有礼地问一句"您需要帮助吗？"这样，就会很快地消除乘客的焦虑和不安，双方之间可在融洽的氛围中交流。

2）当乘客问询时，服务人员应热情地回答乘客的提问。在路上遇到有人问询时，应停下脚步主动关切地问他："先生/女士，您有什么事需要我帮忙吗？"以示服务人员的诚恳和亲切。

3）解答乘客问询时，不知道的事或拿不准的事不要信口开河，敷衍应对乘客，应把乘客带到问讯处或有关岗位去咨询，直到乘客满意为止，力求做到问询工作的善始善终。

4）当乘客问路时，如果服务人员知道，应清楚详细地告诉对方怎么走，必要时可以画一张路线图；如果服务人员不知道，可以说："对不起，先生/女士，您说的这个地方我不太清楚，不过您可以到乘客服务中心，让那儿的工作人员帮您查一下地图，好吗？"这时，服务人员应马上带乘客到乘客服务中心，或清楚地指示乘客怎么走才能到乘客服务中心。

5）在问询服务中，应尽量做到百问不厌、百问不倒；应积累丰富的知识，包括熟练掌握本岗位的业务基础知识，多总结、积累、了解其他相关岗位的业务知识；对交通、旅游、购物、餐饮、住宿、医疗等相关延伸知识也应多收集、交接，这样才能避免在乘客面前尴尬，急乘客之所急。

（二）问询服务中的具体细节

1. 乘客询问的乘车线路不熟悉

按服务标准，对乘客的问题做到有问必答，如果出现不熟悉的地址或乘车线路，不能主观臆断地告之乘客，应告诉乘客"对不起，我不清楚，我帮你询问其他工作人员"，立即询问车站其他员工。若车站其他员工都不知道时，应礼貌地向乘客解释。

2. 乘客要求找人、找物

真正树立"想乘客之所想，急乘客之所急，帮乘客之所需"的主动服务意识。车站记录乘客的找人、找物信息，立即向行车调度员汇报，请行车调度员将此信息通报各站，发动各站进行寻找，并请乘客留下地址、联系电话，以便联系。

3. 乘客询问如何购票

1）当乘客询问如何购票时，车站工作人员应耐心地回答："如果您需要买单程票，请您先在票务处兑零，然后到自动售票机处购买，如果您需要买储值票，可直接在票务处（售票处）购买。"

2）厅巡对老人、小孩应给予积极主动的服务。

情 景 训 练

1. 根据给定的模拟情景，编排各服务环节服务礼仪的内容

1）老师给定一些车站和列车服务资料，设计一些模拟场景，如地铁旅客问询、指引等情景。

2）学生根据以上所学知识编排出服务场景的服务礼仪内容及方式，如乘客问询的服务表情、语言、动作礼仪等，充分发挥学生的礼仪规范思维，消化、理解并运用所学知识。

2. 掌握城市轨道交通服务各环节的服务礼仪技能

以教师多媒体教学演示为主，掌握扎实的理论和实操知识。

3. 礼仪实操如有实训场地，以场地情景实训练习操作为主

复习思考题

1. 城市轨道交通服务人员着装要求有哪些？
2. 城市轨道交通服务中的"首问责任制"如何落实？
3. 服务语言标准的主要要求有哪些？
4. 服务时微笑应把握哪几个要点？
5. 常见的不规范服务用语有哪几种？

项目五 城市轨道交通服务作业

  知识要点

1. 票务服务。
2. 导乘服务。
3. 行车服务。
4. 应急服务。
5. 服务承诺及监督。

  学习任务

1. 熟练掌握城市轨道交通各种票卡的发售流程。
2. 正确引导乘客完成乘车过程。
3. 掌握各种特殊情况发生时的服务处理流程和注意事项。
4. 掌握服务承诺及监督内容。

  相关理论知识

一、票务服务

票卡

票务工作是轨道交通客运组织中一项重要的经济工作,是企业管理工作的组成部分。票务管理工作涉及面广,既有服务方面的,又有管理方面的,是运营生产活动中的重要环节。城市轨道交通运营企业的社会效应来自于服务质量,经济效益来自于票款收入。因此票务服务工作是城市轨道交通运营企业运营中很重要的一部分。票务服务的基础工作包括:售票亭的服务、自动售票机服务等。《城市轨道交通客运服务》(GB/T 22486—2008)对票务服务工作要求:

1)售票处(机)或其附近应有醒目、明确的车票种类、票价、售票方式、车票有效期等信息,方便乘客购票。

2)自动售票机和充值设备上或自动售票机和充值设备附近应有醒目、明确、详尽的操作说明,指导乘客正确购票和充值。

3)人工售票、充值或售卡过程中,售票员应唱收唱付,做到准确、规范。

4)对符合免费乘车规定并持有效乘车证件的乘客,应验证后准乘。

5)自动检(验)票机或其附近应有相应的标识或图示,方便乘客检(验)票。人工检

（验）票的，工作人员应当站立检（验），核查票证。自动检（验）票的，应有工作人员指导乘客正确使用检（验）票机；检（验）票设施发生故障时，工作人员应当及时处理，确保检（验）票通道畅通。

6）在特殊情况下，应及时采取有效措施，为乘客进行必要的票务处理。

乘客服务中心（俗称售票亭）是车站的票务工作最重要的一部分，是车站最繁忙的场所之一，其服务水平直接影响整个车站的服务质量。乘客服务中心（售票亭）及其服务如图 5-1 和图 5-2 所示。

图 5-1　售票亭

图 5-2　票务员正在售票

（一）售票服务指南（表 5-1）

表 5-1　售票服务指南

服务项目	服务指南
1. 售票问询服务	1）当乘客询问如何购票时，车站工作人员应耐心地回答："如果您需要买单程票，请您先在票务处兑零，然后到自动售票机处购买；如果您需要买储值票，可直接在票务处购买。" 2）厅巡对老人、小孩应给予积极主动的服务 注：厅巡应多巡视，主动指引乘客到自动售票机购买单程票
2. 售票设备不良时的服务	1）当乘客使用的 TVM 等设备不良时，厅巡应立即挂"暂停服务"牌，并请乘客使用正常的机器 2）报站控室设备故障，及时通知相关人员维修 注：厅巡应加强巡视，及时发现问题，确保 TVM 等设备的状态正常
3. 乘客兑换硬币服务	售票员严格执行"一收、二唱、三操作、四找"的程序，当排队的乘客超过 5 人时，售票员要立即站立服务
4. 储值票发售服务	售票员严格执行"一收、二唱、三操作、四找"的程序，并且将赋值成功的车票插入 BOM 后说："请看显示器显示是否为××元的车票。"确认无误后，说："找您××元，一张××元的车票。"
5. 售票排队服务	1）购票乘客排队人数过多时，售票员可请示值班站长加人实施双人兑零方案，或者加设临时兑零点 2）在出售及分析车票时尽可能使用功能键，使操作准确而快捷 注：厅巡加强引导，尽可能使两端票亭乘客数均衡

（续）

服务项目	服务指南
6. 当找不开零钱时	售票员应有礼貌的询问乘客："请问您有零钱吗？"或者说："对不起，这里的零钱刚刚找完，请您稍等，我们马上备好零钱或麻烦您到对面票亭或银行去兑换。" 注：车站必须尽量避免出现零钱储备不足的情况
7. 处理硬币不足的情况	1）向乘客耐心解释："对不起，这里的硬币刚好兑换完了，麻烦您到对面票亭或银行处兑换硬币。" 2）立即通知客运值班员增配硬币 注：值班员应科学配币，及时巡视，避免出现售票员硬币不足的情况
8. 面对兑换大量硬币的乘客或商铺人员	售票员耐心向乘客解释："如果您不乘坐地铁，请到银行兑换硬币，否则会给我们的工作带来不便，影响了对其他乘客的服务。" 注：站长或值班站长及时与银行做好沟通
9. 缩短办理乘客事务的时间	1）值班站长或值班员接到处理乘客事务后3min内赶到站厅处理 2）通过海报、各种警示牌等形式加大对票务政策的宣传力度，同时在办理前，车站员工应耐心向乘客解释票务政策，让乘客明白办理的程序，避免让乘客感到不满，造成投诉而耽误时间 注：各岗位加强服务意识，厅巡要对闸机多巡视
10. 面对不排队兑零、购票的乘客	售票员要礼貌地向乘客指出应该排队等候购票，不给予其超前办理 注：厅巡应做好相应的引导工作，维持好排队秩序
11. 处理乘客付给的假钞、残钞	1）除缺损四分之一以上、破旧辨认不清面值的纸币不收外，其余都应按规定收取 2）售票员发现乘客使用假钞时，应耐心向乘客解释："您这张是假币不能使用，请您另外换一张人民币。" 3）如果解释无效，可报告值班站长或请求公安出面处理 4）若遇到面值较大或数量较多的假币，应立即报告值班站长或请求公安出面处理
12. 因票款不符而与乘客产生纠纷	1）车站工作人员向乘客解释："对不起，我们的票款是当面点清的，请您再确认一下，您的票款是否正确，如果确实有误，我们立即进行封窗查票。" 2）乘客认为票款确实有误时，值班员以上人员立即进行封窗查票，若查出售票员差款，车站员工应马上把钱退还给乘客，并向乘客解释："对不起，由于我们工作的疏忽给您带来的不便，希望得到您的谅解，我们一定会避免下次再发生这类事件。"若售票员的票款吻合，工作人员要耐心向乘客解释，做好安抚工作："对不起，经我们查实，售票员的票款没有差错，请您谅解。"若乘客故意为难员工，可找公安配合处理 注：在票亭显眼处张贴"票款当面点清"的告示；要求售票员遵守"一收、二唱、三操作、四找零"的原则
13. 处理乘客卡币	1）检查设备状态，如果显示卡币，则按规定办理 2）如果显示正常，则先由厅巡模拟购票给乘客看，若卡币，即按规定为乘客办理，若无卡币，向乘客解释："对不起，经我们核查，目前机器没有出现故障，按我公司的票务政策规定，我们不能为您办理，请您谅解和合作！"
14. 乘客要求退票	1）向乘客解释单程票一律不给予退票（因地铁原因除外） 2）储值票可到票务处办理退票手续

情景案例

一乘客出站时找票务员索要发票，50张9元的，票务员未能提供，乘客不满，用力拍售票厅玻璃，对员工恶语中伤并猛拽售票厅门，随之进入售票厅推倒票务员。值班站长到达现场后询问情况阻拦乘客暴力行为，并将其请进办公区，通知站区领导并拨打110报警。同时值班站长安排另一名站务员接替当值票务员售票，并将当事票务员与乘客分隔开，避免矛盾激化。站区管理人员到达车站经过调查后与乘客进行进一步沟通，最终未达成共识，当事票务员报警，待民警到达车站之前，乘客逃离车站。

经验总结：当出现乘客与员工发生纠纷时，值班站长能够到达现场控制情况，及时制止乘客的暴力行为，避免事态恶化；值班站长能够及时安排替换当值售票员作业并将乘客带离现场，避免再次发生正面冲突。

不足：对乘客的行为未能留影像资料，带离乘客进入办公区后，应安排至少两名员工在现场看守，以防逃离。

（二）自动售票机服务

自动售票机和充值设备上或自动售票机和充值设备附近应有醒目、明确、详尽的操作说明，如图5-3所示。

工作人员应指导乘客使用自动售票设备。

1. 当乘客第一次使用自动售票设备时

1）耐心指导乘客使用自动售票设备，尽量让乘客自己操作，注意避免直接接触乘客财物，以免发生不必要的纠纷。

2）耐心指导乘客刷卡进站，并提醒乘客要妥善保管票卡，出站时票卡需要回收。

2. 当乘客使用自动售票设备出现卡币时

图5-3 自动售票机

1）检查设备状态，如果显示卡币，则向乘客道歉并按票务管理规定办理。

2）如果显示正常，则按有关规定开启设备维修门，确认有卡币现象后，立即向乘客道歉："对不起，设备出现故障，请您谅解，我会马上为您处理。"

3）若打开维修门后，确认没有出现卡币现象，则向乘客解释："对不起，经我们核查，目前机器没有出现故障，按照规定我们不能为您办理，请您谅解和合作。"当设备出现故障时，应主动悬挂故障标识，并及时上报维修。

3. 当乘客使用自动售票设备出现卡票时

1）检查设备状态，如果显示卡票，则按规定办理。

2）如果显示正常，则打开维修门进行查看；如果出现卡票现象，则立即向乘客道歉："对不起，我们立即为您重新发售车票。"

3）若打开维修门后，发现没有卡票现象，则由工作人员向乘客做好解释工作，必要时可以交给值班站长处理。

（三）进出闸机监票服务（图5-4和图5-5）

1. 监票服务的基本流程

（1）听看　听闸机提示音是否正确，看显示灯是否正确。如果设备提示音或显示灯显示不正确，则耐心向乘客解释："对不起，请您再刷一次。"

（2）提示　提示乘客正确刷卡，顺序进、出站。

（3）引导　引导刷卡成功的乘客迅速进站乘车；引导票卡异常的乘客去客服中心办理业务。

图 5-4　工作人员正在验票

图 5-5　闸机

2. 进闸机监票服务指南（表5-2）

表 5-2　进闸机监票服务指南

服务项目	服务指南
1. 乘客进闸机	1）对第一次使用车票进闸机的乘客，特别是老年乘客，厅巡要协助他们使用车票，耐心地告诉并指导乘客："请您在××区域刷卡，出站时票卡需要回收，请妥善保管，谢谢您的合作。"必要时协助乘客使用票卡，注意不要影响其他乘客进、出闸机 2）对携带了大件行李而不便进闸机的乘客，厅巡可以让乘客插票并空转杆后（以防其他无票乘客转杆进站），引导其从宽闸机进站或为该乘客打开通道门进站，并告诉乘客保管好车票
2. 处理超高小孩逃票、成人逃票或违规使用车票的乘客	1）发现无票的超高小孩或故意逃票的成年人，应立刻上前制止，并要求重新到票务处买票："对不起，您的身高已超过了×m（或您好，成年人应该买票），请您购票，请配合我们的工作。" 2）若发现违规使用车票的乘客（特别是成人使用学生票、年轻人使用老人票或老人半价票等有意逃票的行为），可按执法程序执法，必要时找公安配合处理 注：在进闸机、售票厅设立明显的×m标尺；加强对进闸机的巡视
3. 乘客进闸机时正在饮食	厅巡应立刻制止，并向乘客解释："为了保持车站及车厢的卫生，请勿在入闸机后饮食，谢谢合作！" 注：加强对进闸机的巡视
4. 乘客乘坐电梯	乘客进闸机后乘坐电梯到达站台，通过电梯扶手处张贴的宣传画、乘电梯守则和站厅广播等向乘客宣传"右侧站稳，左侧通行"，车站员工要多加强引导 注：广播按时播放

（续）

服务项目	服务指南
5. 残疾人下楼	车站厅巡、保安及时安排并帮助残疾乘客乘坐残疾人专用电梯
6. 老年乘客坚持乘扶梯而拒绝走楼梯	1）进闸机后，劝老人走楼梯或在家人陪同下到站台，或由厅巡陪同老人一起下楼梯，送至站台 2）利用广播宣传"老人乘坐扶梯请由家人陪同"
7. 处理摔伤乘客	1）发现乘客摔伤，立即由车站工作人员将其搀扶到车控室，若乘客伤势严重，立即致电120；若伤势较轻，可由车站提供外伤的药品 2）当时立即寻找两位目击证人，若因地铁原因造成的乘客摔伤，通知保险公司，按地铁有关规定处理；若因个人原因造成，则安抚乘客，有必要时通知其家人
8. 发现乘客刷卡正确，但刷卡无效	1）先了解情况，礼貌地向乘客询问是否已经刷过卡 2）了解情况后，仍不能解决，则需要安抚乘客："您别着急，我帮您查询一下。" 3）引导乘客到客服中心或补票亭进行查询，礼貌地用手掌指示前往的方向，若情况许可，最好能陪同乘客前往解决问题，以免乘客重复提出问题和需要
9. 有儿童进站	礼貌地提醒乘客按照"儿童在前，成人在后"的原则刷卡通过闸机，或建议乘客抱起孩子进、出闸机

3. 出闸机监票服务指南（表5-3）

表5-3 出闸机监票服务指南

服务项目	服务指南
1. 有秩序地组织乘客出站	厅巡加强对出闸机的巡视，并通过人工广播的形式向乘客进行"关于单程票回收和一张票只能一人通过闸机"的宣传
2. 处理超高小孩逃票、成人逃票或违规使用车票的乘客	1）发现无票的超高小孩或故意逃票的成年人，应立刻上前制止，解释："对不起，您的身高已超过了×m（或您好，成年人应该买票），请您补票，按地铁票务政策规定，补票是补全程×元，请您配合我们的工作。" 2）若乘客态度不好且不愿补票，应耐心地向他们解释地铁的票务政策；若乘客故意为难工作人员，可找公安配合处理 3）若发现违规使用车票的乘客（特别是成人使用学生票、年轻人使用老人免费票或老人半价票等有意逃票的行为），可按程序执法，必要时找公安配合处理
3. 携带大件物品的乘客	对携带大件物品且不便出闸机的乘客，厅巡应立刻为乘客开边门，对需要买行李票的行李，厅巡应向乘客收回车票，并将车票放入出闸机回收
4. 处理乘客卡票（含如何辨别是否真为卡票）	1）在车站计算机上或到现场看闸机状态，若发现确实卡票可按照规定办理 2）找到车票后，向乘客询问有关车票的信息，确认车票是否为该乘客的，并做好相应的解释工作 3）若车站计算机无报警，打开闸机时也没找到车票，请AFC维修人员到现场确认，若情况属实，则对乘客做好解释工作
5. 乘客手持的车票出不了站	1）厅巡发现出不了站的乘客或听到求助门铃响后，及时赶到现场，请乘客到票务处的补票窗口办理业务 2）向乘客做好解释工作："对不起，您的车票已超乘，按规定补交超乘车费×元。"或者："对不起，您的车票已超时，按规定须补款×元。"或者："对不起，您的车票有问题，我现在为您办理。"
6. 售票员处理补票口车票	1）当付费区与非付费区均有人时，乘客要做好解释工作，向其中一边的乘客解释："请稍等，待会帮您处理。" 2）将车票分析后，通过显示器告诉乘客，需要补票或者车票过期等信息

二、导乘服务

《城市轨道交通客运服务》(GB/T 22486—2008)对车站导乘服务工作要求：

1) 车站的醒目位置应公布乘车常识和注意事项。必要时，应通过广播等方式向乘客宣传乘车常识和注意事项。

2) 车站应提供即时、准确、有效的乘车信息。

3) 列车运营计划变更或列车运行不正常，对乘客造成影响时，应及时通知乘客；必要时，应采取有效措施疏导乘客。

4) 车站出入口、售票处等的醒目处应公示本车站首、末列车时间；车站宜公布列车间隔时间、各车站运行时间等信息。

5) 车站的醒目位置应公布车站周边公交线路的换乘信息。

6) 到车上，应向乘客提供列车运行方向、到站、换乘等清晰的广播或图文信息。

(一) 站厅服务

车站站厅（图5-6）是车站的门面和窗口，其服务水平是乘客对车站服务产生深刻印象和做出评价的重要依据。随着客流量的大量增长，乘客文化层次差异的扩大，给站厅服务增加了新的难度。如何提高站厅服务质量、减少乘客投诉的发生已成为现阶段亟待解决的问题之一。存在安全隐患时应及时报修，发现有故意损坏地铁设备的行为时应及时制止并上报站厅。

图5-6 站厅

1. 站厅服务的基本职责

1) 遵章守纪，坚守岗位，遵守职业道德，不损害乘客利益。

2) 密切注意站厅的乘客动态，发现有违反地铁规定的行为应予以制止。

3) 帮助乘客、回答乘客问询，巡视自动售检票机的运行情况，协助票箱、钱箱的更换或清点工作。

4) 负责站厅、出入口的巡查。

2. 站厅服务的问题处理

(1) 乘客进、出站的状况处理

1) 确认本站各出入口的地面导向标识指引是否清晰、正确，是否能正确地指引乘客找到地铁进站口，若地面导向标识损坏、指示错误或不明晰，车站员工应及时上报。

2) 确保各出入口的拉门在运营时间内打开，每天开门时间要在该站头班车之前 × min（每个城市轨道交通车站的时间规定不同）开启。

3) 确认出入口公告栏信息、站厅内乘客乘车守则等宣传框的清晰、齐备，严格按照站务室要求执行。

4）确保站厅内照明设备状态良好，有足够的光亮度。

5）确保各种悬挂设备稳固、完整，非悬挂设备无缺，没有伤及乘客的危险。

6）如果水进入出入口时，站厅口处放置"小心地滑"告示牌，并设置挡水板。

7）有乘客询问如何乘车或厅巡在巡视时发现有不明乘车程序的乘客，应主动上前询问："您好，请问有什么可以帮您的？"

 情景案例

某日22：00，运营即将结束，两位乘客打算乘坐地铁，在站厅与站台相连的楼梯口处被车站员工阻拦，值班站长告知乘客本站在21：50已经结束运营，现在是22：00已经无法进站乘车。乘客表示根据以往经验自己能赶上末班车。末班车开走后，乘客未赶上末班车开始谩骂车站工作人员，车站工作人员与其理论，乘客对阻拦行为和态度表示不满，然后拨打了投诉电话，然后离开。

经验总结：车站人员严格遵守公司规章制度，坚持原则，保证车站正常运营和行车安全；乘客在处理问题时情绪激动，员工在处理问题时保护自己。

不足：在处理客服事件时要注意服务态度，减少不必要的动作。

（2）乘客进站厅乱扔乱吐

1）厅巡应及时制止，并解释："对不起，按市政府规定，在公共场所乱扔乱吐，将处以罚款，请您下次注意。"

2）厅巡立即通知保洁进行清扫，不得影响车站的美观环境。

（3）乘客询问不熟悉路线时　按服务标准，对乘客的问题做到有问必答，如果是不熟悉的地址或乘车路线，不能主观臆断地告之乘客，应告诉乘客"对不起，我不清楚，我帮你询问其他工作人员"，并立即询问车站其他员工。若车站其他员工都不知道时，此时应礼貌地向乘客表示歉意。

 小知识

某日一名乘客在换乘站换乘列车时，因不清楚怎么换乘，向站台站务员咨询，站务员进行了简单指引，但乘客沿着指引走过去之后没有发现导向标识，又问了另外一名工作人员，给出了指引，但由于刚才的指引致其没有赶上车，所以就开始抱怨，正好车站厅巡正在巡查，听见后以为是乘客在投诉，遂将其带入站厅告知值班站长。这时乘客很不满意地说要投诉。值站人员对乘客进行了安抚，并安排备班人员送其前往目的地，乘客给车站留下联系方式，要求车站处理并给予回复。

分析：

1）第一位站务员给乘客的指引欠清晰、具体，事后又未关注问路乘客的情况，致使乘客未及时换乘上列车，耽误了乘客时间，引发乘客不满。

2）厅巡在明知乘客赶时间的情况下，却将乘客带回站厅，再次耽误乘客时间。

措施：

1）对乘客的指引应具体清晰："请往前走约××m，下扶梯后可到××方向站台"或"请往前走，根据车站指示牌上的指引乘扶梯可到××方向的站台。"

2）车站工作人员应从乘客角度出发，先安抚乘客，留下乘客联系方式，指引乘客乘车，同时可答复将情况调查清楚后给予乘客满意的回复。

（4）乘客要求找失物时　真正树立"想乘客之所想，急乘客之所急，帮乘客之所需"的主动服务意识。车站记录乘客的找人、找物信息，立即向行车调度员汇报，请行车调度员将此信息通报各站，发动各站进行寻找，并请乘客留下地址、联系电话，以便联系。

（5）遇到大客流时　车站组织客流采取地下站由下而上、由内而外的原则，高架站由上而下、由内至外的原则；出现人潮时采取三级控制方法。第一级人潮控制：当站台上出现乘客拥挤时，在站厅的楼梯口处控制下站台的乘客，将扶梯全部设置为向站厅方向，缓解站台乘客压力；第二级人潮控制：当站厅付费区乘客比较多时，把部分TVM关闭，同时在闸机处控制进入付费区的乘客；第三级人潮控制：当站厅非付费区的乘客较多时，在出、入口采取分批限额进站或关闭进入口控制。

（6）其他情况

1）遇到乘客不能进站现象，要礼貌地引导乘客到客服中心进行票卡的分析。

2）遇到漏票现象，要态度平和地要求乘客去客服中心补票，切不可与乘客争吵或讥讽挖苦乘客。

3）遇到老人、儿童等需要帮助的乘客，要适当留意，协助他们尽快出站。

4）当处理摔伤乘客时，由车站工作人员将其搀扶到车站办公区房间，若乘客伤势严重，立即致电120，若伤势较轻，可由车站提供处理外伤的药品。同时，寻找目击证人，若因地铁原因需通知保险公司，按地铁有关规定处理；若是人为原因，则应安抚乘客，有必要时通知家人。

（二）安全检查（以下简称安检）服务（图5-7）

城市轨道交通工作人员有权对乘客携带的物品进行安全检查，发现乘客携带易燃、易爆、有毒、有放射性和腐蚀性危险物品的，或者携带禁止物品的应当责令其出站。

图5-7　乘客正在接受安检

1. 安检服务的基本流程

安全检查作为与乘客安全息息相关的一项工作，必须严格、规范执行，检查人员应以规范的服务流程完成安全检查工作。安检服务应遵循一迎、二操作、三告别的基本流程。

1）一迎：检查之前，应主动提示"您好，请接受安检，谢谢您的合作"。

2）二操作：检查时，应主动伸手去帮助乘客把包放到检测仪上或抬到桌子上。

3）三告别：检查之后，应向乘客表示感谢"给您添麻烦了，请您慢走"，并帮助乘客把行李从检测仪上拿下来。

2. 安检服务常见问题处理

（1）发现乘客携带超长、超重物品时

1）提醒乘客："对不起，您不能携带超长（超重）的物品进站。"

2）耐心地向乘客解释地铁相关规定，建议乘客改乘其他交通工具。

3）如遇到态度强硬、固执的乘客，首先让乘客了解：他的情况很难处理，如果乘客认为东西太重，不愿意出站，可以寻求其他同事帮助乘客。

4）如果乘客坚持搭乘，则可要求警方协助。

（2）乘客携带气球（宠物）进站时　厅巡应及时制止，并向乘客解释："对不起，为了您的安全（保持车站的环境），请不要携带气球（宠物）乘车，谢谢合作！"

（3）发现乘客包内有违禁品时

1）把包拿到一边进行详细检查，避免当着所有乘客的面检查包内违禁品，让乘客感到难堪。

2）耐心地向乘客解释地铁相关规定，向乘客详细指出哪些物品属于违禁品。

3）遇到态度强硬、固执的乘客，可以寻求其他工作人员的帮助。

（4）出现客流高峰时

1）委婉地提醒乘客加快速度，并提醒后一位乘客做好准备，避免出现拥挤忙乱的现象。

2）如果乘客过多，可以采用手持检测仪进行检查，以加快安检的速度。

 小知识

某地铁公司安检违禁品规定（表5-4）

表5-4　某地铁公司安检违禁品规定

类别	违禁物品名称
枪支、军用或警用械具类 （含主要零部件）	① 公务用枪和民用枪：手枪、步枪、气枪、猎枪、麻醉注射枪等 ② 其他枪支：样品枪、道具枪、发令枪、打火机枪、仿真枪等 ③ 军械、警械、警棍等 ④ 国家禁止的枪支、械具：钢珠枪、催泪枪等 ⑤ 上述物品的仿制品
爆炸物品类	① 弹药：各类炮弹和子弹等 ② 爆破器材：炸药、雷管、手雷、导爆索、打火机等 ③ 烟火制品：礼花弹、烟花、爆竹等
管制刀具	① 匕首、三棱刀（包括机械加工用的三棱刮刀） ② 带有自锁装置的弹簧刀

（续）

类别	违禁物品名称
易燃易爆品	① 油、柴油、松香油、油纸、过氧化氢等 ② 2kg 以上的白酒、氢气球
毒害品	氰化物、汞（水银）、剧毒农药等剧毒化学品以及硒粉、生漆等
腐蚀性物品	主要包括盐酸、氢氧化钠、氢氧化钾等以及硫酸、硝酸、蓄电池等
放射性物品	主要包括含有放射性同位素的放射性物品等
国家法律、法规规定的其他禁止乘客携带的物品	① 禁止携带超长（1.8m 以上）、笨重物品（如自行车、洗衣机、电视机、台式计算机显示器、电冰箱、组合音响等物品）乘车 ② 禁止携带动物以及妨碍公共卫生、车辆通行和危害乘客安全（如玻璃及易碎玻璃制品）的物品乘车

（三）乘客候车服务

乘客候车过程中，应在安全线以内候车，如图 5-8 所示。

图 5-8 在安全线以内候车

乘客候车服务指南见表 5-5。

表 5-5 乘客候车服务指南

服务项目	服务指南
1. 乘客站在黄色安全线以外候车	1）应及时提醒乘客："为了您的安全，请在黄色安全线以内候车。" 2）如果乘客没有退后，应立即上前制止该乘客的行为
2. 确保乘客候车的良好环境	确保站台卫生清洁，无杂物、纸屑，无积水，若发现站台不清洁或有积水，立即通知保洁员进行处理，并在有积水处放置"小心地滑"的告示牌 注：当班的值班站长应多巡站，每班不得少于 3 次

(续)

服务项目	服务指南
3. 乘客站在黄色安全线边缘或蹲姿候车	1）通过车站固定录音广播、人工广播不断向乘客宣传，强调指出："为了您的安全，请在黄色安全线内候车（请勿蹲姿候车）。" 2）站台岗员工不断加强巡视，发现有乘客越过黄色安全线或蹲姿候车，应立即用手提广播制止，如果效果不好，应及时制止乘客的行为 注：车站应定时播放站台安全广播
4. 乘客候车时吸烟	立即制止乘客行为，有礼貌的解释："对不起，为了安全，地铁站不允许吸烟，请您灭掉香烟，谢谢合作。"
5. 处理小孩在站台追跑的情况	特别提醒家长带好自己的小孩，不要让他们随意在站台上奔跑，及时上前制止正在追逐打闹的小朋友，用人工广播强调："地面很滑，容易摔跤，请家长带好小孩，不要在站台追逐、打闹、奔跑。"
6. 站台有老人、精神异常等特殊乘客	1）发现有老人、小孩候车，应重点留意并指引他们到座位上等候 2）发现有精神异常的乘客，立即通知车控室处理，并重点留意他们的动态，同时加强维持站台的秩序 3）发现有身体不适的乘客，应主动上前询问情况，并指引他们到座椅上休息。若乘客感到很不适，立即通知车控室处理 注：站台岗员工应加强观察站台候车乘客的动态
7. 乘客有物品掉下轨道	1）站台岗员工应立即提醒并安抚乘客："请勿私自跳下轨道，我们的工作人员将会尽快为您拾回物品，多谢合作。" 2）站台岗员工用对讲机通知车控室处理，同时确保乘客没有跳下轨道的行为 注：站台岗员工应对携带大件物品、推车、球类和在站台通电话的乘客多提醒、多留意
8. 列车晚点，延误乘客时间	1）值班站长在列车晚点 10min 以上时，应立即采取措施，通知各岗位列车晚点，做好对乘客的解释工作 2）按列车故障、晚点规定，在 SC 上设置列车故障模式 3）用标准广播，向乘客播放相关票务政策，为乘客提供全面的服务让乘客满意
9. 乘客身体不适	1）主动上前询问情况，并指引他们到候车椅上休息 2）如果情况严重，则通知车站综合控制室处理
10. 乘客在站台上逗留	若发现有长时间逗留在站台不出站的乘客，应主动上前询问情况，避免发生逗留的乘客跳轨等紧急情况的发生
11. 乘客企图冲上正在关门动作中的列车	如果乘客企图冲上正在关门动作中的列车，应阻止乘客（避免和乘客有直接碰触）并有礼貌地提醒："请勿靠近车门，下次列车将于×min 后进站，请等候下班列车。"

（四）站台乘降服务

站台是车站的重要组成部分，在早晚高峰时，站台上来往乘客较多，稍有疏忽，就有可能发生安全事故，尤其是在乘客上、下车时容易混乱，工作人员和乘客之间也容易发生纠纷。因此，站台服务需要将安全理念和服务技巧相结合。站台服务主要包括：乘客候车服务、乘客安全服务、重点乘客服务、乘客广播服务、乘客秩序维护等。

1. 站台服务的基本职责

1）执行相关规章制度，做到有令必行，有禁必止。

2）注意站台乘客的候车动态，在没有设置站台门的站台应提示乘客站在黄色安全线以内候车，及时提醒特殊乘客注意安全（如对不方便乘坐扶梯的乘客应提醒其走楼梯），提醒乘客不要倚靠站台门等。

3）车门或站台门关门时，应确认其工作状况，发现未关闭好时，应及时向车控室报告，并负责处理站台门故障。

4）帮助乘客，回答乘客问询。

5）特别注意帮助老、弱、病、残等有困难的乘客上、下车。

6）负责站台设备的安全。

2. 站台服务的基本要求

1）必须佩戴工号牌，做到仪表整洁、仪容端庄，如图5-9所示。

2）工作时，精神饱满、思想集中。

3）列车驶入本站时，要面向车的方向站立（图5-10），需要清客的待车停后上车清客（一般为终点站），不需要清客的需要维持乘客上车秩序，发车时面向车门站立并敬礼，待车开离本站后才能离开。

图5-9　穿戴整洁的站务员　　　　　　　图5-10　面向车的方向站立

4）确保站台卫生清洁，无杂物、纸屑、无积水，发现站台不清洁或有积水时，立即通知保洁员进行处理，并在有积水处放置"小心地滑"的告示牌。

5）站内员工应特别提醒家长带好自己的小孩，不要让他们随意在站台上奔跑，及时上前制止正在追逐打闹的小朋友，用人工广播强调："地面很滑，容易摔倒，请家长带好小孩，不要在站内追逐、打闹、奔跑。"

6）注意站台设备的工作状况，如果发生故障，应及时维修，以免给乘客带来不便。

7）注意乘客安全，个别乘客站在安全线以内时，应给予适当提醒。协助乘客安全进出车厢，维持站台秩序，方便开关车门。

3. 站台乘降服务指南（表5-6）

表5-6 站台乘降服务指南

服务项目	服务指南
1. 乘客上车	站台岗员工通过人工广播或站台广播向乘客宣传：上车时，请小心站台与列车之间的空隙，在车门即将关闭时，请不要强行上车，以防被车门夹伤，耐心等待下一趟车
2. 乘客下车	1）站台岗员工通过人工广播或站台广播向乘客宣传：乘客下车时，请小心站台与列车之间的空隙，车门即将关闭时，请不要强行下车，谨防被车门夹伤 2）对下车的老人和小孩，用广播宣传：请老人、小孩走楼梯或由家人陪同乘坐电梯
3. 乘客乘坐电梯	乘客下车后乘坐电梯到达站厅，通过电梯扶手处张贴的宣传画、乘电梯守则和站厅广播等向乘客宣传"右侧站稳，左侧通行"
4. 残疾人上楼	车站厅巡、护卫及时安排并帮助残疾乘客乘坐残疾人专用电梯

（五）乘客出站服务指南（表5-7）

表5-7 乘客出站服务指南

服务项目	服务指南
1. 乘客出站	1）确认站厅的出入口导向牌等标识信息是否正确、是否完整，若导向标识损坏或指示出错，车站员工应及时通过运营日况、书面报告、口头报告等形式报到站务室 2）若乘客不确定自己出站的方向，车站员工应给予主动、热情的指引，不能欺骗或敷衍乘客 注：车站员工应熟悉地铁站连接的各大建筑物、商场、学校、医院等场所，以及采取的换乘方式
2. 乘客在地铁站逗留	厅巡及时发现有乘客在地铁站逗留时间较长不出站或坐在站厅的地上时，应及时问清乘客逗留的原因，礼貌地请乘客不要坐在站厅地面，请乘客尽快出站，以免影响车站的正常客运
3. 乘客有投诉倾向	1）全体站务员应具备预防服务冲突的两种优质品质，即宽容大度和与人为善 2）处理问题时应注意方式方法，采用"易人、易地、易性"的方式，耐心地做好乘客的解释工作。寻求最佳的处理时机，避免投诉事件的发生 易地处理：将乘客请到房间内或僻静处处置，给乘客留面子 易人处理：必要时，交给其他站务员处理 易性处理：原则性和灵活性有机结合 注：处理投诉尽量避免在乘客聚集的场所

三、行车服务

城市轨道交通行车组织工作是城市轨道交通的中心工作，指在运输生产的过程中，为完成运送乘客的任务所进行的一系列与运输有关的工作。它担负着指挥列车运行、保证行车安全、提高运输效率的重要任务。城市轨道交通行车组织工作是城市轨道交通系统运营的核心。列车运行方案的制订、运行调度指挥等工作直接影响轨道交通对乘客的服务质量。

（一）行车服务相关规定

《城市轨道交通客运组织与服务管理办法》（交运规〔2019〕15号）规定城市轨道交通线路全天运营时间不应少于15h。运营单位应根据客流需求，制订列车运行计划，高峰时段按照设计的最小运行间隔安排运力，不断提高乘客服务体验。遇节假日、大型活动、恶劣天气以及衔接火车站或机场的线路有火车、飞机大面积晚点的，城市轨道交通运营主管部门可要求运营单位在保障安全的前提下，适当延长运营时间。

《城市轨道交通客运服务》（GB/T 22486—2008）对行车服务工作要求：

1）城市轨道交通的运营时间应根据当地居民的出行规律及其变化来确定和调整，调整前应及时公示。

2）应根据列车运行图组织列车运行，并可根据客流变化等情况合理调整列车运行；对乘客有影响时，应及时公布。

3）列车行驶应平稳，到站后应适时开关车门。

4）列车运行发生故障时，应视情况采取救援、清客、继续运行到目的地等处理措施。

5）年内列车准点率应不小于98.5%。列车准点率指准点列车次数与全部开行列车次数之比，用以表示运营列车按规定时间准点运行的程度。其计算公式为：

$$准点率 = \frac{准点列车次数}{全部开行列车次数} \times 100\%$$

凡按运行图规定的时间运行，早、晚不超过规定时间界限的为准点列车。准点列车的时间界限是终点到站时间误差小于或等于2min（市域快速轨道交通系统除外）；市域快速轨道交通系统准点的时间界限是终点到站时间误差小于或等于3min。

6）年内列车运行图兑现率应不小于99%。列车运行图兑现率指实际开行列车数与运行图规定开行列车数之比。实际开行的列车中不包括临时加开的列车数。其计算公式为：

$$列车运行图兑现率 = \frac{实际开行列车数}{运行图规定开行列车数} \times 100\%$$

7）列车拥挤度应不大于100%。列车拥挤度指线路高峰小时平均断面客运量与线路实际运输能力之比，列车按定员计算，用以表示列车的拥挤程度。其计算公式为：

$$列车拥挤度 = \frac{高峰小时平均断面客运量}{线路实际运输能力} \times 100\%$$

8）列车服务可靠度要高。1年内发生5min及其以上（至15min）延误之间平均行驶的车千米数，数值越大，表明可靠性越高。

（二）列车运行基本概念

列车是指以正线运行为目的，按规定辆数编成并具有列车标识的车组。列车标识包括列车两端的标识灯、列车前端的车次号与目的地标识符。

列车运行主要指列车在正线上的运行。在双线行车时，地铁、轻轨列车按右侧单向运行，而市郊列车则按左侧单向运行。

按列车用途分类，列车分为：专用列车、客用列车、空驶列车、试验列车、工程列车和救援列车。各种列车可根据不同的车次号来识别，列车车次号规定的不同与行车调度指挥设备对列车描述的不同有关。

（三）列车运行服务规范

1）线路运营单位应当保持运行列车车容车貌整洁、明亮。

2）列车司机应当随身携带驾驶证，并按规范驾驶列车，确保列车安全、正点。

3）列车司机在列车行驶过程中，应当加强瞭望，遇有险情时，应当立即报警，并采取相应的应急救援措施。

4）列车广播用语应当规范、清晰、正确，并及时用中、英文交替播放列车到发等运营服务信息。

5）线路运营单位应当在列车车厢内醒目的位置公布轨道交通线路示意图、换乘车站站名等信息。

6）线路运营单位应当根据运营要求、客流量变化等情况编制和及时调整列车运行计划，报市运输管理处备案。

7）行车调度员应当根据列车运行图的安排，组织调度辖区内的列车安全正点运行。遇到非正常客流高峰时，行车调度员应当及时调整运行组织安排，采取增加列车车次等临时措施疏散乘客。

8）行车值班员应当根据当日列车运行计划及行车调度员的命令，对本车站内的列车运行安全情况进行监视，并实施行车作业。

9）轨道交通运行过程中发生故障而影响运行时，线路运营单位应当立即组织力量及时排除故障，恢复运行。一时无法恢复运行的，线路运营单位应当利用车站和列车广播、信息显示屏等各种方式及时告知乘客，并按照相关应急处置预案组织乘客疏散。

（四）列车运行服务指南（表5-8）

表5-8 列车运行服务指南

服务项目	服务指南
1. 列车开门	1）列车自动开门后，列车司机确认驾驶台气制动加灯亮后，立即走出驾驶室，在站台立岗 2）若采用人工驾驶列车时，则待列车停稳后，马上按规定程序（先确认，再呼唤，跨半步，再开门）打开车门，并立即进行立岗作业 3）要求注意力集中，保持良好的站姿，若发现有异常情况，马上用对讲机报告车站并协助车站处理
2. 列车运行	1）列车在车站动车前，列车司机要通过监视镜，再次确认站台安全后才可动车。若发现有乘客突然越出黄色安全线，则马上采取措施并再次确认站台安全才能继续动车 2）人工驾驶列车时，列车司机注意平稳操纵列车，做到起动、调速、进站停车平稳，准确对标，避免二次起动 3）人工驾驶时，要按压主控手柄上的警惕按钮，严格控制速度，避免松开警惕按钮，超速产生紧急制动 4）列车在运行中，列车司机要加强瞭望前方线路，进站前鸣笛，发现有紧急情况马上采取紧急措施
3. 乘客在车厢内应遵守的地铁规章	通过车厢内的宣传标语、车站广播等多种方式向乘客宣传，严禁在车厢内攀爬、悬吊、睡卧、追逐、打闹等
4. 列车广播	1）列车开动后，列车司机要确认列车上的广播已经正确播放 2）若自动广播故障，列车司机应进行人工广播，给予乘客正确指引
5. 车门夹人	乘客被车门夹有两种情况： 一是乘客未被夹伤，当要求有个说法时，要耐心认真听乘客叙述事情经过，并进行分析；如因乘客抢上、抢下被夹应向其说明有关注意事项，希望乘客今后乘坐地铁应提前做好上下车准备，避免出现此类现象；确因地铁原因造成乘客被夹时，应向其表示歉意 二是乘客被夹伤，要求去看病时，应安慰被夹伤的乘客，并向乘客说明自己正在当班，不能擅自离岗，通知值班员/值班站长处理。若因地铁原因造成的乘客夹伤，通知保险公司，按地铁有关规定处理
6. 列车关门	1）在确认乘客上、下完毕后，DTI（发车时间显示器，即倒计时器）显示8～10s时开始关门 2）列车司机掌握好关门时机，准确关门，发现有乘客抢上、抢下时，要及时采用重开门按钮开门，避免夹伤乘客 3）车门关好后，马上呈立正姿势再次确认列车所有车门黄色指示灯灭，在所有乘客离开黄色安全线后才进入驾驶室

（五）车站（行车）值班员的行车服务工作

城市轨道交通车站一般都设有车站（行车）值班员岗位，主要负责执行分公司、部、中心、车站的有关规章制度，做到有令必行、有禁必止；在值班站长的领导下，负责车站行车工作；服从行车调度员指挥，执行行车调度员命令，严格按列车运行图组织行车；严格执行一次作业程序，熟悉行车设备的性能，掌握操作方法；控制车站广播，密切关注监视屏，掌握站台乘客动态，并视情况及时广播；LOW 停用时负责现场人工排列进路；非运营时间做好巡道、设备维修的登记和注销手续；保管使用行车设备备品，正确填写各种行车日志，字迹清楚；值班站长不在车控室时代理其职责；完成上级领导临时交办或外部门需协办的其他工作。

行车值班员应根据列车运行图组织列车运行，并根据客流变化等情况合理调整其运行，对乘客有影响时应及时公布。

当列车运行发生故障时，应听从指挥或视情况采取救援、清客或继续前行等措施。

（六）接、发车服务工作

接、发列车是车站行车值班员的一项基本任务，也是行车组织的一项重要工作。做好接、发列车工作可以保证列车按照运行图安全、正点行车，保证行车服务质量。

在采用调度中心以及行车指挥自动化系统后，行车调度员可在调度所的控制台上监控该区段内列车的运行情况，并可直接操纵区段内各个车站的道岔和信号机，因此这些车站的接、发列车工作可以由行车调度员直接指挥和办理。通常，地铁以及轻轨交通的行车量都较大，列车追踪间隔短，沿线各站的运行作业单一，调车量少，而且站间距短，列车基本上是站站停车，因此地铁或轻轨特别适宜采用调度集中以及行车指挥自动化系统。总体来讲，世界各国大城市的轨道交通系统均采用了比较先进的、自动化程度高的调度指挥系统。

在列车进站、出站或通过时，接、发列车的工作人员应在规定地点接送列车，注视列车运行状况，如发现有危及人身或行车安全的情况，应采取措施妥善处理。车站发车人员只有在确认列车取得占用区间许可、发车进路准备妥当、影响进路的调车工作已经停止后，才能按规定指示发车指示信号，准许列车由车站出发。

列车到达车站或出站之后，车站（行车）值班员应及时将列车到达、出发时刻通知邻站，并记入行车日志，向行车调度员报点。车站所有接发列车工作均由车站（行车）值班员指挥。

（七）列车司乘服务

1. 列车司机服务基本要求

列车司机服务基本要求见表 5-9。

表 5-9 列车司机服务基本要求

程序	内容
上班前	1）保证充足的休息，良好的精神状态 2）不可在酒后和药物影响下工作 3）按规定穿着制服并检查相关行车备品，认真阅读相关文件
列车起动前	对列车进行专业的检查
列车驾驶过程中	1）坐姿正确，目光向前 2）遵守列车司机守则，专注驾驶列车，不准接打私人电话 3）经常留意路轨和车厢发生的事情，当乘客有不当行为时，要进行广播劝阻，必要时，及时上报，以免骚扰或危害到其他乘客 4）及时发现任何潜在的危险，并上报有关部门进行处理
换班	检查自己的仪表，注意提工具包的姿势

2. 列车司机服务常见问题处理

（1）当遇到异常情况，需要紧急停车时 及时进行广播通知乘客紧握扶手，避免乘客碰撞跌倒造成损伤。

（2）当车内乘客报警装置被启动时

1）了解乘客的情况："乘客您好，我是本次列车的司机，请问有什么需要帮助您？"

2）注意在通话过程中要表明自己的身份，向乘客了解信息（发生什么事情，具体位置情况和严重性，是否可以到下一个站进行处理等），必要时需要上报相关部门。

3）安抚乘客："乘客您好，我已清楚您的信息，已经通知运营控制中心，请稍候，列车进站后将有站务员帮助您进行处理。"

（3）当有乘客走失时

1）安抚乘客，告知马上会有其他工作人员过来处理。

2）留意乘客的基本特征，年龄、身高、性别、服装和仪容，及时上报。

（4）在驾驶过程中有乘客拍打驾驶室时

1）不要打开驾驶室车门，更不要与乘客隔着驾驶室对话。

2）使用广播询问情况。

3）通知运营控制中心安排站务员在下站进行处理。

4）通过广播安抚乘客："不好意思，我是本次列车司机，已经听清楚您的情况，事情已经通知上级，因列车正在行驶中，请稍等，到站后会有工作人员过来帮助您进行处理，谢谢您的配合。"

5）列车因事故需要停驶一段时间 应尽早通过广播通知乘客，说明原因，请乘客谅解。

四、应急服务

地铁是个相对密闭的空间，一旦突发情况，巨大的人流和地下的狭小空间会让乘客的紧张情绪放大，乘客和其身边的人员通常会感到不安和慌乱，在这种情况下，应根据现场情况进行灵活处理，并且要充分考虑乘客的心理，避免出现尴尬情况。《城市轨道交通客运服务》（GB/T 22486—2008）中对城市轨道交通应急服务要求：

1）应急服务应以保障乘客人身安全为首要目标。

2）应分别就运营事故，重大活动、政府管制、恶劣天气、乘客伤亡、事故灾难等影响城市轨道交通正常运营的突发事件制订应急服务预案，并适时启动。

3）当发生影响城市轨道交通正常运营的突发事件时，应及时告知乘客并采取措施。

1. 遭遇大客流时

突发性大客流即因地铁周边环境影响、重大活动、节假日、恶劣环境或因设备故障导致设备能力不足等不可预见的情况造成突发性进、出站客流增大，超过车站设备承受能力的情况，如图5-11所示。

1）根据"三级客流控制"的原则，站长或值班站长在车站出入口、入闸机组、站厅与站台的楼梯扶梯处进行客流控制（图5-12）。

2）站长或值班站长及时了解产生突发客流的原因、规模，及可能持续的时间，合理安排岗位。

图 5-11　某地铁大客流情形

图 5-12　北京地铁遇大客流时分段放行

3）车站行车值班员及时播放相应的广播疏导乘客。

4）值班站长及时组织人员维持秩序，理顺购票队伍，增设兑零点，对乘客做好疏导、服务工作。

5）票亭减缓兑零速度。

6）行车值班员监控 15min 进站客流变化。当车站现有人员无法应付突发性大客流时，值班站长组织驻站人员参与客流控制，同时安排行车值班员通知公安，报告行车调度员请求支援。

7）出现特大客流时，车务部门应立即请示运营总部，要求调派列车直达特大客流车站进行增援。

8）站台拥挤时，值班站长立即安排其他岗位员工或支援人员到站台维持候车秩序，对站厅与站台的楼梯、扶梯处进行第一级客流控制，先让下车乘客出站，再放乘车的乘客进入站台，控制进站的乘客人数。行车值班员及站台员工利用广播提醒乘客注意安全，同时加强对站台乘客候车动态及站台门工作状态的监控。

9）若因设备故障造成列车晚点，车站乘客拥挤时，车站值班站长安排行车值班员及时通知公安协助，安排巡视岗客运值班员在出入口、票亭及闸机前摆放立柱告示，告知购票进闸机的乘客客车延误信息。同时，做好退票和公交接驳的准备工作。

10）由于特殊气象（如暴雨）导致突发性大客流时，车站值班站长及时安排员工做好滞留乘客的疏散工作。

11）需调整本站员工工作岗位或工作内容时，由值班站长根据现场情况组织安排；需抽调其他车站临时支援人员时，由值班站长报车务部门生产管理人员，由车务部门生产管理人员协调人员配置。

 情景案例

在广州广交会期间，地铁控制中心根据实际情况，调动了 1、2 号线备用车上线疏导客流，同时，周六、周日根据客流情况，组织列车加开上线运营，地铁各相关车站根据 15min 进闸机客流量，采取票亭开双窗口服务、设置一个或多个临时售票点、兑零点等，避免乘客排长队，必要时采取分批放行乘客进站，保证及时疏散大客流。

2. 乘客突发疾病或发生身体伤害时

城市轨道交通车站及列车通常是人群密集的场所，如果有乘客突发疾病晕倒在地不仅影响乘客流动，而且对急病乘客来讲有被踩踏甚至致命的危险。因此，当发生乘客突发疾病时（图5-13），应予以积极救助服务，做好以下工作：

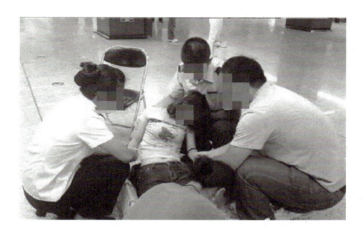

图5-13 乘客突发疾病

1）主动上前查看乘客的情况，适当地安抚和询问："您好，您哪里不舒服吗？需要帮您叫救护车吗？"

2）征得乘客或其家属的同意后，及时与急救中心联系，必要时可以请其他工作人员到车站出口迎候急救人员，并宣传疏导周围乘客，保证各个通道都畅通无阻，为乘客的治疗争取时间（图5-14）。

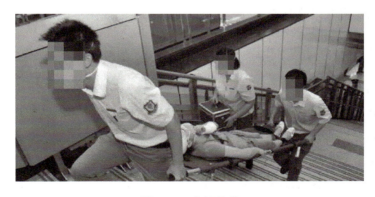

图5-14 实施抢救

3）协助医护人员将乘客送上救护车。当乘客突发疾病时，如果乘客意识清醒，致电120前最好征得乘客同意。对于突发疾病的乘客，切忌随意移动，在处理过程中以协助为主，站务员不能自作主张对乘客采取任何药物治疗。

当乘客发生身体伤害时应及时到达现场，安抚乘客情绪，了解伤害状况，对伤口进行简单的消毒处理。当乘客提出要去医疗机构检查的要求时,应按照地铁相应规定进行处置,必要时应让工作人员同乘客一起去医疗机构就诊。

注意:在处理乘客伤害过程中,切忌推诿或拒绝其就医要求。

 情景案例

某日某车站 A 厅售票口处有一名乘客摔倒,此乘客摔倒时排在第二位准备购票,售票员发现后马上通知站厅人员查看。站厅站务员和民警同时上前查看,因为此乘客手持拐杖,初步判断为乘客腿脚不便造成摔伤。站务员感觉不对后马上上报车控室,车站人员致电 120 说明情况。在 120 到达现场前,车站取来保暖物品给乘客保暖,并平放好乘客,与现场民警一同查看乘客随身物品,看是否有联系方式及乘客日常使用的应急药品,后在乘客携带的挎包内发现"速效救心丸"。当值班站长、站务员及现场民警共同确认此药品后,站务员将 6 粒药丸放入乘客口中。120 急救人员到达后对晕倒乘客进行抢救,此时车站安排全员上岗,现场组织人员对现场周围的乘客进行疏导工作。抢救后确认此乘客已无生命迹象。车站区域站长下达命令关闭 A 厅,并上报行车调度员、营销部门,车站及民警共同配合 120 人员将此乘客运离车站。相关后续工作完成后,经民警同意,车站安排相关岗位人员到岗,A 厅开放,并通知行车调度员、运营部门。

经验总结:站务员发现有乘客晕倒后,及时上报并处理;事情的处理过程有驻站民警在场,并且在民警的监督下给乘客服用药物;发生紧急情况时能全员上岗。

不足:没有寻找目击证人。

 情景案例

某日某站厅内一名女乘客晕倒,嘴角出血,身边有家属陪伴。站厅站务员听到其家属的喊叫声后,到达现场。发现有人晕倒后将情况报告值班站长。值班站长赶到后,乘客家属说她有癫痫史,车站拨打了 120 急救电话。救护车到达后,车站员工帮忙将乘客抬上救护车,送至医院治疗。

经验总结:车站能够为乘客提供力所能及的帮助,如致电 120、协助抬病人上下车等。

医护人员到达现场前,车站人员与病人没有身体接触,避免了其他问题的产生。

不足:站务员应加强站厅巡视,关注乘客状态。

情景案例

某日，一名中年男乘客在某站持残疾人证（盲人证）要求进站乘车，站务员在核实其证件后放行，并询问乘客是否需要帮助其上站台乘车。此时乘客未携带任何导盲器具，并拒绝了站务员的帮助，自行前往上行站台乘车。乘客到达站台后因自身视力问题在上行站台尽头端墙处落入轨道。车站人员发现后及时按下紧急停车按钮，并在乘客的配合下将其抬至站台。车站人员陪同乘客至某中心医院就医，经诊断为左手腕骨折错位，后经伤者本人、公司代表、保险公司代表、地铁派出所民警多方协商给予伤者一次性赔偿5万元。

经验总结：

站务员发现乘客为残疾人后主动提出帮助咨询；发现乘客落轨后处理及时，未对双向行车造成影响。

不足：车站人员在乘客拒绝帮助请求后未继续留意残疾人（尤其是单独的视残者）乘车情况。

3. 乘客有物品掉落轨道时

城市轨道交通车站未安装站台门或站台门与站台之间的空隙及站台门发生故障时，会发生乘客携带物品坠落至轨道的事件，此时要视掉落的物品是否影响行车尽快处理。乘客服务人员应安抚并提醒乘客："为了您的安全，请勿私自跳下轨道，请您放心，我们会尽快为您处理。"如果条件允许，及时为乘客取回。如果条件不允许，在与乘客一起确认掉落的物品地点后，告知乘客将于运营结束后下轨道拾回物品："对不起，目前条件不允许，我们将在运营结束后，帮您拾取。"并请乘客留下联系方式，第二日到车站领回物品。

有关岗位作业如下：

（1）站台工作人员（保安或站务员）

1）立即赶往现场查看掉落物品是否影响正常行车并及时向行车值班员报告。若该车站未安装站台门，站台岗员工应立即安抚告知乘客"请勿擅自跳下轨道，工作人员会尽快妥善处理"。如果掉落的物品不影响正常行车，应告知乘客车站将择机派人下轨道拾回物品，安抚乘客耐心等待，并协调好领取物品事宜。

2）如果掉落的物品影响行车，则按压紧急停车按钮。

3）到监控亭拿挟物钳、隔离带到现场，隔离该处站台门。

4）得到值班站长指示后，用钥匙打开该站台门，将物品夹起；夹不起的物品，安排人员从站台两端的楼梯或使用下轨梯进入轨道拾回物品。

5）工作人员将物品取回后，确认线路出清，得到值班站长指示后，恢复站台门的使用，撤回隔离，向行车值班员汇报。

（2）行车值班员

1）接到站台通知后立即向值班站长汇报情况，通知厅巡到现场协助处理，并向行车调度员汇报有关情况。

2）经站台保安确认后，向行车调度员汇报物品是否影响行车。

3）接到值班站长的通知，向行车调度员汇报有关情况，并要点（时间段）处理。

4）经行车调度员批准后，按动紧急停车按钮做好防护并通知值班站长可以实施处理。

5）线路出清后，报告行车调度员销点，在 MCP 盘上按压取消紧急停车按钮，恢复正常运营。

（3）值班站长

1）接行车值班员报告后，马上到现场查看有关情况。

2）确认物品是否可以用夹物钳夹起，并预计所需时间。

3）将情况通报车控室，要求行车值班员向行车调度员请点处理；通知站台保安去监控亭拿夹物钳、隔离带到现场隔离该处站台门，准备拾物；通知厅巡去监控亭拿信号灯到站台尾端墙作好防护准备。

4）行车调度员同意后，通知厅巡做好防护。

5）如果行车调度员不同意运营时间处理，则登记乘客详细资料，待物品取出后通知乘客领取。

6）做好防护后通知站台保安将物品夹起，并疏散围观乘客。

7）物品夹起后，通知站台保安撤回隔离恢复站台门的使用，通知厅巡收回防护信号。

8）确认线路出清向车控室报告。

9）做好相关记录，将物品归还乘客。

（4）厅巡

1）接到行车值班员通知后，马上到现场协助处理。

2）接值班站长通知后，到监控亭拿信号灯到站台尾端墙作好防护准备。

3）得到值班站长指示后，在尾端墙手持信号灯作好防护。

4）得到值班站长指示后，收回防护手信号。

（5）行车调度员

1）接到通知后，如果物品影响行车，则扣停后续列车，安排车站取出物品。

2）如果物品不影响行车，根据行车间隔和车站请点要求做出适当安排。

4. 当有乘客走失时

城市轨道交通客流具有流动速度快、流量大等特点，因此如果有同行人遇客流高峰期拥挤时很容易发生走失情况。当发生乘客走失情况时应做好如下工作：

1）适当地安抚乘客。

2）了解情况（走失人员的性别、年龄、特征、走失时间、乘车路线等）并进行登记。

3）利用广播在车站内协助寻找，如果未找到，可上报至运营控制中心在全线进行广播寻找，必要时在征得乘客同意后，协助乘客通知公安部门找寻。

5. 遗失物品查找服务

乘客在乘地铁时，经常会出现物品丢在车站或者车上的情况，发现物品丢失后，应立即与车站工作人员联系或拨打当地地铁服务热线。具体的遗失物品处理办法如下：

（1）当乘客反映物品丢失时　工作人员先安抚乘客："请您别着急，我们马上帮您广播。"了解遗失物品的基本特征和物品遗失的地点和时间。

采取措施为：

1）通过广播在本车站进行询问和查找。

2）通过电话向有关车站进行询问和查找。

3）找到物品时，协助乘客办理认领，应礼貌核对乘客的身份，确认乘客所述物品与找到的物品一致。

4）若没有找到遗失物品，应向乘客表示抱歉，并将乘客的姓名、身份证号、联系方式进行记录，以便联系乘客，必要时可以告知乘客向车站属地派出所报案。

（2）当乘客捡拾到其他乘客的物品并上交时 向乘客表示感谢；当着乘客的面，对物品进行详细的清点和记录，并请乘客签字确认。

采取措施为：

1）通过广播寻找失主。

2）未找到失主时，将物品上交保管。

3）如果有乘客过来认领时，应礼貌核对乘客的身份，并请乘客签字确认。

6. 垂直电梯发生故障时的救援

当电梯系统错误或者断电时，如果有乘客被困在电梯轿厢内，就需要进行紧急营救。紧急营救必须由受过电梯紧急营救培训的人员进行。作为车站工作人员，主要任务是安抚乘客和配合救援，具体做法如下：

1）接到求救信息后与乘客沟通，确认电梯内人员数量和人员情况，上报故障报警中心，并提醒乘客在接到指示之前不得进行任何操作（如扒开梯门等）。

2）通过电梯内的通信装置先稳定乘客情绪，注意与乘客沟通，安慰乘客，让乘客保持镇静，并告知乘客维修人员将马上进行维修。

3）故障电梯应立即停用，放置暂停服务牌。

4）等待专业救援人员进行维修和救援。

情景训练

实施：模拟现场，分组实施。设计各种场景，将学生分为乘客组、工作人员组、检查组等。

场景1：一乘客持储值卡出站检票闸机提示车票余额不足，票务工作人员利用以上所学理论知识帮助处理。

场景2：一乘客在站台候车期间突发急病，工作人员进行处理。

其他场景由授课老师自己设计，原则是以帮助消化理论知识，加强学生动手解决问题能力为目标。

情景案例

1. 增值服务：一位老太太来到某站充值，可到了售票亭被票务员告知本站不能充值，需要去别的站充值。老太太说"身体不好，走不了"，还说"这就是地铁站，你凭什么不能充值"，要求票务员给解决问题，要不就不走了。

如果你是票务员该如何解决？

2. 盲人乘车没带残疾人证：一位乘客来到售票亭说自己是盲人，但没有带残疾人证，要求票务员给换福利票。如果你是票务员该如何处理？

3. 一旅客在使用自动售票机购票时，发现自动售票机在收了票款后，却不出车票，旅客十分着急，不停用脚踹机器，胡乱按售票机显示屏上的按键，厅巡发现后应如何处理？

复习思考题

1. 《城市轨道交通客运服务》（GB/T 22486—2008）对票务服务工作有哪些要求？
2. 监票服务的基本流程有哪些？
3. 《城市轨道交通客运服务》（GB/T 22486—2008）对车站导乘服务工作有哪些要求？
4. 安检服务常见问题有哪些？应如何处理？
5. 站台服务的基本要求有哪些？
6. 《城市轨道交通客运服务》（GB/T 22486—2008）对行车服务工作有哪些要求？
7. 《城市轨道交通客运服务》（GB/T 22486—2008）中对城市轨道交通应急服务有哪些要求？

项目六 城市轨道交通乘客投诉与纠纷处理

知识要点

1. 乘客投诉分析。
2. 乘客投诉处理的原则。
3. 乘客投诉处理技巧。
4. 乘客投诉案例分析。
5. 乘客现场服务纠纷处理。

学习任务

在学习掌握乘客投诉与纠纷处理相关知识的基础上进行实训,模拟练习解决客运服务中的乘客投诉与纠纷方面的问题。

相关理论知识

城市轨道交通运营企业作为一个服务性行业,具有公共交通的特性,不可避免地会受到投诉。应正确地认识、妥善地接待和处理投诉,这是因为更好的投诉处理等于更高的乘客满意度、更高的品牌忠诚度和更好的绩效。能否正确认识和处理投诉是企业管理水平的集中体现。因此,作为直接面向乘客的客运服务人员,尤其需要掌握投诉处理的相关知识并处理好乘客投诉,以提高企业运营服务质量。

一、乘客投诉分析

所谓的投诉是指当乘客乘坐轨道交通时,会对出行的本身和企业的服务抱有良好的愿望和期盼值,如果这些要求和愿望得不到满足,就会失去心理平衡,由此就会产生"讨个说法"的行为。广义地说,乘客任何不满意的表示都可以看作投诉。

1. 乘客投诉的分类

(1) 按照投诉的表达方式分类 乘客感到不满意后的反应一般有两种:一是说出来;二是不说。据调查表明:在所有不满意的乘客中,有69%的乘客从不提出投诉,有26%的乘客向身边的服务人员口头抱怨,只有5%的乘客会向投诉管理部门(如客服中心)正式投诉。其中,正式投诉根据乘客表达方式的不同可以分为以下3种:

1) 当面口头投诉,向公司的任何一个职员进行投诉。

2）书面投诉，通过意见箱、邮局信件、电子邮件等投诉。

3）电话投诉，通过热线电话、投诉电话等投诉。

（2）按投诉的内容分类　按投诉的内容主要可以分为车站人员服务投诉、列车运行投诉、乘车环境投诉、票款差错投诉、设备故障投诉等。

（3）按投诉的性质分类　按投诉的性质可以分为有责投诉和无责投诉。

1）有责投诉是指因工作人员工作失误、违规操作、设备设施保障不力等引起的投诉。

2）无责投诉包括两种情况：一是由于自然灾害等不可抗力因素导致服务失误而引起的投诉，对于这种投诉，运输企业应加大应急事件的处理力度；二是因为乘客自身原因而引起的投诉，对于这种投诉，运输企业应加强对乘客的宣传。

2. 乘客投诉产生的过程

一般来说，在投诉之前乘客就已经产生了潜在的抱怨，即对列车运行或者服务存在一定的不满。潜在的抱怨随着时间推移就变成了显在的抱怨，而显在的抱怨作为投诉的一种形式，很有可能会转化为正式投诉，具体过程如图 6-1 所示。

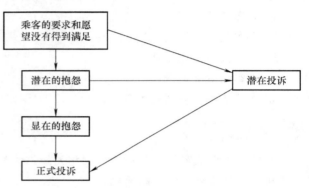

图 6-1　乘客投诉产生过程示意图

3. 乘客投诉的原因

有的时候乘客的投诉是有道理的；有的时候乘客的投诉是在无理取闹。无论如何，都要牢记"乘客投诉都是有原因的"。要想消除他们的愤怒和不满，就必须找到引起他们不满意的原因。引起乘客投诉的原因主要有以下两个方面：

（1）乘客的自身原因

1）乘客对服务的期望值过高，乘客的要求服务人员无法满足。

2）乘客不了解或不知道企业规定。

3）乘客强词夺理。

（2）企业服务的原因

1）设备、设施故障影响出行。

2）工作人员不规范作业，业务能力不过关。

3）工作人员的工作效率太低。

4）工作人员的说话态度不好。

5）工作人员不作为。

6）工作人员没有足够的能力来解决乘客的问题。

7）因工作人员的疏忽，乘客的利益遭受损失。

纵观整个服务流程，乘客投诉的原因可以归纳为以下几个方面：

1）设备、设施故障影响出行。

2）服务人员态度不佳，服务质量问题。

3）乘客对于企业经营方式及策略的不认同。

4）乘客对企业服务的衡量尺度与企业自身不同。

4. 投诉的受理及处理

（1）投诉的受理部门

1）轨道交通投诉热线、监督热线及各运营企业的服务热线负责受理投诉的日常工作。

2）各运营分公司的专业部门为受理投诉的部门，并设专人负责。

3）各车站由车站负责人负责受理投诉。

（2）投诉的处理

1）各车站对投诉的受理及处理。

① 各车站可直接受理投诉，对一般投诉的情况记录在相关台账上，经过查实、定性、处理后，对投诉人进行答复。

② 各车站受理的较大、重大投诉，除了应做好上述工作外，还应及时汇报分公司专业部门，由分公司负责协调并进行处理（或由分公司指定有关车站处理）。

③ 各车站受理的不属于本车站的投诉，可以直接或通过专业部门转交相关车站处理，但是必须做好转交记录。

2）分公司对投诉的受理及处理。

① 分公司专业部门可直接受理各类投诉，负责对各类投诉记录、分类、查实、定性、处理并对投诉人进行答复。

② 分公司专业部门对公司转交的各类投诉除了做好以上工作外，还应及时将调查处理结果按公司有关规定汇报。

③ 对一般投诉的处理，分公司有权要求被投诉车站直接受理并处理、答复投诉人。

（3）投诉处理的期限及有关规定

1）对一般投诉，原则上在 3 日内处理完毕。

2）对较大、重大投诉，原则上在 5 日内处理完毕。

3）对所有投诉都要答复投诉人，严格执行"来信必复，来电必答"的工作原则。

5. 投诉的认知

作为城市轨道交通的客运服务部门，在服务过程中引起乘客投诉是很正常的，不必恐惧和厌恶投诉，更不要把投诉的乘客看作是"洪水猛兽"。对投诉有一个清醒的认识才能更好地处理投诉，更有效地改进服务工作并提高服务质量。

作为直接面向乘客的服务人员，应当以积极和欣赏的态度来看待投诉。

（1）重视投诉 乘客的投诉大多是直接的、尖锐的、不留情面的。许多服务人员把投诉当成一个"烫手山芋"，互相推诿。对于任何一个企业而言，被服务者的不满意是服务者进步的机会，乘客的投诉可以成为企业改进和创新服务的最好动力。

（2）欢迎投诉 乘客的投诉能给企业机会以回顾和检查在乘客服务中不合适的方面。在投诉处理过程中，服务人员可以向乘客解释企业的规定和标准，从而使乘客和企业能够更好地沟通和相互理解。因此，作为服务人员既不需要对投诉感到尴尬，也不需要带有畏惧和抵触的心理。

6. 乘客投诉率及回复率

《城市轨道交通客运服务》（GB/T 22486—2008）中规定对客运服务人员受理处理投诉

工作，要求做到：一年内有效乘客投诉率应小于或等于百万分之三，有效乘客投诉回复率应为100%。

有效乘客投诉率为有效乘客投诉次数与客运量之比，计算公式如下：

$$\text{有效乘客投诉率} = \frac{\text{有效乘客投诉次数}}{\text{客运量}} \times 100\%$$

有效乘客投诉回复率为已回复的有效乘客投诉次数与有效乘客投诉次数之比，计算公式如下：

$$\text{有效乘客投诉回复率} = \frac{\text{已回复的有效乘客投诉次数}}{\text{有效乘客投诉次数}} \times 100\%$$

有效乘客投诉应在接到投诉之日起7个工作日内回复，超过7个工作日的按未回复处理。

7. 有效处理乘客投诉的意义

对城市轨道交通服务工作来讲，处理投诉是一项非常具有挑战性的工作，而对乘客服务人员来讲，如何有效地处理乘客投诉是一个亟待解决的问题。有效地处理投诉对一个企业、对乘客服务人员有以下意义：

（1）有效地维护企业自身的形象　有效处理投诉可以将投诉所带来的不良影响降至最低，从而有效地维护企业的自身形象。

（2）挽回乘客对企业的信任　有效处理投诉可以挽回乘客对企业的信任，使企业的良好口碑得到维护和巩固。可能企业的服务有问题，因而产生投诉，但如果有好的处理方法，最终会挽回乘客对企业的信任。

（3）及时发现问题并留住乘客　有一些乘客投诉，实际上并不是抱怨服务的缺点，而只是讲述他对企业服务的一种期望。对服务企业来讲这些期望是宝贵的改进建议，应予以高度重视，积极回应乘客，感谢乘客的建议。给乘客留下企业要积极改进服务的印象才会最大限度减少乘客的流失。

（4）对服务品牌的树立有促进作用　乘客投诉从大方面来说，相对于服务工作遇到了危机，有效处理了乘客投诉相对于将"服务危机"转化为"服务生机"，一件乘客投诉处理得好，使乘客气愤而来满意而归，事件得到有效处理，从影响来说更有利于企业服务品牌的树立，服务品牌得到了进一步的宣传。

二、乘客投诉处理原则

1. 总则

1）处理投诉的有关人员必须牢固树立"乘客至上，服务为本"以及双赢的思想，并具有一定的城市轨道交通运营管理的专业知识和经验，了解企业的有关规章制度。

2）正确处理投诉应遵循一个原则：先处理情感，后处理事件。

3）在受理投诉的时候，做到态度亲切，语言得体，依章解释，及时处理，按时回复。

2. 妥善处理乘客投诉的四个原则

（1）安全第一、乘客至上的原则　安全第一、乘客至上就是指在保证地铁安全的前提下，客运服务人员应最大限度地满足乘客的需求。只有了解了乘客的需求，才能对症下药，才能向乘客提供优质的服务。当接到乘客投诉时，首先要站在乘客的立场上考虑问题："一定是我们的工作没有做好，给乘客带来了不便"，同时还要相信乘客的投诉是有原因的。只有秉持着这种观念，客运服务人员才能用平和的心态来处理乘客的抱怨和投诉，并且对乘客的投诉行为给予肯定和感谢。

（2）不推脱责任的原则　很多客运服务人员面对乘客投诉的第一反应是：这不是我的责任！但是，如果乘客向上级投诉，我该怎么解释？一般乘客服务人员常常会说："如果是我的问题，我一定帮您解决。"这看似十分礼貌，但却是一个非常糟糕的开头。因为客运服务人员必须清楚地认识到，乘客既然选择投诉就根本不觉得是自己的错，而是想从你那边得到尊重和重视，以求得心理安慰。

面对乘客投诉和不满情绪，客运服务人员首先要反思自己的不足，向乘客道歉，只有表明了这种态度，才能更好地处理乘客投诉。

（3）先处理情感，后处理事件的原则　每一位投诉的乘客在投诉时心情都不好，因此在处理投诉时，需要先关注这个人的心情，让乘客先平息怒气，然后想办法帮助乘客解决问题。在处理投诉时，宜粗不宜细，抓住主干，不要为一些枝节问题与乘客争论。

小知识

　　正确的投诉处理做法是：首先耐心倾听乘客投诉，抓住问题的关键，采取有效的措施加以解决，不要在没搞清楚乘客有什么要求的情况下，将自己的概念和处理结果强加在他们身上，令其无所适从；其次做到"五点"：耐心多一点、态度好一点、语言得体一点、动作快一点、办法多一点。

　　请记住：要站在乘客的角度看问题。只有如此，才能提高乘客满意度，才能持续提升服务水平。

（4）包容乘客的原则　包容乘客就是指客运服务人员对乘客的一些错误行为给予理解和宽容。包容乘客的核心是善意的理解。当发现乘客的某些行为违反规定时，只要进行善意的提醒即可。乘客服务人员要懂得体谅乘客，避免让乘客处于难堪的状态。虽然乘客的投诉可能并不都是对的，但得理不让人的解决方法势必会造成双方关系的紧张而不利于问题的解决。如果客运服务人员能够包容乘客，那么由此而引发的冲突就能及时避免。

3. 妥善处理投诉的六大要点

（1）态度要真诚　态度真诚就是对乘客所提出的问题，必须认真地听取他们的叙述，使乘客感到接待者十分重视他的问题。接待者要注视乘客，不时地点头示意，让乘客明白"车站的管理者在认真听取我的意见"，并适时地说："我理解，我明白，一定认真处理这件事情。"为了使乘客能逐渐消气息怒，接待者可以用自己的语言重复客人的投诉或抱怨的要点。若遇上非常认真的投诉乘客，在听取乘客意见时，还应做一些听取意见记录，以示对乘客的尊重和对反映问题的重视。

（2）适时表示同情和歉意　首先要让乘客了解，接待者非常关心他的情况以及那些服务是否令人满意。如果乘客在谈问题时表现得十分认真，应不时地表示对乘客的同情，如"我们非常遗憾，非常抱歉地听到此事，我们理解您现在的心情……"。

假若车站对乘客提出的抱怨或投诉事宜负责,或者车站会给予一定的赔偿,这时接待者就要向乘客表示歉意并说:"非常抱歉,我们将对此事负责,感谢您对我们车站提出的宝贵意见。"

(3)根据乘客要求采取措施　首先,接待者要完全理解和明白乘客抱怨和投诉的原因;其次,当决定要采取行动纠正错误时,接待者一定要让乘客知道并同意企业打算采取的处理决定及具体措施内容。

如果乘客不知道或不同意这一处理决定,就不要盲目采取行动。要十分有礼貌地告知乘客将要采取的措施,并尽可能让乘客同意,这样才有可能使乘客的抱怨变为满意,并使乘客产生感激的心情。

 小知识

> 可以按下列方式征求乘客对所采取改正措施的同意:"×××女士,我将这样去做,您看是否合适?""×××先生,我将这样去安排,您是否满意?"

(4)感激乘客的批评指教　投诉是乘客送给轨道交通运营单位的宝贵财富,客运服务人员要用乘客的眼睛去发现问题,用乘客的视角找出轨道交通运营单位忽略的环节,并通过乘客的嘴巴表达对客运服务人员服务工作的评价。所以,客运服务人员应感谢那些对城市轨道交通服务水平或服务水准提出批评指导意见的乘客,因为正是有了这些批评指导意见才能时刻警醒轨道交通运营单位把服务程序和细节做得更加完善,才能不断地提升轨道交通运营单位的管理水平和服务质量。

(5)快速处理乘客投诉　倾听投诉后不采取行动,解决问题就成了一个空壳子。发生投诉后要用积极的心态去处理,不应回避。对乘客的不满或抱怨一定要在第一时间做出反应,反应的时间越短越有利于问题的解决。处理时间拖得越长,处理的难度就越大,失败的处理会造成乘客对服务质量与投诉期望值的双倍背离。因此,面对乘客投诉必须迅速想出解决方案,采取强有力的措施,果断地解决问题。

(6)落实、监督、检查补偿乘客投诉的具体措施　处理乘客投诉并获得良好效果,其中最重要的一环便是落实、监督、检查已经采取的纠正措施。首先,要确保改进措施的进展情况;其次,要使服务水准及服务设施均处在最佳状态;最后,用电话询问乘客的满意程度。许多对城市轨道交通怀有感激之情的乘客,往往是那些因投诉问题得到妥善处理而感到满意的乘客。

投诉乘客的最终满意程度主要是取决于服务人员对他公开抱怨后所采取的特殊关怀和关心的程度。另外,车站所有管理人员和乘客服务人员必须确信,乘客(包括那些投诉的乘客)都是有感情的,是通情达理的。城市轨道交通的广泛赞誉及其社会名气是来自城市轨道交通客运服务人员本身的诚实、准确、细腻的感情及勤奋服务。

值得一提的是,在处理投诉的过程中,客运服务人员会遇到不同类型的乘客,所以应学会随机应变、灵活处理。

> 小知识
>
> 处理发怒型乘客的投诉一定要保持冷静，态度要沉着、诚恳，语调要略低，要和蔼、亲切，因为如果客运服务人员举动激烈，乘客会受影响而变得更激动。要让乘客慢慢平静下来，应当以听取乘客述说问题和表示歉意为主。在乘客平静下来以后，他会主动要求谈谈处理意见，这时让乘客得到安慰和适当补偿一般都可以解决问题。

三、乘客投诉处理技巧

1. 用心倾听

当乘客前来投诉时，首先要尊重乘客，因为乘客只有在利益受到损害时才会选择投诉。工作人员要专心倾听，并对乘客表示理解，必要时要做记录。当乘客抱怨、投诉时，工作人员务必保持冷静、认真倾听，切不可贸然打断或喋喋不休地解释。真正的倾听不仅仅是用耳朵去听，还要用眼睛去看，用大脑去思索，用心去感受。想要做到用心倾听，需要注意以下几点：

（1）要有耐心　在乘客投诉的过程中，切忌随意打断乘客，要仔细思考乘客提供的信息。应该花 80% 的时间去听，给乘客 80% 的时间去讲。倾听过程中要保持冷静的心态，不受其他事物的影响。

（2）学会回应　倾听的过程中要适当地运用眼神、表情等非语言传播手段来表示自己在认真倾听。工作人员可以一边点头一边善意的微笑，或一边点头表示自己在深思，同时尽可能以柔和的目光注视着对方，并以"嗯""是的""好的"等话语做出回应。

（3）同理心　站在乘客的角度考虑问题，用心感受乘客的需要。这是真正能听到乘客心声的好办法，是乘客服务中不可或缺的沟通技巧。

（4）不要纠正对方　倾听时，当场提出自己的批判性意见或与对方争论是非常不明智的选择，应尽量避免使用否定别人的回答或评论式的回答，如"不太可能""我认为不该这样"等，应站在对方的立场上倾听，努力理解乘客所说的每一句话。

> 小知识
>
> 1）当乘客投诉到车站时，应先请乘客坐下并及时给乘客倒水，表示对乘客的尊重。不要在言语和表情中流露出对乘客的不满。
>
> 2）乘客叙述时要用心倾听，让乘客发泄情绪。在倾听过程中，可以插入"我理解、我明白"等话语来表示对乘客的重视与理解。
>
> 3）当观点不同时，尽量不要轻易打断乘客。如果有不明白的地方，要等乘客说完后，以委婉的语气请乘客提供情况，如"对不起，是不是可以向您请教……？"
>
> 4）适当安抚乘客情绪，如"请您别着急""您先消消气"等。

2. 了解旅客投诉的心理期望

（1）希望问题能被认真对待　有时乘客进行投诉或建议，并不是要求企业一定能够彻底改变这种现象，只是发表对此状态的看法与观点，给企业以警示。对于这种期望的乘客一定要积极对待，耐心地听完乘客的批评与建议，抱着"有则改之，无则加勉"的正确态度，适当地对乘客表示感谢。

（2）希望得到当事人的道歉和尊重　乘客投诉有很大一部分是对工作人员服务态度的不满，这种情况下，乘客希望自身得到重视并希望当事人能给予道歉。所以，工作人员要耐心倾听，即使乘客有错，也不要立刻去理论，避免产生新的不满或进一步加深矛盾。因为乘客既然选择了投诉，就不会觉得是自己的责任。

（3）希望相关人员得到惩戒或惩罚　有时乘客对某位工作人员的服务不满，就会投诉，并希望该工作人员得到惩罚，所以需要向乘客保证企业一定会采取正确的行动，避免将来发生类似的情况。

（4）希望得到赔偿或补偿　乘客想要为自己的损失取得赔偿，也想为耗费的时间、造成的不便或遭受的痛苦得到补偿。对于由运营企业自身责任而造成的乘客损失，当然要协商赔偿办法；对于不是运营企业自身责任造成的乘客损失，也不能一味地迁就，要耐心地向乘客解释清楚。

3. 真诚道歉

当乘客抱怨或投诉时，无论是否是工作人员的原因，都要诚心地向乘客道歉，并对乘客提出的问题表示感谢。尤其是在工作确实有过失的情况下，更应马上道歉，如"对不起，给您添麻烦了"，这样，可以让乘客感到自己受到了重视。

那么，怎样才是真诚道歉呢？

1）适当地表示歉意，让乘客了解客运服务人员非常关心他的情况，如"我们听到此事感到非常抱歉"。

2）道歉要诚恳而有诚意，如"对不起，耽误您的时间了"。

4. 协商解决

在听完乘客投诉后，工作人员首先要了解乘客投诉和抱怨的原因，了解乘客的想法，切忌在没有了解乘客想法之前就自作主张地直接提出方案。在协商解决时，不要推卸责任，指责或敷衍乘客。在明白乘客的想法后，要十分有礼貌地告知乘客将要采取的措施，并尽可能让乘客同意。如果乘客不知道或者是不同意这一处理决定，就不要盲目地采取行动。

小知识

协商解决时应注意：
1）平复乘客的不满情绪，如"我很能理解您的想法"。
2）主动提出建议和解决方法。如果是因为票卡（款）等问题，可以根据乘客的意见和表现出来的意思，结合实际情况，提出解决措施；如果是因为对服务人员的态度不满，则要考虑采取让服务人员本人道歉或由值班站长替代道歉等办法，平息乘客的不满情绪。
3）耐心地解释企业的相关规定。
4）提出解决方案时，应语调平和、态度诚恳，不要再次引起乘客的不满情绪。如"这样处理，您看行吗？""我们这样办，您看合适吗？"

5. 快速采取措施

乘客同意处理意见后，客运服务人员一定要说到做到，而且快速做到。如果不能快速采取措施，那么之前所做的努力就有可能成为泡影。这是因为，第一，耽误时间有可能会加重乘客的不满；第二，耽误时间可能改变客运服务人员与乘客之前已经协商好的解决措施。如果遇到被投诉的员工不在场的情况，可以采取电话道歉、书面道歉等处理方式。对于那些不能立即实现的措施，工作人员应坦诚地告诉乘客正在办理，并把处理过程中的相关情况及时反馈给乘客，让乘客了解他们的问题正在得到解决。

6. 感谢乘客

对待乘客的投诉一定要表示感谢，如"非常感谢您的配合""非常感谢您的建议"等。必要时可以送乘客出站，让乘客感到自己受到重视。之所以要这么做，正是因为要发自内心地去感谢乘客提出批评指导意见；正是因为有了这些批评指导意见，才使得城市轨道交通运营企业能够进一步提高自己的管理水平和服务质量。

四、乘客投诉案例分析

1. 因业务能力不强而引起的投诉

某日，乘客小李在某站刷卡后不能正常出站，于是他急忙来到售票亭进行票务处理，票务员直接为其补了进站记录，并提醒他说："您下次进站时，别忘了刷卡。"小李感到很疑惑"我明明刷卡了呀……"，到查询机查询后，发现扣了两次款，小李很不满，于是投诉。

（1）投诉原因分析　服务人员没有了解事实，只是臆测行事。经查询，当时小李实际上已刷上出站记录，可能是因为他刷卡时走错了闸机通道或刷卡后未马上通过闸机，而乘客服务人员没有查询就直接主观认为乘客没有刷卡进站，导致乘客的票卡二次扣款。

（2）投诉处理的技巧　该投诉中，工作人员的服务态度没有明显错误。在处理过程中，需要重点就票务人员的工作失误向乘客道歉，并赔偿乘客的经济损失。

（3）改善及建议　发现票卡无法正常进出站时，票务人员不能主观臆断，应礼貌地先了解原因。在处理车票问题时，工作人员应加强责任心。

2. 因乘客不了解地铁规定而引起的投诉

在某车站，工作人员两次看见一名拾荒人员在地铁内进行拾荒，于是上前制止："以后不允许到车站拾荒。"拾荒人员对该工作人员不满，于是在车站寻衅滋事，声称车站的工作人员砸了他的饭碗，无法再生活下去，还不如被列车撞死，然后就坐在站台边缘。

（1）投诉原因分析　乘客不了解地铁的相关规章制度，工作人员态度强硬地进行制止，并没有给乘客任何的解释，造成乘客的不满。

（2）投诉处理技巧　该案例中，工作人员的工作方式确实存在失误。在处理时，需要向乘客道歉，检讨工作人员不合适的处理方式，同时要向乘客耐心地解释企业的规章制度，避免再次发生纠纷。

（3）改善和建议　在发现乘客有违规情况后，一定要耐心地向乘客解释企业的规定，而不是一味地强硬制止。

3. 因服务态度不好引起的投诉

某日，客流高峰期，乘客非常多，车门即将关闭的提示音已经响起，一位乘客企图冲上车，因为客运服务人员觉得这样很危险，拽了这个乘客一下，可能弄痛了这位乘客。结果这位乘客非常气愤，粗话脱口而出，说："你以为你是谁啊，你凭什么拉我，弄伤了你负责啊……"客运服务人员态度也不是很好："你没看见车门关上了呀，……"，两个人争吵了起来，并导致乘客投诉。

（1）投诉原因分析

1）客运服务人员为了乘客的安全阻止乘客上车，这个出发点是对的。但客运服务人员和乘客发生了直接的碰触，这是乘客生气的导火索。

2）当乘客怒气冲冲地抱怨时，客运服务人员没有意识到自己做法的不当之处，不仅没有向乘客道歉，反而和乘客争执了起来，使冲突升级。

（2）投诉处理技巧

1）对于由工作人员的态度而引起的乘客投诉，在处理过程中，一定要先照顾到乘客的情感需求和情绪，先向乘客表示歉意："对不起，……，请您原谅"。

2）在平息了乘客的情绪后，要耐心地向乘客解释原因，再次对工作人员的不合适做法向乘客表示歉意，并对乘客的配合表示感谢。

（3）改善及建议

1）在阻止乘客上车时，应尽量避免和乘客发生直接碰触，减少纠纷的发生。

2）在遇见有乘客说粗话骂人时，不应给予直接反击，只能提醒乘客，否则只能使冲突升级。

4. 因工作人员的不作为引起的投诉

某日，乘客张大姐下车后，向站台上正在从事维修工作的人员反映车厢内有乞讨人员乞讨，严重影响了车内秩序和环境，而工作人员却冷漠地说："我们没有办法，这不归我管。"张大姐见状觉得非常不满，于是进行投诉。

（1）投诉原因分析　乘客张大姐反映的问题确实超出车站维修人员的工作范围，但在乘客眼中，维修人员是城市轨道交通企业的员工，乘客都表示关心的问题，作为员工却说没有办法，这样的回答势必会在乘客心中造成推卸责任的印象。

（2）投诉处理技巧　由于工作人员的不作为引起的投诉，在处理过程中，要先向乘客道歉，主动承认己方工作失误，并对乘客提出问题表示感谢，并承诺车站一定会积极处理。在该乘客同意的情况下，可以请她留下姓名和联系电话，并告知主管部门会将处理情况反馈给她。

（3）改善及建议　乘客主动提出意见和建议，实质上是为了改善车站工作，应虚心接受、热情对待。任何一位服务人员都应有责任意识，积极配合并妥善地处理乘客的投诉。

5. 因售票员没有按售票作业程序售票引起的投诉

某日，有一名外地乘客在售票处买了一张票，半小时后发现售票员少找了他20元钱。当他再次来到售票处向售票员询问情况时，售票员觉得自己不会少找钱给乘客，直接就和乘客说："我都售票这么长时间了，不可能出现少找给您钱的情况。"这位乘客情绪很激动，开始指责售票员，并要求找值班站长投诉。

（1）投诉原因分析

1）售票员在售票过程中，没有严格按照售票作业程序进行售票，导致乘客怀疑售票员少找钱给他，这是和乘客发生纠纷的主要原因。

2）当乘客说"少找钱"的时候，售票员没有认真做好乘客安抚工作，而是一口咬定自己没有少找钱，导致乘客情绪激动。

（2）投诉处理技巧

1）当乘客认为票款不符时，应耐心地向乘客解释："对不起，我们的票款是当面点清的，请您确认一下您的票款是否正确，谢谢。"

2）如果乘客坚持认为少找钱，应先安抚乘客，平息乘客的情绪，然后提出解决方案，请求上报车站控制室进行查账，最终确定乘客的反映是否属实。

3）如果属实，需要向乘客道歉，并退还少找的钱款；如果不属实，应耐心地向乘客解释，做好安抚工作："对不起，经我们查实，我们的票款没有差错，请您谅解。"如果乘客为难工作人员，可以请求公安部门的配合。

（3）改善与建议　售票员应严格按照标准售票作业程序操作，并提醒乘客当面点清票款。

五、乘客现场服务纠纷处理

在城市轨道交通客运服务现场工作中，服务人员与乘客产生纠纷难以避免，但这些纠纷发生后如果得不到及时的调解和解决，将会严重影响服务质量和企业形象，甚至会影响社会和谐。

1. 乘客现场服务纠纷的概念

乘客现场服务纠纷是指服务人员在服务过程中与乘客发生争执，造成一定后果的服务质量问题。

2. 乘客现场服务纠纷的分类

乘客现场服务纠纷按其影响大小可分为一般服务纠纷和恶性服务纠纷。

1）一般服务纠纷指因处置服务矛盾不当形成影响正常运营服务的服务纠纷。

2）恶性服务纠纷是指造成恶劣影响的，造成乘客人身伤残或较大财物损失，造成车辆停驶、严重影响运营秩序的，矛盾激化、引起严重后果的服务纠纷。

3. 处理乘客现场服务纠纷的原则

处理乘客现场服务纠纷的基本原则有：及时、客观、公正、理解、克制、真诚、快捷、彻底。彻底原则即原因分析要彻底、整改态度和措施要彻底。

情景训练

1. 学生分组及任务分配

（1）乘客组　按照以上所学知识，学生分别扮演各类乘客，在公共场所出现各种各样的情况，力求多样全面。同时锻炼学生的换位思考能力。

（2）工作人员组　针对乘客提出或出现的问题给出解决办法，以乘客满意为止。

（3）评判组　对以上两组学生演练时出现的难以解决的问题进行调解处理，同时对双方的演练效果进行评价，锻炼学生分析问题、处理问题的能力。

2. 演练模式

1）按照学员人数确定分组规模及场地。

2）工作人员按照实际现场岗位分工安排。

3）各组学生按照时间顺序进行岗位轮换，尽量让每位学生能够通过扮演各种角色切实掌握、运用本项目所学内容。

 情景案例

因客运服务人员主观臆断引起的投诉。

某日，乘客赵大妈和女儿小凌持同一张公交一卡通进站，当赵大妈刷卡进站后，把一卡通给了女儿小凌，结果小凌却无法刷卡进站，因客流量较多，该站票务员没有问清原因，直接对一卡通进行了进站更新，小凌顺利进站，但出站时被客运服务人员发现，要求其补票。赵大妈不满意，认为已经刷过两次并扣完钱了，坚持不肯补票，客运服务人员主观臆断他们违规使用车票，故意逃票，发生争执。

模拟进行讨论。

参考讨论资料：

（1）投诉原因分析

1）票务员帮助乘客更新车票时没有了解和确认原因，造成一票多人进站，给后来纠纷的发生埋下了隐患。

2）乘客不清楚票务政策，认为已经扣过两次钱，导致乘客和客运服务人员发生争执。

3）客运服务人员主观臆断，认为是乘客故意逃票，导致乘客和客运服务人员的纠纷升级。

（2）投诉处理技巧

1）发现情况后，客运服务人员不能主观臆断，应先礼貌地了解原因。

2）客运服务人员应对票务员的工作失误向乘客表示抱歉，并向乘客做好票务政策的解释。注意在和乘客沟通的过程中应自觉使用礼貌用语。

3）如果乘客同意补票，客运服务人员应向乘客表示感谢。

（3）改善与建议　在处理乘客车票时，应加强工作的责任心。当乘客持一卡通无法进站时，应先向乘客确认是否是一票多人进站。

复习思考题

1. 乘客投诉按内容分有哪几种?
2. 乘客投诉的过程一般有哪几个环节?
3. 乘客产生投诉的原因有哪些?
4. 乘客投诉处理的原则有哪些?
5. 乘客投诉的处理技巧有哪些?

项目七 城市轨道交通特殊乘客服务

1. 外籍乘客服务。
2. 特殊乘客服务。
3. 急救服务。

在学习掌握特殊服务相关知识的基础上进行实训，模拟练习解决客运服务中的有关特殊乘客及急救服务方面的问题。

一、外籍乘客服务

随着国际化的进一步发展，我国已经成为国际上具有很大影响力的大国，在城市轨道交通运输中，外籍乘客的数量也越来越多。对待外籍乘客，基本的服务出发点是服务人员代表着国家的形象，应做到自觉维护国家服务行业的形象，做好外籍乘客的服务。

1. 准确识别乘客国籍

做好外籍乘客服务的基本条件是了解乘客的国籍和身份，以便安排符合其特点的服务措施。每个国家、每个民族都有自己的行为习惯和信仰，外貌也有明显的地域特征，因此，服务人员应尽可能多地掌握各国、各民族人民的外貌特征，以便能迅速地识别乘客的国籍。

2. 了解各国、各民族的风俗习惯

在为外籍乘客提供服务时，基本的要求是不能出现乘客禁忌的肢体语言或表情，以免引起不必要的误会。这方面需要城市轨道交通客运服务人员尽可能多地了解各国、各民族的行为文化。

3. 掌握基本的服务外语

在为外籍乘客服务过程中，最好能用他们国家的语言与其进行交流，态度和蔼热情，不卑不亢地进行周到的服务。因此，服务人员应掌握基本的国际通用服务语言，有条件时尽可能多地掌握他国基本的城市轨道交通服务语言，以提高外籍乘客的服务质量。

二、特殊乘客服务

《城市轨道交通客运服务》（GB/T 22486—2008）中规定对特殊乘客的服务要求做到：
1）对残障等乘客应提供必要的服务，协助其顺利乘车。
2）发现走失的儿童时，应带领其至安全场所，并设法联系其监护人或报警。
3）当遇到乘客身体不适时，应提供必要的帮助或拨打救助电话。
如图7-1所示，列车内应提供特殊乘客座椅并配备明确的标识。

图7-1　列车车厢内老幼病残孕专座

1. 老年乘客服务

1）在售票过程中，应放慢语速，音量适当提高但不能刺耳，以免惊吓到老年乘客，服务全过程需要耐心提示，悉心帮助。

2）在进、出站时，应礼貌地建议年老的乘客搭乘直梯或走楼梯，如果乘客坚持搭乘自动扶梯，则由工作人员陪同老人一起搭乘。

2. 儿童乘客服务

1）年幼的乘客只有在大人陪同下才可以进入车站，提醒乘客遵循儿童在前、大人在后的刷卡进站原则。

2）要特别关注儿童乘车，时时提醒看护人照看好儿童，避免发生因儿童快跑而与其他乘客发生碰撞引发的摔伤。站台员工发现有小孩在站台追跑时，应及时上前制止，同时用人工广播强调："地面很滑，容易摔跤，请家长带好小孩，不要在站台追逐、打闹、奔跑"。

3. 身体不适的乘客服务

1）及时上前询问情况。
2）带乘客去休息室或综控室休息，并给乘客倒水。
3）如果乘客稍作休息后无好转，可以征求乘客的意见是否需要帮忙叫救护车。

4. 摔伤的乘客服务

1）发现乘客摔伤时，立即由车站工作人员将其搀扶到乘客服务中心。若乘客伤势严重，立即致电120；若伤势较轻，可由车站提供外伤药品。

2）当时立即寻找两位目击证人，若因地铁原因造成的乘客摔伤，通知保险公司，按地铁有关规定处理；若因个人原因造成，则安抚乘客，有必要时，通知其家人。

5. 肢残乘客服务

（1）由出入口进入站厅　如果有直梯，帮助残疾乘客乘坐直梯；如果没有直梯，则安排并帮助乘客乘坐残疾人专用电梯。

（2）引导与陪同　在推行轮椅的过程中应注意行进速度和稳定性；在轮椅陪护过程中应减少对其他乘客的妨碍，轮椅行进过程中应提示周围乘客避让。

（3）协助安检　引导乘客至安检位置，对乘客的行李和轮椅进行检查，尽可能由同性别的工作人员完成，尽量减少琐碎不便的环节，并给予乘客足够的尊重。

（4）协助乘客进出付费区　引导乘客至售票处，代乘客完成购票，引导乘客从宽通道或专用通道进出付费区，并帮助其刷卡。

（5）协助上、下车　引导乘客至站台无障碍候车区域，疏导其他乘客到相邻车门排队候车，让乘客安全上车。上车时，要将乘客护送至车厢内无障碍专用位置，确认轮椅已经制动或与列车上专用挂钩固定，并提醒乘客坐稳扶牢。

6. 盲人乘客服务（图7-2）

（1）当遇到盲人乘客时，应先询问再帮助他　乘客需要引导时，对于使用盲杖者，可牵引盲杖为其引路；引导不使用盲杖的盲人，一种方法是让盲人把一只手搭在工作人员的肩上，另一种方法是工作人员将手臂自然垂直放下或微曲，让盲人乘客牵住工作人员的手肘部分（在实际引导时一定要询问乘客希望怎么做），两人保持半步至一步距离，使盲人乘客随着工作人员一起缓慢前行，不要拉或推着盲人乘客走路。遇有台阶等障碍时，要给予语言上的提示。引导盲人进电梯后，如果电梯没有盲文按钮，应帮助盲人乘客按下按钮，待到达后用语言进行提示，并引导其走出电梯。引导就座时，将盲人带到座位前，让其用手接触到座椅后自行坐下。

（2）引导盲人乘客的注意事项

1）路况有变更时，应提早告知，避免突然停止，此举会引起盲人乘客的紧张或恐惧。

2）指引方向、方位时，应以盲人乘客所在位置与方向作为说明的基准。

图7-2　盲人乘客服务礼仪

 小知识

当要告知方向时，应以盲人乘客所在的方位为基准告诉他左边或右边；距离应以米或步伐为单位。

3）在无危险的情况下，多引导盲人乘客以手触碰物体，增进其了解。

4）使用特殊用途物品时，应协助其使用，并引导其自行操作一遍。

5）引导就座时，应引导盲人乘客的手触碰椅背、扶手及桌沿，以使其了解座位周边的环境。

6）突发不寻常声响时，应主动说明声源，以免盲人乘客紧张、恐惧。

7）接近具有攻击性动物时，应告知，并将盲人乘客小心带离。

8）避免从后方带引盲人乘客。

9）并不是所有拿白色盲人杖的都是全盲的人，也有弱视的人。

10）开始引导盲人乘客后，要告诉乘客现在是在什么样的地方走，以消除其不安。需要这么做的情况有以下3种：场景发生变化（变成下坡、右拐、穿过门等）；伴随着危险（有楼梯、有台阶、列车来了等）；确认乘客的意向（要用阶梯的扶手吗？要把手搭在车门上吗？）。

11）引导时不要用"那头""这儿"等模糊的说法，要用"再走3步就是往下的楼梯"等对方容易想象的、具体的说法。

12）由于很多人的盲人杖一直是不离手的，一旦被车门夹住将会十分危险。当发现使用盲人杖的乘客时，需要十分注意。

7. 精神异常的乘客服务

一旦发现精神异常的乘客，工作人员应立即通知车控室处理，视现场的情况及时报警，并重点留意他的动态，加强维持站台的秩序。工作人员在保护其他乘客不受伤害的同时也要保护自身的人身安全。

三、急救服务

城市轨道交通运营过程中乘客出现意外需要急救的情况主要有外伤、急病、烧伤等情况，乘客一旦出现以上情况，需要工作人员第一时间做出适当的急救处理，以免扩大伤情，给乘客带来更大的伤害。因此，城市轨道交通车站应配备急救箱，车站工作人员应掌握必要的急救知识和技能，如外伤止血、外伤包扎、心肺复苏等。优先急救的急症包括心跳/呼吸骤停、窒息、大量出血、张力性气胸和休克等。有些伤情必须在现场进行急救处理，及时而正确的院前救治能挽救部分危重伤员的生命。

（一）外伤止血

外伤患者一般伴有软组织的开放或闭合性损伤，同时可能伴有骨折及内脏损伤，伤情多比较严重、复杂，其处理是否及时和正确，直接影响到伤员的生命安全和功能的恢复。因此，必须十分重视外伤的处理，尤其是早期急救处理。在遇到伤情复杂及批量伤员急救时，应分清轻、重、急、缓，应遵循急救的整体原则：以抢救生命为第一，以恢复功能为第二，以最大限度保存组织结构的完整性为第三，并做到快抢、快救、快转运，以保证优先抢救危及生命的伤情，为转送和后续确定性治疗创造条件。

出血是外伤后最常见的并发症之一，大量出血可使伤员迅速陷入休克，甚至死亡。因此，掌握有效的止血技术是创伤急救的一项重要内容。正确判断出血的性质有助于进行出血的处理。动脉出血呈鲜红色，速度快，呈间歇性喷射状；静脉出血多为暗红色，持续涌出；毛细血管损伤多为渗血，呈鲜红色，自伤口缓慢流出。毛细血管和静脉出血一般采用加压包扎止血法；如果是大血管或动脉性出血，在现场急救时可先采用指压法，必要时采用止血带止血，并尽快改用钳夹、结扎、血管修补或移植等方法处理。

1. 止血用物

止血可用的材料很多。在现场急救时，应就地取材，选择当时当地最清洁的布类、绷带、布带，有条件的尽可能采用消毒敷料、绷带及充气或橡胶止血带，不可用绳索、电线或铁丝等替代。采用止血钳等专用止血器械进行止血是最可靠的止血方法，但应避免盲目钳夹，以免影响后续处理。

2. 止血方法

（1）指压法　用手指、手掌或拳头压迫动脉经过骨骼表面部位的近心端，阻断血液流通，达到止血的目的。指压法止血主要适用于中等或较大的动脉出血。这种方法是一种现场应急措施，因四肢动脉有侧支循环，故其效果有限，且难以持久。因此，应根据情况适时改用其他止血方法。指压法止血如图7-3～图7-7所示。

 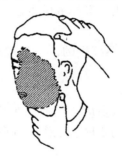 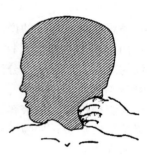

图7-3　颞浅动脉指压法　　图7-4　面动脉指压法　　图7-5　颈总动脉指压法

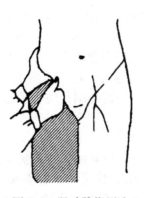 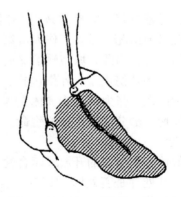

图7-6　股动脉指压法　　图7-7　胫前、胫后动脉指压法

（2）加压包扎法　加压包扎法最为常用，一般小动脉、中小静脉或毛细血管损伤出血均可使用此种止血法。方法是先将无菌纱布或敷料填塞或置于伤口内，外加纱布垫或敷料，再以绷带或三角巾加压包扎，其松紧度以能达到止血的目的为宜。必要时，可用手掌置于纱布外均匀加压，一般20min后即可止血。包扎的压力要均匀，范围应足够大。包扎后将伤肢抬高，以利于静脉血回流和减少出血。

（3）填塞法　先用1～2层的大块纱布盖住伤口，以纱布条或绷带充填其中，再加压包扎。此法一般只用于大腿根部、腋窝、肩部等处难以用一般加压包扎止血的较大出血以及肌肉、骨端等渗血。此法止血不够彻底，且可能增加感染机会。另外，在清创去除填塞物时，可能由于凝血块随同填塞物被取出而出现较大出血。所以清创时，填塞物一般应在术后 5~7 天开始缓慢取出。

（4）止血带法　止血带法一般只用于四肢大出血，且加压包扎无法止血的情况。若使用不当，会造成更严重的出血或肢体缺血坏死。止血带以局部充气止血带最好，其副作用小。在紧急情况下，也可用橡胶管、绷带、三角巾或布带等代替，禁用细绳索、电线等充当止血带。止血带的位置应靠近伤口的近心端。止血带下应加以衬垫，以增加接触面积，以免造成神经损伤。

1）充气止血带止血法：将伤肢抬高，在伤口的上方缠以纱布绷带，然后捆上止血带，在其上面再绑紧纱布绷带后开始充气。压力应维持在 24~27kPa（180~200mmHg），若过低，只阻断了静脉血的回流，反而增加肢体的充血及出血量。

2）橡胶止血带止血法：主要适用于无良好条件的现场急救，能达到动、静脉止血的目的。抬高伤肢，将衬垫（布类、棉花的软织物）置于止血部位皮肤上（上肢出血在上臂上 1/3 处，下肢出血在大腿上 1/3 处）。取长约 1.0m、直径约 1.5cm 的橡胶管 1 根。施术者左手持止血带短端，以食、中指放置在止血带的下方，右手持长端并适当拉长，以长端压住短端绕肢体 2~3 圈，左手食、中指夹住长端橡胶管，自环绕的橡胶管下方呈折叠式拉出，使其紧压在缠绕的橡胶带下面即可，如图 7-8 所示。

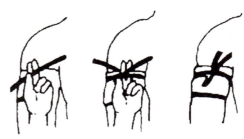

图 7-8　止血带止血法

3）其他：在现场没有条件时，可用绷带、三角巾或者布料（叠成带状）代替止血带。第 1 道环绕为衬垫，第 2 道压在其上方，并适当勒紧即可。

> **小知识**
>
> 1）上止血带部位要准确，应扎在伤口的近心端，并尽量靠近伤口。前臂和小腿不适宜扎止血带，因有两根骨骼，动脉常行走于其间，所以止血效果差。上臂扎止血带时，不可扎在中下 1/3 处，以防损伤桡神经。
>
> 2）上止血带压力要适当，以能止住出血为度。
>
> 3）上止血带的伤员必须有显著标识，注明开始时间，优先护送。
>
> 4）使用止血带止血时间不宜超过 4h，防止造成肢体远端严重的缺血坏死。应每隔 0.5~1.0h 放松 1~2min（一般待血流恢复后扎紧）。如果有动脉出血，应在放松的同时指压动脉止血。
>
> 5）松解止血带前，应先输液或输血，补充血容量，打开伤口前，应准备好止血用的器材。

(二) 外伤包扎

正确地使用包扎方法可以达到保护伤口，减少污染，固定骨折、关节和敷料，压迫止血，减轻疼痛的作用。

1. 包扎用物

最常用的包扎材料是卷轴绷带、三角巾、无菌纱布。在紧急情况下，如果没有上述物品，应就地取材，取当时当地最清洁的毛巾、衣服、手帕等代替。

2. 包扎方法

（1）卷轴绷带基本包扎法　根据包扎部位的不同形状采用合适的方法。

1）环形包扎法：是绷带包扎中最基本、最常用的方法。将绷带做环形的重叠缠绕，下周将上周绷带完全遮盖（图7-9a），最后用胶布将带尾固定，或将带尾中间剪开分成两头，打结固定。此法适用于颈、腕等周径相等部位的包扎，也适用于其他各种包扎法开始与结束时的包扎。

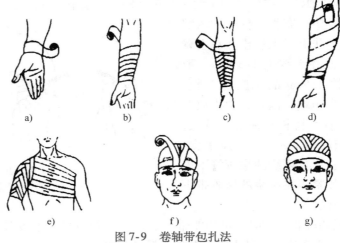

图 7-9　卷轴带包扎法
a) 环形包扎法　b) 螺旋形包扎法　c) 螺旋反折包扎法
d) 蛇形包扎法　e) "8"字形包扎法　f)、g) 回返包扎法

2）螺旋形包扎法：先在起始位环形缠绕两圈，然后稍微倾斜，螺旋向上缠绕，每周遮盖上一周的1/3～1/2（图7-9b）。此法适用于包扎手指、上臂、躯干、大腿等周径相近的部位。

3）螺旋反折包扎法：在螺旋形包扎法的基础上，向上倾斜行走的每周均把绷带向下反折，但反折部不可位于伤口上或骨隆突处。反折点上下应对齐，使之成一条直线（图7-9c）。此法适用于周径大小不等的部位，如前臂、小腿等。

4）蛇形包扎法：先将绷带以环形包扎法缠绕两圈，然后斜行上缠，各周互不遮盖，其间隔根据具体情况而定，一般以绷带宽度为间隔（图7-9d）。此法主要适用于现场急救时，因材料不足而做临时简单的固定，或需由一处迅速延伸至另一处时。

5）"8"字形包扎法：在伤处上下，将绷带按"8"字形重复旋转缠绕，每周遮盖上周的1/3～1/2（图7-9e）。此法用于周径不一致的部位或需屈曲的关节，如手背、手掌、前臂、腹股沟及肘、肩、膝、踝关节等部位。

6）回返包扎法：先在顶端近心的适当部位环形缠绕2～3圈，即自顶端正中开始，来回向两侧回返，直至包没顶端，然后开始部位环形缠绕数圈固定。此法多用来包扎没有顶端的部位，如指端、头部或截肢残端。头部外伤的帽式包扎法就采用此法（图7-9f、图7-9g）。

（2）多头带包扎法　多头带的种类有腹带、胸带、四头带、丁字带等。

1）腹带：尽管目前临床上多采用一次性腹带，但多头腹带因其牢固性、舒适度等方面的优点，仍深受临床医护人员的青睐。

2）丁字带：目前，主要应用于腹股沟疝及阴囊部位手术后阴囊托起。

（3）三角巾包扎法　三角巾制作简单，应用方便，用法容易掌握，包扎部位广，也可做较大面积创伤的包扎，还可折成条带、燕尾巾或连成双燕尾巾使用（图7-10和图7-11），但不便加压，也不够牢固。此法主要适用于现场救护，医院内一般只用于上肢的悬吊。

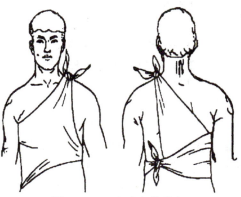

图7-10　三角巾包扎胸部

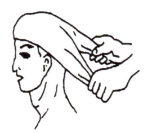

图7-11　三角巾包扎头部

小知识

1）包扎时，要使伤员的位置保持舒适。皮肤皱褶处如腋下、乳房下、腹股沟等，应用棉垫或纱布衬垫，骨隆突处也用棉垫保护。需要抬高肢体时，应给予适当的扶托物。被包扎的肢体必须保持在功能位置。

2）应根据包扎部位选用宽度适宜的绷带和大小合适的三角巾等。潮湿和脏污的绷带和三角巾均不可使用。

3）用绷带包扎时，要掌握"三点一行走"的操作要领，即起点、止点、着力点（多在伤处）和行走方向顺序。

4）包扎伤口时，先简单清创并盖上消毒纱布，然后用绷带等包扎。操作要小心、谨慎，不要触及伤口，以免加重疼痛或导致伤口出血和污染。包扎时松紧要适宜，过紧会影响局部血液循环，过松易导致敷料脱落或移动而达不到固定和压迫止血的目的。

5）包扎敷料应超出伤口边缘5～10cm。遇有外露污染的骨折端和腹内脏器，不可轻易还纳。若是腹腔组织脱出，应先用干净器皿保护后再包扎，不要将敷料直接包扎在脱出的组织器官上。

> 6）包扎方向为自下而上、由左向右，从远心端向近心端包扎，以助静脉血液的回流。绷带固定时的结应放在肢体的外侧面，切忌将结打在伤口上、骨隆突处或易于受压的部位。包扎四肢时，应尽量暴露出指（趾）端，以便观察末梢血供情况。
> 7）包扎力求达到牢固、舒适、整齐和美观的效果。
> 8）解除绷带时，先解开固定结或取下胶布，然后以两手互相传递松解。紧急时或绷带已被伤口分泌物浸透干涸时，可用剪刀剪开。

（三）心肺复苏

基础生命支持又称初期复苏，是指呼吸、循环骤停时的现场急救措施。其主要目的是迅速有效地恢复生命器官（特别是心脏和大脑）的血液和氧气供应。基础生命支持的任务和步骤可归纳为 A、B、C 3 步：A（气道）是指保持呼吸道通畅，B（呼吸）是指进行有效的人工呼吸，C（循环）是指建立有效的人工循环。人工呼吸和心脏按压是心肺复苏的主要措施。

1. 保持呼吸道通畅

保持呼吸道通畅是心肺复苏的先决条件。遇有紧急情况时，应呼喊患者、轻摇患者肩部，以判断有无意识；将耳靠近患者口和鼻，以听或感觉是否有气流，并观察患者胸廓是否有起伏，以判断呼吸是否停止。若意识消失、呼吸停止，应立即清除呼吸道内异物或分泌物。鼻腔内异物不易清除时，急救者应用嘴吸出，然后快速置患者于头低俯卧位或置患者腹部于施救者大腿上，引流出呼吸道内的液体，再置患者仰卧位，利用托下颌或（和）将头部后仰的方法（即托颈按额法），可消除由于舌后坠引起的呼吸道梗阻（图 7-12 和图 7-13）。有条件时（后期复苏），可通过放置口咽或鼻咽通气管或气管插管等方法维持呼吸道通畅。

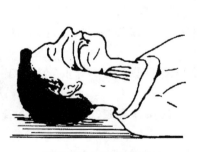 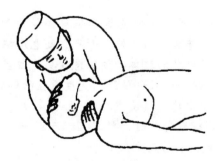

图 7-12　舌后坠卧位　　　　图 7-13　托颈按额法

2. 人工呼吸

人工呼吸是心肺复苏的首要措施。人工呼吸的方法可分为两类。一类是徒手人工呼吸，其中口对口人工呼吸是现场复苏最简易而有效的方法。若遇牙关紧闭的患者可施行口对鼻的人工呼吸。另一类是利用器械或特制的呼吸器进行人工呼吸，主要用于后期复苏和复苏后处理，需由专业人员使用。施行口对口人工呼吸时，应将患者的头后仰，并一手将其下颌向上、后方托起，以保持呼吸道通畅，另一只手按住患者前额，以保持患者头部后仰位置

（即托颈按额法），同时以拇指和食指将患者的鼻孔捏闭。然后施救者深吸一口气，对准患者口部用力将气吹入。开始时可连续吹入3~4次，然后每5s吹气1次（图7-14）。每次吹毕，施救者即将口移开并深吸气，此时患者凭其胸肺的弹性被动地完成呼气。在施行过程中，应注意观察胸壁是否有起伏动作、吹气时的阻力是否过大，否则应重新调整呼吸道的位置或清除呼吸道内的异物或分泌物。施行口对口人工呼吸的要领是：每次深吸气时必须尽量多吸气，吹出时必须用力。这样可使吹出的气体中氧浓度较高（可达16%以上），患者所获得的潮气量成人可高达800mL。对于原来肺

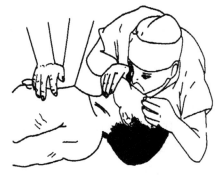

图7-14　口对口人工呼吸示意图

功能正常者，其氧分压可达10.0kPa（75mmHg），氧饱和度高于90%。

3. 胸外心脏按压

心脏按压是急救的一种措施。有效的心脏按压能维持心脏的充盈和搏出，诱发心脏的自律性搏动，并可以预防生命重要器官（如大脑）因较长时间的缺血而导致不可逆性改变。

胸外心脏按压可在任何场合进行，为现场急救时简易、实用而有效的心脏复苏方法。近年来认为其原理是在胸廓外按压，使胸膜腔内压增加，引起心脏及大动脉内压力升高而驱使血液向全身流动。当按压解除时，胸膜腔内压下降并低于一个大气压（胸膜腔为负压），静脉血回流心脏，称之为胸泵机制。其方法是：使患者就地平卧，背部垫一块木板或平卧于地面上。施救者立于或跪于患者一侧，以食指和中指摸清病人的肋骨下缘，移向中间摸到剑突，选择剑突以上4~5cm处（即胸骨上2/3与下1/3的交界处）为按压点。将一手掌根部置于按压点，另一手掌根部放在前者的上面。手指向上方翘起，两臂伸直，凭自身重力通过双臂和双手掌垂直向胸骨加压，使胸骨下陷4~5cm，然后立即放松，但双手不离开胸壁，肘关节不能弯曲，使胸廓自行恢复原位（图7-15）。如此反复操作，按压时，心脏排血，松开时，心脏充盈，形成人工循环。按压与松开的时间比为1:1时，心排血量最大，按压频率以80~100次/min为佳。单人复苏时，心脏按压15次进行口对口呼吸2次（15:2）。双人复苏时，心脏按压5次进行口对口人工呼吸1次（5:1）。如果已经建立气管内插管，人工呼吸频率为12次/min，可不考虑是否与心脏按压同步。

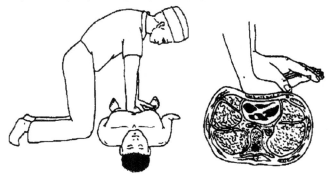

图7-15　胸外心脏按压示意图

4. 复苏效果的监测

（1）心肺复苏的有效指标

1）颈动脉搏动。心脏按压有效时，每按一次可触摸到颈动脉搏动一次。若终止按压时搏动也消失，则应继续进行按压。如果终止按压后脉搏仍然存在，说明患者心搏已经恢复。

2）面色（口唇）。复苏有效时，患者面色由发绀转为红润；若面色变为灰白，说明复苏无效。

3）其他。复苏有效时，可出现自主呼吸，或瞳孔由大变小并有对光反射，甚至有眼球活动及四肢抽动。

（2）终止复苏的标准　现场心肺复苏应坚持不间断地进行，不可轻易做出停止复苏的决定。符合下列情况时，现场抢救人员才可考虑终止复苏：

1）患者呼吸和循环已有效恢复。

2）患者无心搏和自主呼吸，一般认为心肺复苏在常温下持续30min以上，无效时医师可确定患者已死亡。

情景训练

1. 学生分组及任务分配

（1）乘客组　按照以上所学知识，分别扮演各种乘客，在公共场所出现各种各样的情况，力求多样全面。同时，锻炼学生换位思考的能力。

（2）工作人员组　针对以上乘客出现的问题给出解决的办法，到乘客满意为止。

（3）评判组　对以上两组学生演练时出现的难以解决的问题进行调解处理，同时对双方的演练效果进行评价，锻炼学生分析问题、处理问题的能力。

2. 演练模式

1）按照学生人数确定分组规模及场地。

2）工作人员按照实际现场岗位分工安排。

3）各组学生按照时间顺序进行岗位轮换，尽量让每位学生能够通过扮演各种角色切实掌握、运用本项目所学内容。

复习思考题

1. 做好外籍乘客服务的要点有哪些？
2. 如何做好摔伤乘客的服务？
3. 常见的外伤止血材料有哪些？
4. 常见的外伤包扎材料有哪些？
5. 基础生命支持的任务和步骤有哪些？

项目八 城市轨道交通安全服务

1. 安全通道及导向标识服务。
2. 安全设备的使用。
3. 安全组织内容及要求。
4. 客伤事件处理。

1. 掌握安全服务设备的配备要求。
2. 掌握处理各种安全应急技能知识,能模拟处理一些突发事件、客伤及事故。

《城市轨道交通客运服务》(GB/T 22486—2008)对城市轨道服务安全要求做到:

1)安全服务设施应保持100%的可用性。
2)手动火灾报警按钮旁边应设置明显的标识和使用说明。
3)火灾时,供群众疏散使用的且平时需要关闭的疏散门,应确保在火灾时不需要任何器具易于手动迅速开启。
4)列车客室内应设置乘客手动报警或与列车司机、车站控制室通话的装置,紧急情况下乘客可向列车司机或车站控制室报警。
5)服务组织应建立安全管理体系,明确安全责任。
6)服务组织应向乘客进行安全宣传,定期组织应急疏散演习。
7)服务组织应按规定及时妥善处理给乘客造成的损失或伤害,做到公正、诚实、守信。

一、安全通道及信息导向标识服务

城市轨道交通安全通道主要用于车站或列车发生紧急情况时供乘客和工作人员安全疏散和逃生,是城市轨道交通设施不可或缺的一部分。

为了保障乘客的乘车安全,目前城市轨道交通车站在乘客进入付费区前都要经过安检通道进行乘客携带品安全性检查,如图8-1所示。部分车站的安检通道设在乘客进入非付费区的入口,是所有乘客进入车站的必经之地,因此要求其位置合理,引导标识明确易于识别,以便提高安检效率。

图 8-1　城市轨道交通车站安检通道

1. 车站紧急疏散通道设施

在车站紧急疏散通道设计中，车站内所有人行楼梯（图 8-2）、自动扶梯和出入口宽度总和应分别能满足远期高峰小时设计客流量，6min 内将一列车满载乘客和站台上候车乘客（上车设计客流）及工作人员疏散到安全地区，此时车站内所有自动扶梯、楼梯均作上行，其通过能力按正常情况下的 90% 计算。垂直电梯不计入疏散能力内。车站设备用房区内的步行楼梯在紧急情况下也应作为乘客紧急疏散通道并纳入紧急疏散能力内。车站设备用房区内的步行楼梯在紧急情况下也应作为乘客紧急疏散通道并纳入紧急疏散能力的验算。车站通道、出入口处及附近区域，不得设置和堆放任何有碍客流疏散的设备及物品，以保证疏散的通畅性。

图 8-2　某车站人行楼梯

2. 应急救援专用通道

应急救援专用通道主要用于站、车发生乘客急病、重伤等事故时，救援人员及设备能够顺利迅速到达现场及出入车站的特殊通道，如图 8-3 所示。应急救援通道与日常客流组织通道应进行适当分离，导向标识齐全连续，以保证救援通道的顺畅性。

3. 列车安全疏散通道

全国多数地铁列车都设有疏散门（俗称：逃生门），疏散门在列车遇险、失电等情况下对乘客来说就是一道"生命门"，非常重要。疏散门位于列车两头的驾驶室正前方，列车每一节车厢应有醒目的安全疏散导向标识（图 8-4），便于发生紧急情况时乘客识别运用。疏散门还有一个作用是列车出现故障停在隧道时间较长时，列车司机可打开疏散门让隧道里的空气流入车厢。供乘客疏散使用的且平时需要关闭的疏散门，应确保在火灾时不需要任何器具易于手动迅速开启。

图 8-3　某车站应急救援通道

图 8-4　地铁列车安全疏散导向标识

列车遇到紧急情况，车厢广播会播放"紧急疏散"提示。列车司机将迅速拉下驾驶室正前方上面的红色手柄，推开疏散门，将梯子打开拉直放到车外地面上，如图 8-5 所示，并打开车厢通往驾驶室的应急门。乘客可向车头移动，在列车司机的指导下逐个通过疏散门下到轨道平台，步行前往最近车站。前方车站会立即派遣人员接应、协助。切勿让乘客擅自解锁车门跳下轨道平台，隧道壁上的电缆线架容易伤到身体。疏散过程如图 8-6 所示。

图 8-5　列车前部的坡道式紧急疏散门

　　a)　　　　　　　　　　　　　　b)

图 8-6　列车司机打开疏散门和应急门

a) 打开疏散门　b) 打开应急门

> **小知识**
>
> 北京地铁4号线列车采用了多种新技术，其中包括防滑坡道式紧急疏散门、蓄电池供电自救援等。在遇到紧急情况时，可以通过驾驶室前端的坡道式疏散门在30min内完成1408人的疏散任务。同时，可以在供电突然中断的情况下，通过自身携带的蓄电池供电运营一段距离，从而缩短故障处理时间并减轻由此给乘客带来的恐慌。

4. 地铁疏散平台

各城市地铁系统的供电方式不尽相同。有些供电轨位于轨道区内，且有千伏以上高压电，乘客接触轨道区定会触电，这种供电方式的隧道不适合使用列车两端的逃生门疏散乘客，而是利用隧道专设的疏散平台安全疏散乘客，如图8-7所示。

a) b)

图8-7 地铁疏散平台疏散示意图

a）疏散平台示意图 b）疏散乘客

疏散平台一般设在列车前进方向的一侧，固定在隧道一侧的侧壁上，高度约为1m，基本与站台的高度持平。疏散平台的宽度约为70cm。列车在隧道内遇紧急情况时，"紧急疏散"的提示广播会响起，列车开启疏散平台一侧车门，列车司机和乘客可以从疏散平台前往最近车站，前方车站会立即派遣人员接应、协助。乘客绝不能从疏散平台跳下轨道，也不能靠近接触轨道。这种疏散方式可以在更短时间内疏散乘客，更加科学合理和人性化。

5. 地铁人防通道设施（图8-8）

地下车站，平时以交通运营为主，战时或特殊情况下是人员和物资交通运输的安全通道，紧急时可作为人员的临时掩蔽场所使用，保障人民生命和财产安全。地铁人防工程能够抵御外部灾害威胁，提高整座城市的防空抗毁综合防护能力。

车站的人防设施应结合六级抗力等级设防，"平、战结合"，将一个车站加一个区间隧道作为一个防护单元，相邻防护单元设置一道防护隔断门。在出、入口密闭通道两端设活塞式门槛防护密闭门、密闭门各一道。每个车站还要设置不少于两个人防连通道，连通口净宽不小于1.5m。在附近没有人防工程或暂不知设施的情况下，做完人防连通口，预留出通道接口。进、排风口及活塞风口采用一道防护密闭门的设置；内部装修应考虑防震抗震要求。

图 8-8　地铁人防通道设施

a）区间隔断防护密闭门　b）当门关闭时，右上方的小门将会切断接触电网以保证安全

c）固定器可以加强门打开状态时的稳定性　d）铁轨和门槛重合的部分做过密封处理

6. 安全信息标识服务

城市轨道交通车站应设置乘客安全出行所需的安全警示标识、提示信息，并确保功能完好，能及时向公众发布运营突发事件信息、救援信息及接驳换乘信息等，能采用多种方式，向乘客提供客运服务安全知识方面的宣传、引导、提示和警示。安全导向标识主要有疏散导向标识（图 3-41）等。

二、安全服务设施设备及使用

城市轨道交通车站、列车车厢内应设置安全报警、消防、应急照明、应急通信、应急广播、乘客信息系统、视频监控等安全应急服务设施设备，应保证齐全有效，保持 100% 正常使用，并设置醒目的标识和操作导引。车站乘客服务、设备区域应设置视频监控装置，视频监控装置应具有记忆回放功能并覆盖关键乘客服务区域，视频记录和保存应满足国家规定要求。

城市轨道安全服务设施主要有手动报警设备、紧急电话插孔、火灾报警系统（Fire Alarm System，FAS）设备、消防控制设备、防洪设施及垂直电梯安全设备等。国家标准《城市轨道交通客运服务》（GB/T 22486—2008）要求安全服务设施设备应保持 100% 的可用性。

1. 乘客乘车基本安全设施

乘客乘车基本安全设施即乘车时直接能够触及的安全设施，具体有：

(1)乘梯须知 设置于乘客使用的楼梯、自动扶梯及直升电梯处。

(2)电子监视系统 在站厅、站台内设置多处,用于监视车站的安全运营情况。

(3)安全候车线 为防止移动列车撞及乘客,危及乘客的人身安全,在乘客候车区域设有一条在列车停稳前禁止候车乘客跨越的、画在站台边沿的、能确保乘客候车安全的连续线,称为安全候车线。安全候车线设置于距站台边沿大于400mm处,提示乘客在列车未完全开门前严禁越过。

(4)红色安全带及安全护栏 设置于站台边缘靠近列车尾部端头,提示乘客严禁越过该处。

(5)紧急停车按钮 设置于站台两侧墙上或立柱上,一旦出现突发事件时站台服务人员可启用该按钮,以便进站列车司机采取紧急制动措施。

(6)隔离栏杆 设置于站台两端尽头,并设有安全警示标识,提示乘客严禁越过该处进入区间隧道。

(7)轨旁电话 地下隧道每隔约150m,地面高架相隔约300～450m处设置一部轨旁电话,用于紧急情况下直接和行车调度联络。

(8)手提式灭火器 在车站站厅、站台和每列车车厢都设有手提式灭火器。

2. 手动报警设备

手动报警设备主要包括手动报警按钮、消火栓报警开关和消防电话等,如图8-9所示。在站厅层、站台层、出入口通道和设备区等区域均设有手动报警按钮。报警区域内每个防火分区,至少设有一只手动报警按钮。从一个防火分区内的任何位置到最邻近的一个手动报警按钮的步行距离不大于30m,在上述区域中,若设有消火栓箱,则手动报警按钮一般安装在靠近消火栓箱处,明显可见。手动火灾报警按钮旁边应设置明显的标识和使用说明。

地铁发生火灾的原因

图8-9 车站火灾手动报警设备

列车客室内应设置乘客手动报警或与列车司机或车站控制室通话的装置,紧急情况下乘客可向列车司机或车站控制室报警。

3. 火灾报警系统(FAS)设备

为了能及时监测和报告火灾事故,保证城市轨道交通的运营安全,在城市轨道交通各车站、主变电所、车辆段均设置FAS。其主要功能有:探测火警及监视消防装置的动作状态;接收所辖区域火灾报警信号,并显示报警部位;确认灾情后,发出视/声响报警(如声光报警/警铃报警和消防广播);当确认发生火灾时,联动或启动防排烟通风及救生系统、防灾灭火系统设备（如防火阀、挡烟垂幕、防火卷帘、消防水泵/阀、电梯及门禁等），并切断非消防电源。

车站 FAS 设置分布在站厅、站台、一般设备用房和办公用房等位置，能监视车站消防设备的运行状态，接收车站火灾探测器（图 8-10）、手动火灾报警按钮等现场设备的报警信号并显示报警位置，优先接收控制中心发出的消防救灾指令和安全疏散命令，并能在火灾发生时发出模式指令使机电设备监控系统运行转入火灾模式，实现消防联动。同时，可通过事故广播系统和闭路电视系统组织疏散乘客，对自动气体灭火系统保护区域进行火灾监视，达到及早发现火灾，通报并发送火灾联动指令的作用。

图 8-10　火灾探测和消防设备

火灾报警控制器是火灾报警系统的指挥中心，它可以接受火灾探测器、手动报警信号，并将其转换为声光报警信号，提示报警部位，记录报警信息。火灾报警在车站控制室内，如图 8-11 所示，一般有"手动"和"联动"两个档位。

图 8-11　火灾报警在车站控制室内

小知识

防火分区是指采用具有一定耐火能力的分隔设施划分出的、能在一定时间向同一建筑的其余部分蔓延的局部区域。常用的防火分隔物有内外墙体、楼梯、防火卷帘门（图 8-12a）、防火门（图8-12b）和防火水幕等。

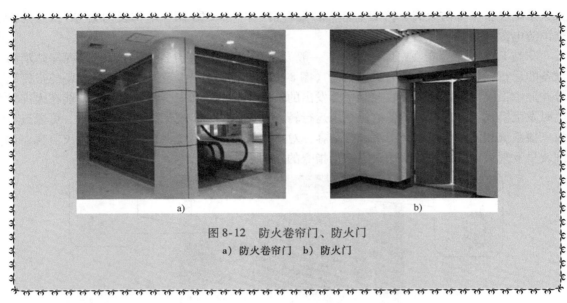

图 8-12 防火卷帘门、防火门
a) 防火卷帘门　b) 防火门

4. 消防控制设备

车站消防设计时划分了防火分区,一般中间公共区(售检票区或站台)为一个防火分区,设备用房区各为一个防火分区。有物业开发区的车站,物业开发区为独立的防火分区。每个防火分区内设两个独立的、可直达地面的疏散通道。所有的装修材料均按一级防火要求控制。

1)消防设备主要包括消火栓系统、灭火器、防火卷帘门、防火门、防烟排烟系统子系统等,如图 8-13 所示。其中,消火栓是消防供水设施的终端,在灭火时提供水源供直接灭火

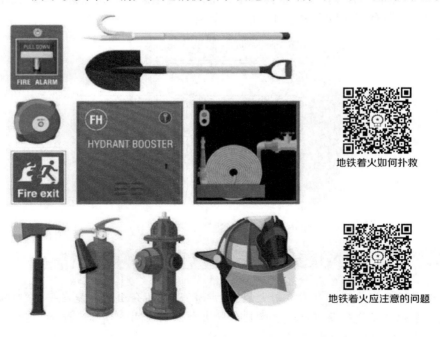

地铁着火如何扑救

地铁着火应注意的问题

图 8-13 消防设备

或为消防车供水。灭火器是在火灾初期用来灭火的设备。防火卷帘门等是用来划分防火分区的设备。

2）控制设备主要包括室内消火栓系统的控制装置，防烟排烟系统及空调通风系统的控制装置。此外，还包括常开防火门、防火卷帘门的控制装置，电梯回降控制装置，以及火灾应急广播、消防通信设备、火灾应急照明与疏散指示标识的控制装置等的部分或全部。

常用灭火器的使用如图 8-14 所示。

将灭火器从灭火箱中取出

拔出保险销

火灾报警装置的使用

将喷嘴对准火源压下鸭嘴阀，
即可将灭火剂喷出

图 8-14　常用灭火器的使用

干粉灭火器适用范围：适用于扑救各种易燃、可燃液体和易燃、可燃气体火灾，以及电气设备火灾。

手提式水雾灭火器适用范围：主要用于扑救固体物质火灾，如木材、棉麻、纺织品等的初起火灾。另外，对一些易溶于水的可燃、易燃液体还可起稀释作用。水雾灭火器采用强射流产生的水雾使可燃、易燃液体产生乳化作用，使液体表面迅速冷却、可燃蒸气产生速度下降而达到灭火的目的。

5. 防洪涝设施

防洪涝设施是基于城市轨道交通地下铁道车站防洪等特殊要求而设置的不可或缺的设施，其他高架及地面车站则对该类设施要求标准相对低一些。

地铁水灾主要是暴雨、排水系统不畅、地震、战争等导致地面大量积水涌入地铁隧道内而造成的事故，危及乘客生命财产安全。因此，防洪涝设施主要对地铁与地面连接相通处进行设计。

（1）加高通道口　主要有加高车站出入口台阶和通风亭口，具体高度按照实际地势地貌情况而定。必要时出入口可设置全封闭或半封闭密闭门，通风亭设置防雨设备。

（2）车站出入口设活动挡板　根据地铁所处位置，处于洪水常发地带的地铁应在出入口设置活动挡板，两侧墙面要有挡板卡槽。另外，在雨季应常备防洪沙袋和防滑垫等设备。

三、安全服务内容及要求

安全是客运服务工作的核心,是最大的服务质量。所有工作都必须在安全的条件下进行,为了确保运营安全,应坚持"安全第一、预防为主"的方针。城市轨道安全服务组织应建立安全管理体系和保障制度,明确安全责任,定期组织应急疏散演习,向乘客进行安全宣传,按规定及时妥善处理给乘客造成的损失或伤害,做到公正、诚实、守信。

安全保障制度的主要内容应有:

1)维护站、车运营秩序、治安秩序的制度和措施。
2)各岗位对各类突发事件的应急处置预案。
3)安全通道、出入口应保持畅通,各类安全器材应定期检查,时刻处于良好状态。
4)遇有雨、雪天气,应及时清除出入口和站台的积水、积雪,并采取措施,保证乘客安全。
5)站内禁止吸烟、违章使用明火、电加热器具。
6)严禁携带和存放易燃、易爆、有毒等物品。
7)站务员安全职责明确:①熟知本站及列车各种消防器材的位置和使用方法;②疏导乘客乘降地铁列车;③加强对车站站台的巡视,防止乘客跳下站台和进入区间;④在遇有危及行车及人身安全的紧急情况时,必须及时采取紧急措施;⑤加强对车站的巡视,对在出入口、站厅、站台长时间逗留、坐卧的乘客和闲杂人员进行劝阻,对违反规定的乘客采取相应的措施。

(一)车站突然停电的安全组织

1. 一般处理流程

(1)全站停电

1)全站停电后,值班站长立即报告行车调度员和相关部门、站长。及时掌握车站照明系统是否全部失效(应启用应急照明)、车站其他设备的运作是否正常、车站有没有列车停靠及列车停靠的位置、车站内乘客滞留情况等信息。
2)值班站长立即下达车站紧急疏散指示,联系故障报警中心,获取相应的故障信息,召唤人力支援。
3)对于进站列车、停靠站台的列车、即将出站的列车均需暂时停止运行,开启列车全部灯光(含前、后照明灯),为疏散乘客提供照明,在得到行车值班员允许后才可继续运行。

(2)车站局部停电部分照明熄灭

1)车站局部停电部分照明熄灭时,值班站长立即报告行车调度员和相关部门、站长。及时联系故障报警中心,获取相应的故障信息,召唤人力支援。
2)一旦照明系统无法恢复时,值班站长下达车站紧急疏散指示。
3)所有员工随时做好乘客疏散的工作。

2. 有关岗位作业

在值班站长或值班员的安排下:

(1)站务员或巡视岗

1)打开员工通道门,就近取用应急照明备品手电筒或应急灯、手提广播到重要位置为乘客提供照明和保护,加强宣传,稳定乘客情绪,协助乘客上、下车,密切关注站台边缘地带，确保安全；在站厅打开全部闸机和应急疏散门，立即引导乘客从各个出入口出站，同时阻止乘客进站，确认乘客全部疏散后，关闭出入口并张贴通告。

2）乘客疏散完毕后，关闭相应出入口。

3）电路修复正常供电后，恢复岗位正常工作。

（2）售票员或站务员

1）局部停电时，票务岗位员工保管好票款，适时放慢售票速度。根据客流情况，合理关闭部分进站闸机、自动售票机进行客流控制。

2）全站停电时，锁好票款，立即停止售检票及兑零作业，保管好票款及有效票证，做好对乘客的解释工作。在站厅负责相关区域乘客的疏散。

3）电路修复正常供电后，恢复岗位正常工作。

（二）突发事件处理

地铁车站及地铁列车是人流密集的公众聚集场所，一旦发生爆炸、毒气、火灾等突发事件，势必造成群死群伤或重大经济损失，严重地影响社会秩序的稳定。当突发事件在地铁车站发生时，地铁员工如果能迅速、高效、妥善地处置，将有效预防或减少事故导致的损失。我国各个城市的轨道交通建设不尽相同，不同城市采用不同的车辆、设备制式，各城市地铁运营公司的岗位设置、岗位职责及作业程序也不同，车站突发事件的应急处理办法也存在较大差异。本项目所列知识内容以个别城市地铁运营公司为例，供教师教学、学生学习参考。

1. 突发事件的处理原则

1）参与应急事件处理的各岗位员工都应紧急行动起来，及早汇报，及时抢救，迅速开展工作。

2）坚持"先救人，后救物；先全面，后局部"的原则，优先组织人员疏散、伤员抢救，同时兼顾重点设备和环境的防护，将损失降至最低限度。

3）兼顾现场的保护工作，以利于公安、消防和事件调查部门的现场取证。

4）在应急事件处理时应沉着冷静，反应迅速，做到早发现、早报告、早控制。严格执行规定的标准和程序，做好乘客疏导和安抚工作，维持乘客秩序和减少乘客恐慌，通知车站员工执行紧急疏散程序时，应使用统一代号，以免引起恐慌。

5）在应急事件处理时，坚持对外宣传归口管理的原则，不得擅自发布相关信息。

6）坚持就近处理的原则：突发公共事件发生时，在上一级应急处理负责人到达现场前，员工按表8-1的规定担任现场临时应急处理负责人；在上一级应急处理负责人到达现场后，由上一级应急处理负责人担任现场指挥。

表8-1 应急处理负责人

序号	发生处所	现场临时负责人
1	列车上（列车在区间）	本列车司机
2	列车上（列车在车站）	所在站值班站长
3	车站	所在站值班站长
4	区间线路上	行车调度员指定的值班站长
5	车场	车场调度
6	其他场所	现场职务最高的员工

2. 信息通报的原则、内容及流程

突发公共事件信息通报应遵循迅速、准确、完整的原则，任何员工发现或接到突发公共事件信息，均应立即执行规定的通报流程，不得延误、中断或缺漏。

在进行突发公共事件信息通报时，一般应包括如下内容：

1) 报告人姓名、职务、单位。
2) 事件发生类别、时间、地点。
3) 事件发生概况、原因（若能初步判断）及影响运营程度。
4) 人员伤亡情况、设施设备损坏情况。
5) 已采取的措施。
6) 任何需要的援助（包括救援、救护、支援）。
7) 其他必须说明的内容及要求。

地铁运营场所发生突发事件时，员工发现后应迅速报告，以便各有关方面积极采取措施，高效调动地铁公司有利资源，确保能有效控制事件的发展态势，将损失降到最低限度。因此，地铁公司内部必须建立起一套行之有效的信息通报流程。一般来说，地铁的信息通报遵循这样一个流程：突发公共事件现场→控制中心→应急处理专业机构和外部支援。

具体通报流程如图 8-15 所示。

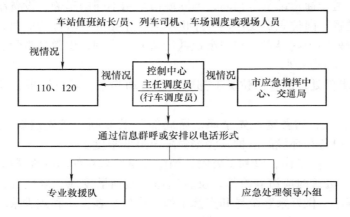

图 8-15 应急信息通报流程

在进行信息通报时，发生立即需要外部支援的突发事件（如火灾、爆炸、人员伤亡、治安/刑事案件等）时，应坚持就近迅速通报的原则，即：

如果突发事件发生在车站或车场，现场人员有条件时应立即致电 110 报警中心或 120 急救中心；车场调度或车站值班站长/行车值班员接报后（车场、车站其他值班人员接报也应问清情况并立即转报车场调度或车站值班站长/行车值班员），应问清现场报告人员是否已经致电 110 报警中心或 120 急救中心：若无，应立即致电报告；若有，亦应致电复核。

如果突发事件发生在区间，行车调度员接现场人员报告或设备监控报警后，由行车调度员或主任调度员致电 110 报警中心或 120 急救中心。

如果突发事件发生在区间的列车上，列车司机（接现场人员报告后）立即报告行车调度员，由行车调度员或主任调度员致电 110 报警中心或 120 急救中心。

控制中心所通知的外部支援是指地铁公安分局、公交公司、交通局、本市应急指挥中心、本市民防委员会办公室（地震局）、本市有关防灾抗震和紧急事务的政府组织机构等，具体由主任调度员决定通知范围。

各专业救援队接到突发事件通报后，应按照本专业部门内部先前制订的通报流程分别向本部门相关人员进行通报。

（三）突发事件列车隧道疏散程序

本程序适用于因地铁设备故障、自然灾害等造成列车停在区间，需将乘客尽快从列车疏散到车站等安全地方时的应急处理。

有关岗位处理流程：

（1）列车司机

1）列车在区间被迫停车后，立即报告行车调度员具体停车位置，并做好防溜措施。

2）按行车调度员的指示启动隧道疏散程序。

3）广播安抚乘客。

4）根据情况打开前端疏散门或广播通知乘客打开后端疏散门，组织乘客从前端或后端或双端疏散；若无法与行车调度员联系时，应尽量使用前端疏散门疏散。

5）疏散完毕后，在做好自身安全保护情况下检查是否还有乘客滞留，并报告行车调度员。

6）在确保自身安全的前提下，对灾害采取必要的扑救措施，如危及自身安全时，应迅速撤离现场。

（2）行车调度员

1）报告主任调度员，接到主任调度员的通知后，通知列车司机执行疏散程序。

2）扣停相关列车，通知车站派人到现场协助疏散。

3）视情况致电119、110、120，请求支援。

4）调整列车运行，通知线上列车司机和其他车站相关车站停止服务，做好乘客广播工作。

（3）主任调度员

1）下令执行隧道疏散程序。

2）按有关程序进行通报。

3）制订列车调整方案并布置实施。

4）需要时，执行公交接驳预案。

（4）环调

1）将环控系统授权站控方式，如有需要，开启隧道通风。

2）检查、监视通风情况。

（5）电调

按照行车调度员的供电安排尽可能地维持接触网供电。

（6）值班站长

1）接到行车调度员或列车司机列车需要隧道疏散的报告后，通知各岗位员工执行车站疏散程序，指定客运值班员负责组织、指挥疏散车站乘客。

2）开启隧道灯，带领站务员/保安，穿戴装备，到疏散现场负责引导乘客往车站疏散。

3）疏散完毕后，负责检查确认人员出清隧道。

（7）客运值班员

1）组织车站员工执行车站疏散程序。

2）安排员工在端门处接应疏散的乘客。
（8）行车值班员
1）通知地铁公安到场维持秩序。
2）需要时，开启相应环控通风模式。
3）按动 AFC 紧急按钮，使闸机为常开，将 TVM 和 AVM 设为暂停服务。
4）通过乘客信息显示系统发布疏散信息；通过广播通知银行、商铺工作人员和乘客疏散。
5）向站长通报有关情况。

（四）突发事件隧道清客程序
有关岗位处理流程：
（1）列车司机
1）被迫停车后，报告行车调度员停车位置，做好防溜措施和乘客广播工作。
2）接行车调度员清客命令清客后，确定清客方向，到清客一端接应车站员工，打开疏散门。
3）车站员工到场后，打开驾驶室通道门，组织乘客按顺序下隧道。
4）如果有行动不便的乘客，应安排车站员工或自愿协助的乘客陪同。
5）列车清客完毕后，检查是否有滞留乘客，确认无滞留后恢复列车状态，报告行车调度员，等候行车调度员的指示。
（2）行车调度员
1）根据列车司机停车位置，通知环调做好隧道通风，将情况报告主任调度员。
2）扣停有关列车，确保清客线路安全。如有需要，停止另一线运行。
3）通知列车司机停止列车运作，前往清客一端做好准备，待车站员工到达后即可清客。
4）通知两端车站安排员工到现场协助清客，如需外部支援时，应通知车站派人接应。
5）清客完毕后，确认区间出清，尽快恢复正常运营服务。
（3）主任调度员
1）决定是否需要执行隧道清客程序，并确定清客线路。
2）按照故障原因决定是否通知相关救援队出动救援。
3）需要时请求外部支援。
4）将情况向有关人员通报。
（4）电调
按照行车调度员命令做好供电安排。
（5）环调
1）做好隧道通风。
2）检查、监视通风情况。
（6）值班站长
1）接到隧道清客通知后，确定列车停车位置，开启隧道灯。
2）安排人员在站台与轨道之间的楼梯处引导乘客上站台。如果清客线路上乘客可能进入邻线，还应安排人员到该处作引导。

3）如有需要，安排站务员/站厅保安到紧急出入口等候和引导救援人员进站。

4）经得行车调度员同意后，带领站务员/站台保安，穿好荧光衣、带齐备品，做好安全防护工作后，到列车现场引导乘客。

5）如需要停止车站服务，安排客运值班员组织车站员工执行车站清客程序。

6）如有支援人员或救援队进入隧道救援，协助其工作。

7）确认列车乘客清客完毕，沿途检查线路是否有滞留乘客或遗留物品，人员出清后，报告行车调度员。

（7）行车值班员

1）做好广播工作安抚乘客。

2）按动紧急停车按钮，防护有关区域。

3）若需要执行车站清客程序，通知车站其他员工做好车站清客，并做好乘客广播工作。

4）根据行车调度员的指示，安排外部支援人员进入隧道救援。

（8）到场车站员工

1）引导乘客。

2）协助有困难乘客。

3）确认列车乘客清客完毕，沿途检查线路是否有滞留乘客或遗留物品。

（五）火灾应急处理

根据火灾发生的地点不同，地铁火灾可以分为车站火灾和列车火灾，车站火灾可分为站台火灾、站厅火灾和设备区火灾，列车火灾可分为列车头部火灾、列车中部火灾和列车尾部火灾。

1. 火灾的处理原则

地铁火灾处理的首要原则是保障乘客及工作人员的生命安全。一旦生命安全受到威胁，所有人员必须立即撤离至安全的范围。任何员工若发现地铁范围内出现火情，必须立即通知有关车站的值班站长，立即通过行车调度员要求消防部门协助，在确保个人人身安全的情况下，员工可尝试将烟火扑灭。

小知识

地铁范围内出现火情，通常可采用以下方法和措施灭火：

1）隔绝空气法。将物件与空气隔绝，关闭门窗将火与空气隔绝。

2）冷却灭火法。将温度降至燃烧物的燃点以下。

3）及时关闭通往其他区域的门窗及通道入口。

4）使用灭火器灭火时，在安全的情况下，应尽量靠近并对准燃烧火焰根部喷射。

5）电器起火时，只能用气体灭火器灭火，不可用水。

6）轨道扣件上发生明火时应用沙扑灭，在火熄灭后，应继续将扣件完全埋在沙下。

7）必须立即移走起火点附近的易燃物品。

8）有人身上衣物着火时，应立即协助其平躺在地上，用毛毯、外衣、地毯等物品覆盖或包裹身体，切勿在地面滚动，以免火势蔓延至身体其他部位。

2. 火灾处理办法

（1）火灾一般处理流程

1）现场确认发生火灾后，立即致电110报警中心和行车调度员，视情况致电120急救中心、地铁公安。

2）如果火势较大，立即请求行车调度员执行车站疏散程序，按行车调度员指令执行车站疏散程序。

3）启动车站排烟模式。

4）乘客疏散完毕后，关闭出入口（紧急出入口除外）。

5）火势很大时（图8-16和图8-17），组织员工撤离车站到紧急集合地点集中，并做好消防人员进入灭火现场的导向标识，引导消防人员到现场灭火。

图8-16　地铁车站起火冒烟

图8-17　地铁列车起火被烧毁

6）消防人员到场后，汇报有关情况，将灭火工作交给消防人员，加入应急处理救援工作。

7）协助事故调查工作。

8）接到可以恢复运营的指令后，清理现场，恢复运营。

（2）有关岗位作业

1）站务员或巡视岗。

① 接到火灾情况报告后，如有需要，根据值班站长的安排，到现场确认是否发生火灾。

② 如果未发生火灾，报告车站控制室。如果确认发生火灾，向行车值班员通报有关情况，同时，在保障自身安全的前提下组织车站员工尝试灭火。

③ 当火势较大时，接值班站长要求执行车站疏散程序，在车站站厅做好相关区域的乘客疏散工作，或根据值班站长的安排到站台进行疏散。

④ 若列车因火灾停在隧道，如果需前往隧道进行疏散，值班站长一起前往隧道组织疏散。

⑤ 若站厅发生火灾，站台乘客疏散完毕后，根据安排到站厅协助有困难的乘客出站。

⑥ 乘客疏散完毕后，根据要求关闭出入口（紧急出入口除外）并张贴告示。

⑦ 如果火势很大，根据安排撤离到紧急集合地点集中，协助做好消防人员进入灭火现场的导向标识，引导消防人员到现场灭火。

⑧ 消防人员到场后，在值班站长的安排下，配合救援抢险和外部支援人员的工作，加入应急处理救援工作。

⑨ 在接到值班站长可以恢复运营的指令后，协助清理现场，恢复本岗位工作。

2）售票员或站务员。

① 当火势较大时，接值班站长要求执行车站疏散程序时，立即停止服务，锁好票款，到车站站厅相关区域进行乘客疏散工作，或根据值班站长到出入口引导消防人员进站。

② 乘客疏散完毕后，根据要求关闭出入口（紧急出入口除外）并张贴告示。

③ 如果火势很大，乘客疏散完毕后根据安排撤离到紧急集合地点集中。

④ 协助做好消防人员进入灭火现场的导向标识，引导消防人员到现场灭火。

⑤ 消防人员到场后，如有需要，根据值班站长的安排，配合救援抢险和外部支援人员的工作。

⑥ 接到值班站长可以恢复运营的指令后，协助清理现场，恢复本岗位工作。

（3）车站（运营期间）失火应急处理办法

① 火警警报响起时，值班站长通过 FAS、BAS 确认报警位置，派 1 名车站员工前往查看。

② 车站员工携无线电对讲机前往事发地点，找出报警原因；实时通知值班站长是否出现火情，火警是否已触动了防火系统。

③ 如果警报为误报，值班站长要及时通知行车调度员及站内所有员工。如果火警警报属实，火势较大，应立即通知行车调度员召唤消防人员到场，并遵照车站疏散程序组织乘客撤离。

④ 若出现火情，现场员工视情况需要手动操作防火系统；或在安全的情况下，使用灭火器灭火；与现场保持安全距离，并警告其他人远离该处，直至消防人员到场。

⑤ 启动车站排烟模式。

⑥ 乘客疏散完毕后，关闭车站出入口（紧急出入口除外）。

⑦ 如果火势很大，值班站长应组织员工撤离车站到紧急集合地点集中，并安排人员在指定出入口引领消防人员到现场灭火。

⑧ 消防人员到场后，值班站长汇报有关情况，将灭火工作交给消防人员，并加入到应急处理救援工作中。

⑨ 值班站长接到可以恢复运营的指令后，应清理现场，恢复运营。

⑩ 火灾后恢复行车服务。行车调度员在与值班站长确认站内火已熄灭，烟雾也明显消散后，才可恢复该站的行车服务，允许列车驶经该站。值班站长应根据车站火警后的损毁程度或水淹情况，决定全面或局部重开车站。

⑪ 协助事故调查工作。车站在运营期间失火的应急处理程序见表8-2～表8-4。

表 8-2　车站在运营期间失火的一般应急处理程序

负责人	处理程序	具 体 内 容
行车值班员	确认火灾的真实性	火警警报响起时,迅速从 FAS 上确认火灾位置,立即指派一名站务员携带无线电对讲机到场确认,同时通知值班站长
站务员		立即到达现场察看,找出响起报警的原因,确属火警时,立即向值班站长汇报以下内容:火警的详细位置,火势如何(冒烟、明火);如果可能,查出原因;初步估计车站设备、人员受影响的程度及范围
行车值班员	火警属实	启动 FAS,监控 FAS 设备的联动情况
值班站长		立即赶到事发现场,视情况指示行车值班员向行车调度员汇报以及是否召唤紧急服务
行车值班员	立即向行车调度员汇报	报告人的姓名、职务及联系电话
		火警事发的时间(时、分)、准确地点
		火势大小、烟的浓度
		估计起火原因,火势是否可以控制
		估计受影响的大概人数、是否影响乘降
		是否有人受伤、是否有设备损毁
	召唤紧急服务	通过行车调度员召唤紧急服务(地铁保安、119、120)

表 8-3　车站在运营期间失火火势可以控制时的应急处理程序

负责人	处理程序	具 体 内 容
值班站长、现场员工	现场人工灭火	火势较小时,在确保安全的情况下,立即人工启动灭火系统或使用灭火器灭火
行车值班员	操纵环控系统	启动车站排烟模式,设定紧急通风安排,监控环控系统的运转,如果模式不能正常运转,立即通知行车调度员
站务员	疏散现场乘客,维持车站秩序	立即到达现场,在确保人员安全的情况下进行灭火,准备组织疏散乘客
行车值班员		开启相应 PA、PIS,使其他人远离起火地点,宣传以稳定乘客情绪
站务员		根据情况,实施车站大客流管理措施
行车值班员		必要时关闭车站控制室内部空调,避免烟雾的弥漫
值班站长	恢复正常运营	火势扑灭后,与事故负责人确认具备运营条件后,恢复正常运营

表 8-4 车站在运营期间失火火势无法控制时的应急处理程序

负责人	处理程序	具 体 内 容
值班站长	车站紧急疏散	立即通过手持电台向所有人员下达车站紧急疏散指示
行车值班员		在车站控制室 IBP 盘上按压紧急停车按钮 通过 PA、PIS 通知乘客并进行疏散 通知所有工作人员撤离,并报告集合地点
值班站长		向其他临近车站的值班站长请求人力支援
行车值班员		在车站控制室 IBP 盘上启动紧急模式,按压 AFC 紧急按钮,打开所有闸机扇门
站务员		立即引导乘客离开站台,从各出入口出站,并阻止乘客进站
站务员	关闭车站	确保所有乘客安全离开后,关闭车站出入口并张贴"车站关闭"通告
值班站长	等待救援人员抵达现场	担任临时事故处理负责人
站务员		在指定出入口等待救援人员,并带他们到达事发地点
站务员、值班站长		乘客撤离后,检查站台、站厅是否还有乘客,并将结果上报给事故负责人
值班站长	火灾扑灭后,恢复运营	在火灾扑灭后,根据上级命令,同时根据列车、车站的毁损情况,经消防部门同意后全面或局部重新开站

(4) 站外失火应急处理办法　当车站外发生火灾时,因为空气的自然流动、车站通风设备的运作、列车移动的活塞效应都会使站外产生的烟气通过通风井、车站出入口而扩散至站内,对车站内的乘客产生巨大威胁,因此,车站员工应正确操作车站环控系统,确保车站内乘客的生命安全。

1) 一旦发现烟气经由通风井进入站内,必须执行相关程序,阻截烟气继续进入。值班站长应做好以下工作:①从行车调度员处取得该车站环控设备的控制权;②将车站公共范围的通风设备关掉;③通知行车调度员将有关通风设备关掉,关闭相应的风闸。行车调度员应指示环控调度员操作有关环境控制系统设备。

2) 一旦发现有烟经由车站入口扩散到公众范围,应执行下列程序。

值班站长应做好如下工作:①通知行车调度员,说明烟的浓度;②关闭相关的入口;③取得该车站环控设备的控制权,操作环控设备。

行车调度员应指示各邻站的值班站长做好如下工作:①取得所管辖车站的环控设备的控制权;②将车站公众范围的通风设备关闭;③操作环境控制系统设备,帮助驱散受影响车站的浓烟。

各邻站值班站长应取得所管辖车站环控设备的控制权。

(5) 车站区间发生火灾的处理办法　车站区间发生火灾时首先要确定:①区间是否有

行驶的列车；②行驶的列车是否已到达起火的区域；③列车已到达起火区域，是否还能够移动。车站区间火灾应急处理程序见表 8-5 ~ 表 8-8。

表 8-5　车站区间火灾事故发生时的应急处理程序

负责人	处理程序	具 体 内 容
行车值班员	接到行车调度员的通知，区间起火，向行车调度员确认右侧详情	区间起火或冒烟的准确位置（区间、百公尺标）
		火势或烟的浓度
		估计起火的原因，火情的大小等（冒烟、明火等）
		区间是否有停留列车，能否继续安全运行
	召唤紧急服务	通过行车调度员召唤紧急服务（地铁公安、119、120）；当无法与行车调度员取得联系时，则通过外线电话直接致电地铁公安、119、120

表 8-6　火灾区间没有列车时的应急处理程序

负责人	处理程序	具 体 内 容
值班站长	监控、操作环控系统设备	监控环控系统的运行
		若设备不能正常运行，及时通知行车调度员，执行隧道起火模式
	备进行清客作业	根据行车调度员的指示及站内的情况，协助相关人员进行疏散及清客事宜
站台站务员		将相应端的站台门端门设为敞开状态
值班站长		通过 PA、PIS 向乘客发布暂缓进站的通知，关闭进站闸机，停止售票，建议换乘其他交通工具
		在车站控制室开启隧道灯
行车值班员、站务员	准备进入区间并清客	穿好反光背心、绝缘鞋，携带手持电台，佩带好呼吸器具及灭火器等准备进入区间灭火
		接到行车调度员接触轨已断电的通知，在做好自身安全防护的前提下，带领消防人员开始进行区间灭火或隧道消火栓灭火
值班站长	火势扑灭后恢复运营	火势扑灭后，与相关部门确认具备运营条件，向列车调度员汇报

表 8-7　火灾区间的列车还未到达起火区域时的应急处理程序

负责人	处理程序	具 体 内 容
值班站长	紧急停车	当接到行车调度员的命令，起火区间的列车反方向行车时，立即启动车站控制室内 IBP 盘上的紧急停车按钮
值班站长	准备进入区间并清客	通过 PA、PIS 向乘客发布暂缓进站的通知，关闭进站闸机，停止售票，建议换乘其他交通工具
站务员	在站台进行清客作业	当接到行车调度员命令后，在该列车到达站台时进行清客作业
	车站客流控制	根据现场情况，对车站进行客流控制

表8-8 火灾区间的列车到达起火区域无法移动时的应急处理程序

负责人	处理程序	具体内容
值班站长	紧急停车，准备进行区间疏散工作	如果区间有列车无法移动到达站台，根据行车调度员命令组织区间疏散，所有进入区间的人员佩戴好呼吸器、手持电台，穿好反光背心、绝缘鞋等防护用品
		立即起动车站控制室内IBP盘上的紧急停车按钮
		向值班站长请求人力支援
站务员	进行区间疏散作业	站台人员打开疏散站台门的端门
		在确定接触轨已断电、区间照明已开启后，带领消防人员立即前往现场灭火，同时与列车司机联系，组织列车乘客向车站疏散
		随时与值班站长和行车调度员密切联系，及时将事件最新进展情况向行车调度员汇报、
		到达现场后，与列车司机共同对列车上的乘客进行疏散
		到达现场后，负责岔口、洞口处指引乘客疏散工作，防止疏散方向错误
		在保证自身安全的情况下，确认乘客从列车上疏散完毕，跟随最后一名乘客疏散到站台，并确认无乘客遗留在区间
	视情况进行疏散	对区间疏散的乘客进行清点并报告事故处理负责人
		如有需要，根据行车调度员的指示对车站进行疏散

（6）列车在站台失火应急处理办法 列车司机或站务员必须迅速将下列详情通知值班站长或行车调度员，详情包括：列车的位置及列车编号、列车起火或冒烟的车卡编号、火势大小、是否有人受伤、是否有设备损毁等情况。

列车在车站发生火灾时，列车司机应迅速打开站台侧所有车门，使用车内灭火器进行扑救，对乘客进行广播疏散，配合车站工作人员的引导将乘客疏散到安全区域。具体应急处理程序见表8-9～表8-11。

表8-9 列车在站台失火的一般应急处理程序

负责人	处理程序	具体内容
列车司机或站台监控人员	确认火灾的真实性	向值班站长汇报：在站台停靠列车有起火、冒烟现象
值班站长		立即通过CCTV系统进行查看，确认现场情况
行车值班员	向行车调度员汇报	列车的位置、编号（车次）
		列车的起火位置或冒烟的车厢编号
		是否有伤亡情况（大概人数）
		火情的大小（冒烟、明火等）
		初步判断火灾性质
		设备毁损情况
	召唤紧急服务	通过行车调度员召唤紧急服务（地铁公安、119、120）

表 8-10　列车在站台失火火势可以控制时的应急处理程序

负责人	处理程序	具体内容
行车值班员	确认火警属实，按下紧急停车按钮	在车站控制室按下起火列车所在站线的紧急停车按钮
		设法阻止另一侧的列车驶进站台或使其尽快开车
行车值班员	监控、操作环控设备	监控环控系统的运行
		若设备不能正常运行，及时通知行车调度员
值班站长、站台岗员工		确认站台安全门是打开的
值班站长	进行清客作业	通知站务员对起火列车进行清客
站务员		对起火列车进行清客，对受伤乘客进行救助并维护现场秩序，阻止乘客接近火源
站务员、列车司机	扑救现场火势	就近取用灭火器扑灭列车火源
		站台岗员工扑灭火势后，向列车司机传达"一切妥当"手信号
值班站长	向行车调度员汇报火警处理结果	列车火势扑灭后，向行车调度员汇报列车清客程度、是否需要救援
		等待行车调度员的下一步指示
全体人员	做好乘客疏导工作	做好站内人潮控制工作，避免乘客受伤

表 8-11　列车在站台失火火势无法控制时的应急处理程序

负责人	处理程序	具体内容
值班站长站务员	对起火列车立即清客	协助列车司机打开车门，立即对起火列车进行清客作业
值班站长	车站紧急疏散	立即通过手持电台向所有人员下达本站紧急疏散命令
行车值班员		通过 PA、PIS 通知乘客进行疏散
值班站长		向控制中心请求人力支援
行车值班员		在车站控制室 IBP 盘上启动紧急模式，按压 AFC 紧急按钮，打开所有闸机扇门
站务员		引导乘客离开站台
票务岗位员工		接到紧急疏散的通知后，收好钱款和票卡，关闭客服中心电源，将应急疏散门打开，疏导乘客出站
站务员	阻止乘客进站	立即引导乘客从各出入口出站，并阻止乘客进站
	关闭车站	确保所有乘客安全离开后，关闭出入口并张贴"车站关闭"通告
值班站长	等待救援人员抵达现场	担任临时事故处理负责人
站务员		在指定出入口等待救援人员，并带他们到达事发地点
站务员值班站长		撤离后，检查站台、站厅是否还有乘客并将结果上报给事故处理负责人
值班站长	火灾扑灭后恢复运营	在火灾扑灭后，根据上级命令，同时根据列车、车站的毁损情况，经消防部门同意后全面或局部重新开站

（7）列车在区间失火应急处理办法　列车在区间发生火灾时，地下线路运行的列车应尽一切可能运行到前方车站，及时向行车调度员报告，请求前方车站协助；若无法运行到前

方车站，列车司机应立即向行车调度员报告并进行初期灭火扑救，同时将起火车厢的乘客疏散到其他车厢，确认灭火器不能抑制火灾时，请求行车调度员接触轨停电，就地疏散乘客。列车在隧道区间失火时的通风排烟及乘客疏散方案如下。

【方案1】列车中部着火且停在近前方车站

列车中部着火时，乘客应立即从列车的头部和尾部的疏散门疏散。隧道通风兼排烟系统按与列车运行一致的方向进行通风，列车前方的排烟风机进行排烟，远端的风机进行送风，如图8-18所示。

不同部位着火不同的逃生方式

图8-18　列车中部着火且停在近前方车站的通风排烟及旅客疏散方案

【方案2】列车中部着火且停在近后方车站

列车中部着火且停在近后方车站时（刚发车不久便发生火灾而被迫停车的情况），乘客应立即从列车的头部和尾部的疏散门疏散。隧道通风兼排烟系统按与列车运行相反的方向进行通风，列车后方的排烟风机进行排烟，前端的风机进行送风，如图8-19所示。

图8-19　列车中部着火且停在近后方车站的通风排烟及旅客疏散方案

【方案3】列车中部着火且停在区间中部

若列车中部着火且停在区间中部时，乘客应分别从车头、车尾两方向疏散，隧道通风兼排烟系统按与行车一致的方向送风，如图8-20所示。

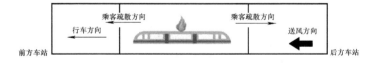

图8-20　列车中部着火且停在区间中部的通风排烟及旅客疏散方案

【方案4】列车头部着火且停在区间中部位置

当列车头部着火时，乘客应从车尾疏散，隧道通风按与列车运行一致的方向送风，如图8-21所示。

图8-21　列车头部着火且停在区间中部的通风排烟及旅客疏散方案

【方案 5】列车尾部着火且停在区间任意位置

当列车尾部着火时，乘客应从车头疏散，隧道通风按与列车运行相反的方向送风，如图 8-22 所示。

图 8-22　列车尾部着火且停在区间任意位置的通风排烟及旅客疏散方案

【方案 6】隧道内的一切情况均不清楚时

当不清楚列车着火的位置及列车停靠位置时，只能按与列车运行一致的方向进行送风。

当火灾发生时，如果是火灾列车滞留在区间隧道内时，事故区间两端车站邻近事发点的隧道通风兼排烟系统就将转入火灾运行模式，同时车站公共区间空调系统和空调水系统均应停止运行。当列车因故障（非火灾原因）或前方车站未发车而必须停在区间超过 4min 时，阻塞区间两端车站邻近事发点的隧道通风兼排烟系统就将转入阻塞运行模式。此种工况下会导致这两个车站中邻近事发点的半个车站的通风空调系统停止运行，但不会对整个地铁系统造成很大的不利影响。

> **小知识**
>
> 车站公共区间空调系统与隧道通风兼排烟系统合用的设备（包括风机、风阀等）需在短时间内根据不同的运行模式进行相互转换，实施起来有一定的难度。尤其是电动风阀，其电动执行器须选用工业专用类执行机构，才能长期保证其正常转换运行的可靠性。

列车在区间发生火灾，车站工作人员应急处理程序见表 8-12 ~ 表 8-14。

表 8-12　列车在区间火灾事故发生时的应急处理程序

负责人	处理程序	具体内容
行车值班员	接到行车调度员的通知，列车在区间起火，向行车调度员确认右侧详情	列车起火或冒烟的准确位置（区间、百公尺标）
		火势或烟的浓度
		区间是否有停留列车，能否继续安全运行
		疏散的大概人数
		估计起火的原因，火情的大小等（冒烟、明火等）
		是否有伤亡和设备损毁情况
	召唤紧急服务	通过行车调度员召唤紧急服务（地铁公安、119、120）；当无法与行车调度员取得联系时，则通过外线电话直接致电地铁公安、119、120

表 8-13　列车在区间火灾事故火势可以控制时的应急处理程序

负责人	处理程序	具体内容
行车值班员	监控、操作环控系统设备	监控环控系统的运行
		若设备不能正常运行，及时通知行车调度员，执行隧道起火模式
值班站长	准备进行清客作业	与行车调度员确认如果区间有列车运行，列车是否可以继续运行至车站，若可以，则做好到站列车的清站准备工作

（续）

负责人	处理程序	具体内容
值班站长、站务员	现场扑救火势并清客	立即到达站台，对到站起火列车进行扑救
		运行列车清客工作，对受伤乘客进行救助
站务员	做好乘客疏导工作	宣传乘客远离起火列车，维持站台秩序
		做好站内的人潮控制工作

表 8-14　车站区间火灾火势无法控制时的应急处理程序

负责人	处理程序	具体内容
值班站长	接到行车调度员指示：在区间协助列车司机紧急疏散	如果列车在区间无法继续前行，接到行车调度员指示，在区间协助列车司机进行紧急疏散
	与行车调度员确认下车安排	确定列车准确停车地点
		确定接触轨已停电
		进行疏散准备
行车值班员	监控环控系统的运行	提醒行车调度员相关运行模式是否运行
值班站长	做好车站紧急疏散准备工作	立即通过手台向所有人员下达车站紧急疏散命令
		在车站控制室起动 IBP 盘上的紧急停车按钮，按 AFC 紧急按钮，打开所有闸机扇门
		通过 PA、PIS 发布车站紧急疏散的信息
		向相邻车站的值班站长请求人力支援
站务员	进行区间疏散作业	若区间失火列车无法到达车站，根据行车调度员命令组织区间疏散
		所有进入区间人员应佩戴呼吸器，携带手持电台，穿好反光背心、绝缘鞋等防护用品
		站台人员打开疏散端安全门的端门
		在确定接触轨已断电，区间照明已开启后，立即前往现场
		与列车司机联系，组织乘客向车站疏散
		随时与值班站长和行车调度员保持密切联系，及时将事件进展情况向行车调度员汇报
		到达现场后，与列车司机协商对列车上的乘客进行疏散
		到达现场后，在岔口、洞口处指引乘客疏散，防止乘客走错方向
		在保证自身安全的情况下，确认乘客从列车上疏散完毕
		跟随最后一名乘客疏散到站台，并确认无乘客遗留在区间
	关闭车站	引导乘客离开站台
		票务岗位员工接到执行疏散的通知后，客服中心停止售票，进行票务处理
		确保所有乘客安全离开后，关闭出口并张贴"车站关闭"通告
值班站长	等待救援善后处理	担任临时事故处理负责人
站务员		在指定出入口等待救援人员，并带他们到达事发地点
		撤离后，检查站台、站厅是否还有乘客，并将结果报告事故处理负责人
值班站长		在火灾扑灭后，根据上级命令，同时根据列车、车站的毁损或火灾的情况，经消防部门同意后全面或局部重新开站

小知识

火灾会产生大量的烟、有毒气体、有毒物质和热辐射。地铁客流量大、设备集中，车站大都为地下车站，这给火灾的扑救带来了很大的难度，具体有如下3个方面的特性：

1）排烟困难、散热慢。根据国内外资料统计，因地铁火灾造成的人员伤亡，绝大多数是因烟雾中的有毒气体熏倒、中毒或窒息所致，所以，有效地排烟已成为地铁火灾救援的重要措施。因为地铁大都为地下车站，无法通过开启门窗进行散热和排烟。由于烟的迅速聚集，有限的人员出入口会变成"烟筒"，热烟运动方向与人员疏散方向一致，而通常烟的扩散速度比人群疏散速度快得多，致使乘客无法逃脱烟气流危害。

2）安全疏散困难。发生火灾时，各种可燃物质燃烧时会产生大量烟气和有毒气体（如一氧化碳、二氧化碳及其他有毒气体），不仅严重遮挡视线，使能见度大大降低，还会使人中毒、窒息。由于车站站内结构复杂多样，乘客疏散路径复杂，再加上乘客逃生意识差、人员拥挤等，使得地铁内火灾疏散变得更加困难。

3）扑救困难、危害大。如果在地下车站发生火灾后，只能看见浓烟从出口冒出，无法确切知道火灾究竟发生在哪一个区域，消防人员对火灾大小程度无法判断，再加上车站结构复杂，不易接近着火点，因此造成扑救困难。

情景案例

某日，一下行列车开出车站后，第一节车厢空调着火，有乘客受伤，行车调度员通知列车清客。值班站长带领员工携带备品迅速赶往事发现场，车站人员将5名受伤乘客安全护送到办公区休息，并一直陪同。车站报120并继续组织清客，并将车上乘客安全疏散到站台。车站人员安抚乘客情绪，注意监控，车站值班员做好广播工作，并通知进行退票的准备工作。车站根据行车调度员通知最近几站进行短环行车，地下车站关闭，车站张贴告示，打开专用通道，关闭所有自动售票机，进行乘客疏散，处理票务问题，与乘客做好解释工作，同时进行广播。120人员到达后，车站安排两名站务员携带10000元现金，随同120人员陪同乘客去医院就医，并拨打保险公司电话报险。

经验总结：事件发生后，值班站长及站务员清客迅速；对受伤乘客安抚工作较好，乘客满意，避免乘客认为工作人员对其漠不关心而引起投诉；宣布车站关闭后对乘客解释工作较好，疏散乘客较快；就医过程有专人陪同。

不足：未对受伤乘客及疏散清客时留存影像资料；由于安抚受伤乘客，值班站长没能及时建立事件控制组。

（六）可疑物品及恐怖袭击事件应急处理办法

城市轨道交通车站、列车范围内发现无主的可疑物品时，地铁工作人员应保持持续的敏感性，严格按照可疑物品处理预案执行，不可麻痹大意，延误处理时机，造成人身及财产的损害。

当地铁工作人员接到电话、书面或电子邮件等各种形式的恐吓信息时，应做好以下应急处理工作：

（1）接获恐吓信息　接获恐吓信息后，地铁员工应立即逐级向上级领导报告。有关岗位工作人员应立即向公安部门报告该恐吓事件，并通知受影响车站的值班站长、行车线上的列车司机及各紧急救援抢险部门。

（2）确认信息真实性　由公安部门确定恐吓信息的真实性，在车站进行不公开或公开的搜索行动。

1）不公开搜索，无须疏散乘客，由地铁员工和公安人员联合进行。

2）若公安部门已掌握相关信息，或确实已发现可疑物品时，须在车站进行公开搜索。搜索前须局部或完全疏散乘客，并由公安人员单独执行搜索行动。车站员工停留在安全的范围内，为搜索人员提供协助。

（3）实施搜索　车站接到恐吓信息后，不公开搜索程序。

1）值班站长安排停止所有清洁工作，依次搜索所有公众范围及所有非公众范围，及时将最新进展通知值班经理。

2）公安人员前往有关车站，参与搜索行动，与值班站长保持密切联系，了解搜索工作的最新进展。

3）若发现可疑物品或有毒气体，值班站长应立即封锁现场，决定局部或完全疏散车站，并立即通知值班经理。进行疏散前，必须先搜索所有疏散路线，确保疏散乘客的安全。

员工发现可疑物品后，应立刻向上级报告该物品的形态及准确位置，切勿触摸该物品，并留意周围形迹可疑的乘客，不得在可疑物品50m范围内使用手机、无线电对讲机等通信设备，设置警戒区域封锁物品的四周范围，疏散周围乘客。

4）若未发现可疑物品或有毒气体，值班站长应报告公安人员负责人，请示是否进行二次搜索。公安负责人向所有搜索人员询问搜索情况，将搜索结果上报上级公安部门。

（4）预防措施　搜索可疑物品时，必须采取以下预防措施：

1）在搜索过程中应只凭肉眼查看，切勿移动、摇动或干扰任何物品，留意是否有定时器或时钟运行的声音。

2）停止一切无线电的发送及接收，不得使用无线电手持电台及手机等通信设备。

3）切勿开关任何电灯及电气设备。

4）认真观察清楚后再打开门、窗、抽屉，不可随意接触任何物品。

　小知识

> 搜索过程中不应假定只有一件可疑物品，在疏散乘客的过程中，切勿在广播中提及炸弹或可疑物品，而应说系统和设备等发生故障，以免引起乘客恐慌。

（七）爆炸事件应急处理办法

地铁线路或列车发生爆炸事件时，有关单位、部门应按以下应急预案开展工作。

1. 列车司机

1）当列车在区间发生爆炸时，列车司机（视故障情况）应尽可能将列车运行至前方车站,实施抢险救援。

2)要立即穿戴好防护用品,迅速到达事发现场查明情况,向行车调度员及车站值班员报告。

3)列车迫停于车站时,列车司机应迅速打开站台侧所有车门。若列车因爆炸起火,要迅速使用车内灭火器进行扑救,并对乘客用标准用语进行广播宣传,通知乘客下车,按车站工作人员的引导或标识将乘客疏散到安全区域。

4)列车迫停于区间时,列车司机应立即要求停电,情况紧急时可采取强行停电措施;确认接触轨已停电后,打好止轮器,做好防溜措施,并对乘客用标准用语进行广播宣传,稳定乘客情绪。

5)根据行车调度员命令与救援抢险人员按区间疏导乘客的办法共同对乘客进行疏散抢救。

2. 车站工作人员

1)车站发生爆炸后,就近岗位站务员应迅速、准确地查明爆炸发生的时间、地点、涉及列车的车次、人员伤亡等情况,立即向行车值班员报告。

2)行车值班员接到站务员报告后,应立即向行车调度员、公安派出所报告,通知值班站长、站区长等各级领导。

3)值班站长应立即到达现场并在上级领导及公安人员未到达之前担任现场负责人,组织指挥现场处理工作。

① 指定专人保护现场,尽量搜集可疑人员、可疑物品等线索,挽留目击证人。

② 将事发地点周围的乘客疏导至安全地带。

③ 通知机电人员开启车站送、排风系统,加大通风量。

④ 部署全体在岗人员对车站采取临时封闭措施,疏导站内其他区域的乘客迅速出站,指定专人看守出入口大门,阻止其他乘客进站,同时保证上级领导、公安及抢险人员快速进入车站。

⑤ 若有人员伤亡时,将其转移至安全地带设置的候援区,及时通知急救中心,指派专人到指定出入口迎候救护车辆。

⑥ 利用各种广播设施做好宣传工作,稳定乘客情绪,引导站内其他区域的乘客迅速有序地疏散出站。

⑦ 其他各车站接到疏散乘客、封闭车站的命令后,应迅速组织车站工作人员,按照公司《突发事件应急处理办法》规定的乘客疏散工作预案,迅速组织乘客出站,疏散乘客任务完成后,关闭出入口并将情况报告行车调度员。

⑧ 待上级领导到达后,报告现场情况,移交指挥权。

3. 行车调度员

1)行车调度员接到报告后,应立即报告值班经理,并同时将后续列车留至爆炸区域以外的车站。

2)根据值班经理命令下达全线停运、疏散乘客命令,组织指挥全线列车迅速运行至车站站台疏散乘客。

① 若列车停于区间且前、后方车站均占用时,根据前、后方车站乘客疏散情况,将先完成疏散任务的列车调至区间待命,腾空车站,将停于区间的列车调至车站内疏散乘客。

② 若列车停于区间而前方车站有列车占用时，应使列车退回后方车站疏散乘客。

③ 若列车停于爆炸区域时，应使列车退行至未爆炸区域以外的车站疏散乘客。

4. 值班经理

1）值班经理接到行车调度员的报告后，应立即报告公司领导及市主管部门，通知公司所属各有关单位部门赶赴现场参加事故救援工作及乘客疏散工作。

2）通知有关单位，开、停通风、排水等设备，安装临时照明及临时通信设备。

3）根据公司领导指示，向行车调度员发布全线停运、疏散乘客的命令。

4）协调公交部门增加地面公交车运力运输乘客。

（八）不明气体袭击事件应急处理办法

当车站或列车上发生不明气体袭击，造成乘客群体性中毒时，应按下列应急预案开展工作。

1. 列车司机

1）对于在地下线路运行的列车，应尽可能运行到前方车站实施抢险救援；列车被迫停于区间时，要立即穿戴好防护用品，迅速到达事发现场查明情况，向行车调度员和车站值班员报告。使用标准用语对乘客进行广播宣传，通知乘客撤离毒气源所在车厢。立即要求停电，情况紧急时可采取强行停电措施。确认接触轨已停电后，打好止轮器，采取防溜措施，根据行车调度员命令与救援抢险人员共同对乘客进行疏散抢救。

2）列车迫停于车站时，应迅速打开站台侧所有车门，有条件时对可疑物进行遮盖，使用标准用语对乘客进行广播宣传，通知乘客下车，按车站工作人员的引导或标识将乘客疏散到安全区域。

3）列车在地面线区间运行时，要立即穿戴好防护用品，迅速到达事发现场查看情况并向行车调度员报告，并要求紧急停电（必要时可采取强行停电措施），同时采取措施，使用标准用语对乘客进行广播宣传，通知乘客撤离毒气源所在车厢。确认停电后，打开车门，疏散乘客，有条件时对可疑物进行遮盖。

2. 车站工作人员

1）车站发生不明气体袭击后，就近岗位站务员应迅速佩戴防护装备，迅速查明事件发生的时间、地点、涉及列车的车次、人员伤亡等情况，立即向行车值班员报告。

2）行车值班员接到站务员报告后，应立即向行车调度员、公安派出所报告，并通知站长、站区长等各级领导。

3）行车值班员应立即采取措施，防止其他列车进入车站。

4）行车值班员应立即通知机电人员启动防灾应急模式，关闭相关车站送、排风系统。

5）值班站长应立即到达现场并在上级领导及公安人员未到达之前担任现场负责人，组织指挥现场处理工作。

① 部署全体在岗人员迅速佩戴防护装备，对车站采取临时封闭措施，疏导站内其他区域的乘客迅速出站，指定专人看守出入口大门，阻止其他乘客进站，同时保证上级领导、公安及抢险人员快速进入车站。

② 指定专人保护现场，尽量搜集可疑人员、可疑物品等的线索，查找不明气体源头，有条件时对可疑物进行遮盖。

③ 利用各种广播设施做好宣传工作，稳定乘客情绪，引导站内其他区域的乘客迅速有序地疏散出站。

④ 若有人员伤亡时，将其转移至安全地带设置的候援区，及时通知急救中心，指派专人到指定出入口迎候救护车辆。

⑤ 车站所有参与处置工作的工作人员应在疏散乘客、封闭车站工作完毕后，迅速撤离车站，在指定的出入口外集合。

⑥ 待上级领导到达后，报告现场情况，移交指挥权，积极协助公安人员的调查工作。

6）其他车站接到疏散乘客、封闭车站的命令后，应迅速组织车站工作人员，按照公司《地铁突发事件应急处置办法》规定的乘客疏散工作预案，迅速组织乘客出站，疏散乘客任务完成后，关闭出入口并将情况报告行车调度员。

3. 行车调度员

行车调度员接到报告后，应立即报告值班经理，并同时将后续列车留至不明气体影响范围以外的车站，根据值班经理命令下达全线停运、疏散乘客命令，组织指挥全线列车迅速运行至车站疏散乘客。

1）若列车停于区间，而前方车站有列车占用时，应使列车退回后方车站疏散乘客。

2）若列车停于区间，而前、后方车站都有列车占用时，应根据前、后方车站在站列车乘客疏散情况，将先完成疏散任务的列车调至区间待命，腾空站线，将停于区间的列车调至车站内疏散乘客。

3）若列车停于受影响范围内区间时，应使列车退行至受影响范围以外的车站疏散乘客。

4. 值班经理

1）值班经理接到行车调度员的报告后，立即报告公司领导及市主管部门，通知公司所属各有关单位部门赶赴现场参加事故救援工作及乘客疏散工作。

2）根据公司领导指示，向行车调度员发布全线停运、疏散乘客的命令。向机电部门发布命令：关闭受影响车站的送、排风系统及相关区间的通风机。

3）协调公交集团增加地面公交车运力运输乘客。

（九）地铁内水灾的处理

若车站的排水系统、集水坑泵发生故障或遭遇特大降水，轨道会出现水淹的状况。如果积水或淤泥冲积至轨底的高度时，可能会导致信号系统故障、列车牵引发动机受损、牵引电流短路、列车因牵引发动机受损而滞留在两站之间等危急情况的出现。当给水管道破裂、地下车站和隧道进水等危及运营的情况发生时，车站有关岗位工作人员应及时按一定的程序进行处置，尽量避免或减小水灾对运营的影响。

1. 有关岗位作业处理流程

1）任何岗位工作人员一旦发现水灾发生，应立即报告值班站长以下情况：水灾发生的位置、流量、水源来自哪里，哪些设备可能会受到影响。

2）值班站长向行车调度员报告：本站发生水淹事故，本站受到影响的区域、是否影响乘降及受影响设备的情况。

3）值班站长携带防洪装备赶往事发位置，命令站务员和保洁人员前往水灾区域。

4）值班站长到达现场后评估情况，向行车调度员汇报水灾最新进展，视情况需要请求机电等部门人力支援。

5）站务员尝试用防洪板、沙袋或其他填充物阻断水源，或抑制流量，在周边用提示牌和警戒线布置禁行区。

6）车站值班员通过广播、乘客信息显示系统向乘客进行宣传解释。

7）若水灾可能导致车站设备出现危险或影响运营时，视情况需要封闭车站部分区域。

2. 机电抢险人员

1）对水灾地点及时采取断水、堵水措施，开启全部排水泵进行排水。

2）随时向值班站长和行车调度员报告水情。

3）按照抢险预案要求进行紧急处置。

3. 行车调度员

1）随时了解水情变化。必要时，通知电力调度接触轨停电。

2）组织具备运行条件的区段维持运营。

4. 列车司机

1）列车在运行中发现积水漫过道床排水沟时，如接触轨能正常供电，列车司机以能随时停车的速度运行，并及时将情况报告行车调度员或车站值班员。

2）因水灾造成路基塌陷、滑坡等危及行车安全时，应立即停车，将情况如实报告行车调度员，按其指示行车。

（十）地震应急处理办法

等级较强的地震会导致轨道交通车站邻近建筑物、车站建筑物的损毁及倒塌、轨道线路移位或严重扭曲、列车出轨、电力中断（车站、列车）等事故，从而引起沿线乘客的恐慌以及难以控制的地铁人潮，为应对这些严重后果，车站工作人员应严格执行地震应急处理办法。

1. 有关岗位作业处理流程

1）地震发生后，值班站长应立即向行车调度员汇报是否影响行车，是否有人员、设备、线路、车辆受损，是否需要召唤紧急服务（公安、急救、消防）。

2）一旦确定发生四级以上强度的地震，值班站长必须安排车站员工做好以下工作：①开启所有隧道灯；②检查所有系统是否运作正常，特别是供电、通信、信号及环境控制系统运作状况；③在确保自身安全的前提下，巡视车站建筑、设施，巡视出入口及站外情况，若发现有任何异常情况，立即通知值班站长。

3）值班站长接到车站巡视结果后，立即向行车调度员、故障报警中心报告设备、结构损毁的情况。

4）如果站台有列车停车，按照行车调度员指示立即对列车进行清客作业。

5）停止所有作业，察看是否有工作人员或乘客受伤。若发现有任何人员受伤，则立即展开救助工作。

6）如果发现建筑物损毁或阻塞，应立即疏散、封锁危险区域，安排人员驻守，制止他人接近。

7）如果地震强度较大，建筑物、设备设施损毁严重，则应立即执行车站紧急疏散程序。

2. 列车司机应急处理

地震发生后，列车司机应立即采取停车措施，打好止轮器防止溜车，并迅速查明周围情况，组织乘客自救、互救工作。行车调度员应立即通知电力调度全线接触轨停电，发布全线停运命令，采取一切手段了解人员、设备、设施损坏情况，迅速上报值班经理及公司领导。

（十一）恶劣天气应急处理办法

大风、雨雪等恶劣天气发生时，一方面会对线路、道岔等设备及地面行车带来不利影响，另一方面会引起车站客流的增加，车站工作人员应按照恶劣天气应急处理办法及时采取疏导、限流等措施，消除各种隐患，确保乘客的乘车安全。

1. 大风、沙尘天气的危害及应急处理办法

当地面线路列车遇雾、暴风、沙尘天气，瞭望困难时，列车司机应及时将情况报告车站行车值班员或行车调度员，必要时开启前照灯，适时鸣笛，适当降低列车速度。当看不清信号、道岔时，要停车确认，严禁臆测行车。列车进入车站时，列车司机要适时降低列车速度，确保对标停车。运行中严禁盲目抢点、臆测行车。

当风力超过 7 级时会对地面车站运营造成影响，接到控制中心（OCC）发布的有关恶劣天气的信息后，车站须检查悬挂物，以免脱落物砸伤乘客及员工；指派专人对站台上的可移动物品进行加固；督促保洁人员清理车站卫生；露天段车站做好停运、客流疏散准备；如果有其他异常，立即上报控制中心（OCC）。

2. 暴雨天应急处理办法

如遇突降暴雨（图 8-23），值班站长要立即组织有关人员到出入口等处查看降水情况，各岗位应加强巡视。地势较低的车站应立即放置防洪板、沙袋，防止雨水灌入车站。若遇雨水较大有可能发生倒灌事故时，应及时通知机电部门做好排水准备。若发现车站出入口水浸，应及时设置防洪设施，防止雨水涌入站内，及时向上级汇报。地下车站暴雨时一般处理流程如下：

1）工作人员加强车站出入口巡视，发现出入口外严重积水（一般当水漫至出入口外 3 级台阶时视为严重积水），立即报告行车调度及有关部门。

图 8-23　突降暴雨地铁出入口进水

2）站务员在各出入口铺设防滑垫，设置"小心地滑"警示牌或隔离带、防护栏等。组织保洁员工进行积水清扫，组织人员搬运沙袋，必要时设置防洪设施。

3）值班站长通过 BAS 查看雨水泵开启情况，如有异常，立即报修。

4）行车值班员通过 PA、PIS 向进站乘客宣传安全、防滑的注意事项。

5）值班站长要立即准备雨天设备故障、长时间无车等特殊情况下的应急对策；根据现场情况，适当调配人员；做好限流的准备，并及时挂出提示牌、张贴通告。

6）视情况停止该出入口自动扶梯运行；如有需要，协助关闭相应出入口；该出入口关闭后，引导乘客由别的出入口出站。

7）站务员加强巡视，确保车站出入口、站厅、站台的客流秩序。关注出入口客流情况，条件允许时可向出站乘客发放一次性雨衣、伞套，宣传疏导其快速出站，不要在出入口停留，以免产生客流聚集拥堵。

8）配合维修部门的排水工作。

9）水退后，协助撤除防淹设施，当出入口水浸得到彻底消除后，开启相应出入口，组织员工恢复正常工作。

露天段车站暴雨时应加强站台巡视，督促保洁员工做好地面清理工作。

3. 雪天的危害及应急处理办法

城市轨道交通运营线路出现大范围降雪时，钢轨冰冻会影响车辆的牵引制动，尖轨与基本轨无法紧密贴合，接触轨冰冻而无法与受流器接触造成机车无电，还会造成乘客摔伤等后果。值班站长应通知所有工作人员，通报恶劣天气的相关情况，做好雪天应急处置工作。

1）站务员在出入口、楼梯口铺设防滑垫和提示牌，同时组织人力及时清扫出入口积雪。

2）值班站长通知保洁人员注意出入口、楼梯口等区域的卫生状况。

3）站务员在客流量较大的出入口疏导乘客进、出站。

4）行车值班员通过 PA、PIS 向进站乘客宣传安全、防滑的注意事项。

5）行车值班员通过 CCTV 系统（城市轨道视频监控系统）密切关注进出站的客流变化，并随时向值班站长汇报。

6）值班站长要随时掌握运营现场和天气情况，并随时做好延长运营时间的准备工作。

7）地面线路有道岔的车站，应做好道岔的清扫及融雪工作。

列车司机在运行中遇大雪、霜冻等恶劣天气时，应及时向行车调度员报告，并采取相应措施。运行中要严格控制列车速度，制动时要适当延长制动距离，制动力要尽量小，防止滑行，视其速度根据情况追加或缓解，确保对标停车。

（十二）乘客触发报警或紧急停车按钮的应急处理办法

1. 触发车厢内乘客报警按钮的紧急处理办法

地铁车厢内一般设置乘客报警按钮（图 8-24）。地铁车厢内的紧急报警按钮可在发生紧急情况或突发事件时，帮助乘客通过车厢内紧急报警按钮向列车司机报警。该装置平均分布在车厢两侧车门旁，任意相对的两个车门中，都会有一个车门旁安装有乘客紧急报警按钮。

（1）列车停站时触发报警按钮 若列车停在站台还未启动时，乘客触发了车内报警按钮，站台岗值班人员应按以下程序处理：

1）接到车内乘客报警按钮被触发的信息，立即赶往事发现场并核实：报警启动的原因、启动报警按钮的车次或车门，请示值班站长是否需要列车退行。

2）使用车内乘客报警按钮扬声器与列车司机沟通，寻找启动报警按钮的原因，进行乘客救援工作。

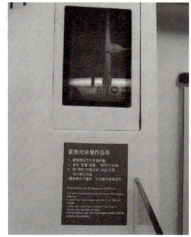

图 8-24 列车报警按钮

3）确定情况稳定后，车站员工必须将车内报警按钮复位，离开列车，向列车司机传达"一切妥当"手信号。

4）行车调度员通知列车司机，车站已将车内报警按钮复位。

5）站台岗员工在日志中详细记录该次事件发生的时间、原因、被启动的报警按钮的编号及事件处理经过。

（2）列车运行中触发报警按钮　列车运行中，乘客紧急报警按钮只有在乘客出现紧急情况或突发事件时，如车厢内遇到火灾、车厢犯罪、晕厥等身体极度不适需要叫救护车或遇到各种可能危害人身安全的情况下才允许被操作，没有特别紧急的情况时禁止使用。乘客按动此报警按钮时，按照面板提示操作便可与列车司机直接通话，从而让列车司机及有关方面采取及时、正确的应对措施。

列车运行中乘客触发报警按钮时，列车在离站150m（某地铁列车数据）以内时，将紧急制动并需要倒回原车站，站务员进行解锁后列车才能行驶；列车离站超过150m时，紧急制动系统将启动，但列车不会立即停止，到达下一站后需要由站务员启动解锁，列车才可正常行驶。

2. 触发站台紧急停车按钮的应急处理办法

站台紧急停车按钮一般设置在站台墙壁上或站台监察亭，靠近列车车头、车尾两侧，车站控制室后备盘（IBP盘）上一般也设有紧急停车按钮，可实现紧急情况下对列车的控制。在紧急情况下，可通过按压站台任一位置的紧急停车按钮，或者扳动车站控制室IBP盘（或站台监察亭IBP盘）上的紧急停车开关，禁止列车自区间进入车站，禁止已停在车站的列车出发进入区间，对于已启动而尚未完全离开车站的列车应实施紧急制动停车，实现车站封锁的功能。

各地铁公司车站的紧急停车按钮外观有所不同，如图8-25所示为某地铁车站紧急停车按钮，其外有红色的四方小盒子，上锁，按钮为红色，上方有"紧急停车按钮"的字样标识。当车门、站台门夹人夹物、有人或大件物品掉落轨道时，可按动站台紧急停车按钮阻止列车开行，防止事故发生或扩大。使用时，击碎中间玻璃按压按钮即可，该设备涉及行车安全，非紧急情况下严禁使用，否则按章处罚。

站台上、下行每侧各有两个紧急停车按钮，如车站为岛式站台，则本侧紧急停车按钮仅对相应侧的线路实行车站封锁。如果是侧式站台，则对上、下行线路实行车站封锁。

图8-25　某地铁车站紧急停车按钮

紧急停车按钮为非自复式按钮，使用钥匙使其复位。设置红色指示灯，当按下紧急停车按钮后，该按钮的指示灯亮，车站控制室IBP盘和站台监察亭内对应站台的指示灯也同时亮，表示该紧急停车按钮被激活。

如设有站台监察亭，在站台监察亭内对应每侧站台设置1个紧急停车开关，并有指示灯。当发现紧急情况需紧急停车时，扳动紧急停车开关至"急停"位置，IBP盘上对应站台的指示灯和站台监察亭内的对应站台的指示灯同时亮，表示该紧急停车按钮被激活。

当站台发生紧急情况，需列车紧急停车时，车站工作人员应按以下程序处理：

1）站台岗员工或乘客按下站台上的紧急停车按钮。

2）对应的紧急停车按钮指示灯亮，车站控制室和站台监察亭 IBP 盘上对应站台的指示灯亮，车站 ATS 工作站和控制中心（OCC）调度员工作站对应区域显示紧急停车，显示报警信号。

3）车站值班员扳动车站控制室 IBP 盘上的紧急停车开关至"急停"位置。

4）站台岗员工赶往事发地点，采取适当的措施处理该事件，并保持站台、车站控制室、OCC 联系畅通，必要时请求协助。

5）在确定处理完情况后，站台岗员工用钥匙复位被激活的紧急停车按钮，并通知车站值班员，处理完毕后给列车司机传达"一切妥当"手信号。

6）车站值班员扳动车站控制室 IBP 盘上对应的紧急停车开关至"复位"位置。

7）车站值班员复位 ATS 工作站上的事件，使 ATC 系统复位，并记录该次事件的时间、紧急停车按钮启动的原因及事件处理经过。

（十三）突发事件客流组织服务

突发事件是指在没有任何征兆的情况下，在城市轨道交通车站内、列车上或其他设备设施内突然发生的危及人身安全的事件，如自然灾害地震、人为因素爆炸、设备故障火灾等。突发事件发生时，在车站内或列车上的客流均称为突发事件客流。各车站应根据本站具体情况建立切实可行的突发事件客流组织预案，合理组织安排各岗位和地点的具体工作，迅速疏散客流，避免意外发生、扩大和蔓延。

当发生突发事件时，车站可根据实际情况采用不同的客流组织办法对乘客进行疏导，主要有疏散、清客、隔离 3 种办法。

1. 疏散

疏散是指在紧急情况下，利用一切通道和出口迅速将乘客从危险区域全部转移到安全区域，包括车站疏散和隧道疏散。

（1）车站疏散组织办法　车站可因火警、列车事故、炸弹恐吓、气体泄漏、水淹等多种原因而进行紧急疏散。车站疏散需要各个岗位密切高效配合，争取在最短的时间内尽快疏散客流。对于城市轨道运营单位而言，这种疏散办法应定期进行现场模拟演练，让每个岗位工作人员充分锻炼才能有效地保证在真正的突发事件来临时做到井然有序地疏散。虽然各个车站情况不同，但大体组织相似，因此可作模拟演练。各岗位组织作业具体内容及顺序如下。

1）值班站长组织工作（表 8-15）。

表 8-15　值班站长疏散组织工作

步骤	作业要点	具体内容
1	确定事故的种类及地点	1）通过 CCTV 系统查看事故现场 2）派站务员前往现场，调查事故原因 3）上报行车调度员及通知所有车站员工 4）确定是否执行紧急疏散程序

(续)

步骤	作业要点	具体内容	
2	指挥抢险，进行疏散	1）通过 PA/PIS 宣布疏散车站（注意：避免引起乘客恐慌） 2）在上级领导未到达前担任现场指挥 3）如果乘客被困站台，要求行车调度员安排一列空车前往站台，安排人员安抚和维持站台秩序，组织全部乘客上车后，指示站台保安向列车司机传达"好了"信号后，登乘驾驶室离开 4）通知车站内其他人员，如承包人、施工人员、商铺租户等离开车站并前往集合地点报到 5）命令车站员工执行车站紧急疏散计划，组织乘客撤离车站	
		6）视情况需要	①要求行车调度员致电 119、110、120 等召唤紧急服务
			②如果需要救援人员支持，安排一名站务员到紧急出入口引导救援人员进站
			③要求行车调度员不要放车进站
		7）若车站内有火警或冒烟而须做出紧急通风安排，则要取得环境系统控制权，并操作环境系统控制设备	
3	指挥撤离	1）疏散完毕后，检查是否还有乘客滞留，安排员工关闭车站出入口 2）如果灾害危及车站员工安全，组织员工到紧急出入口集合	
4	恢复运营	1）当事故处理完毕后，确认线路出清 2）上报行车调度员，得到确认后恢复正常运行 3）通过 PA 系统通知乘客服务恢复正常	

2）行车值班员工作内容：

① 报告行车调度员（报告行车调度员以下内容：疏散原因、是否影响列车运行、是否需要支援）。

② 视情况需要致电 119、120，请求支援。

③ 通知地铁公安到场维持秩序。

④ 需要时，开启相应环控模式。

⑤ 按动 AFC 紧急按钮，使闸机为常开状态，并将 TVM 和 AVM 设为暂停服务。

⑥ 通过乘客信息显示系统发布疏散信息；通过广播通知银行、商铺工作人员和乘客疏散（注意尽量不要引起乘客恐慌）。

⑦ 向站长通报有关情况。

⑧ 当留在车控室有危险时，应到安全地点集中。

3）其他工作人员的工作内容：

① 客运值班员协助伤者离开危险区域或指引乘客疏散。

② 厅巡负责打开员工通道和协助客运值班员，视情况关停相关扶梯。

③ 站厅保安到站台疏散乘客。

④ 站台保安将站台乘客往站厅疏散；安排列车接载站台乘客疏散时，乘客及车站其他在站台疏散人员上车完毕后向列车司机传达"好了"信号，并进入驾驶室。

⑤ 售票员到楼梯、扶梯口维持秩序，需要时其中一人应到紧急出入口接应外部支援人员。

（2）隧道疏散组织办法

1）车站值班站长担任临时应急负责人。

2）接到行车调度员或列车司机列车需要隧道疏散的通知。

3）通知各岗位员工执行车站疏散程序，指定客运值班员负责组织指挥疏散车站乘客。

4）开启隧道灯，需要时开动隧道风机进行排烟（或由环控调度员开启）。

5）带领站务员或站台保安，穿好装备，到隧道疏散现场负责引导乘客往车站疏散。

6）疏散完毕后，确认乘客疏散完毕和线路出清后，报告行车调度员，关闭车站。

7）消防人员到车站后告知有关情况，带领员工参加应急处理救援工作。

2. 清客

清客是指当车站或列车出现异常时，需要将乘客从某一区域全部转移到另一区域，包括车站清客和列车清客。

（1）车站清客组织工作　车站清客组织工作如下。

1）值班站长工作内容见表8-16。

表8-16　值班站长清客组织工作

步骤	作业要点	具体内容
1	与行车调度员确定清客适宜	1) ATS 控制台显示所有被停止的列车的正确位置 2) 清客的位置，在列车的哪一端清客 3) 牵引电流已关闭，安全保护措施已做好
2	接管环控系统操作权	视情况需要，关掉鼓风扇，亮起隧道灯
3	安排车站员工执行隧道清客程序	1) 指派1名车站员工负责执行清客程序 2) 至少再派1名员工陪同其前往列车现场 根据情况需要，加派员工前往： 1) 任何有潜在危险的位置，提醒乘客注意安全 2) 在清客范围内协助引领乘客 3) 引导离开车厢的乘客经站台两端的楼梯前往车站
4	清客结束后，向行车调度员报告	向执行清客程序的车站员工确认：所有员工和乘客已离开轨道
5	安排车站员工进行轨道巡查	1) 接到行车调度员通知：要求进行轨道巡查 2) 安排两名车站员工步行前往下一个车站，确定该区间畅通无阻 3) 每确定一段指定轨道畅通无阻后，向行车调度员汇报
6	恢复列车正常运作	接到行车调度员通知后，恢复正常运作

2）行车值班员工作内容：
① 通知各岗位员工车站停止服务，执行清客程序。
② 通知地铁公安到现场维持秩序。
③ 做好乘客广播工作。
④ 按动 AFC 紧急按钮，使闸机为常开，将 TVM 和 AVM 设为暂停服务。
⑤ 通过乘客信息显示系统发布车站停止服务信息。
⑥ 关站后，执行节电照明模式。
3）客运值班员工作内容：
① 引导乘客办理退票或出站。
② 根据需要为售票员配备零钞。
③ 统计退票数量，并将回收单程票封好上交票务室。
4）其他工作人员的工作内容见表 8-17。

表 8-17 车站员工清客组织工作

步骤	作业要点	具体内容
1	前往清客现场	1）带上手提灯、无线电对讲机等应急品 2）确保隧道灯已亮起，牵引电流已关断，保护措施已做好
2	抵达现场开始清客	1）至少两名车站员工共同前往列车现场，抵达现场后立即开始清客 2）指示同行的车站员工：带领乘客前往指定车站，引领乘客使用站台两端的楼梯，以加快疏散速度 3）协助列车司机清客 4）乘客中若有伤残人士，安排车站员工或自愿协助的乘客陪同 5）确定车上乘客已全部撤离后，收回逃生踏板
3	返回车站，沿途巡查轨道	1）沿途巡视轨道，确保轨道上没有遗留乘客或障碍物，安全保护措施已拆除 2）抵达车站后，向值班站长报到

（2）列车清客组织工作 列车清客组织工作如下：
1）值班站长工作内容：
① 组织站台保安和厅巡在规定时间内完成对列车上乘客的清客工作。
② 清客完毕后及时通知车控室，指示站台保安传达"好了"信号发车。
③ 引导部分乘客退票，组织和引导部分乘客在同站台或另一站台等候下一趟列车，做好候车乘客的解释和安抚工作。
④ 将情况向站长汇报，并作好详细记录。
2）行车值班员工作内容：
① 接到列车清客命令后，立即通知值班站长、厅巡和站台保安执行清客程序。
② 通知地铁公安到现场维持秩序。
③ 做好乘客广播工作。
④ 通过乘客信息显示系统发布相关服务信息。
⑤ 及时将清客完毕时间汇报给行车调度员。
3）其他工作人员的工作内容：
① 厅巡和站台保安在规定时间内完成对列车上乘客的清客工作。

② 厅巡和站台保安引导乘客退票或在同站台或另一站台等候下一趟列车。
③ 售票员负责办理退票。
④ 站台保安负责维持秩序。

（3）列车火警单端清客至轨道时的作业　列车火警单端清客至轨道时，行车调度员及值班站长作业内容见表 8-18 和表 8-19。

表 8-18　列车火警单端清客至轨道——行车调度员作业表

步骤	作业要点	具 体 内 容
1	阻截列车进入火警范围	1）阻截任何其他列车进入受影响的轨道范围 2）停止以下轨道上的所有行车：事发列车所在轨道相邻的轨道，乘客离开车厢后可能途径的轨道
2	与列车司机沟通清客事宜	1）确定清客方向 2）向列车司机证实轨道安全，可以开始清客
3	通知环控调度员，作好防护安排	1）关闭牵引电流 2）确定导烟的方向 3）执行相关火灾模式
4	命令受影响区域的值班站长执行清客程序	1）打开隧道灯，关掉鼓风扇，采取相关保护措施 2）向有关的值班站长查证：停止列车的正确位置，指示其在何处清客，在列车哪一端清客
5	召唤紧急服务	召唤 119、110、120 等紧急服务支持
6	下达清客命令	通知受影响列车的司机开始清客
7	进行导烟、排烟工作	联络需要导烟的车站，指示其值班站长 1）打开隧道灯 2）监视环控系统的操作状况
8		联络需要排烟的车站，指示其值班站长 1）打开隧道灯 2）做好准备，一旦浓烟进入站台范围，立即疏散车站内人员
9	维持受影响范围内的列车运作	最大限度维持与受影响轨道相邻隧道内的行车

表 8-19　列车火警单端清客至轨道——值班站长作业表

步骤	作业要点
1	按情况需要，打开隧道灯
2	1）烟雾若冲入站台范围，疏散车站 2）烟雾未冲入站台范围，派人到区间协助清客，引领乘客到站台
3	紧密监视环控系统的操作

3. 隔离

隔离是指采用某种方式或设备人为地隔开人群或封闭某个区域。根据造成隔离的原因，隔离的组织方法分为：

（1）非接触纠纷隔离　当乘客发生口头纠纷时，离现场最近的工作人员要立即上前调解，必要时要把乘客纠纷双方分别带到人少的地方（或带到车站会议室），进行劝说和调解。如果有其他乘客围观，应及时劝离现场，维持好车站正常秩序。

（2）接触式纠纷隔离　当乘客发生肢体冲突时，离现场最近的工作人员要立即赶到现场，与车站保安人员一起把冲突双方隔开，并通知地铁公安到场。车站控制室通知值班站长赶到现场处理，将肇事双方移交地铁公安处理。车站要及时疏散围观的其他乘客，并寻找目击证人填写事件记录。

（3）客流流线隔离　当车站某一端排队购票队伍与进、出客流发生交叉干扰时，车站工作人员可以利用伸缩铁围栏、隔离带、铁马等设备和器具人为地隔开人群，保持进、出客流畅通，并利用手提广播引导一部分乘客到人少一端购票进站，避免乘客排长队的现象。

（4）疫情隔离　车站发现有恶性传染疫情时，必须采取隔离组织办法，关闭各出入口，列车不停站通过，对与疑似人员有过密切接触过的物品、人员进行消毒、隔离，在未经防疫部门的许可时不能离开车站。

四、客伤事件处理

（一）列车车门/站台门夹人夹物的处理

为防止列车车门/站台门夹人夹物，列车车门处贴有安全提醒标识，如图 8-26 所示。

当乘客在车站内发生伤害（如被车门夹伤、在扶梯处摔倒）等情况时首先应做到：

1）安抚乘客情绪，了解伤害状况，对伤口进行简单的消毒处理。

2）当乘客提出要去医疗机构检查的要求时，应按照地铁相应规定进行处置，必要时让工作人员同乘客一起去医疗机构就诊。

3）在处理乘客伤害过程中，切忌推诿或拒绝其就医要求。对未受到伤害的乘客，要耐心地向乘客解释，讲明公司的规定，必要时，向上级报告，求得解决办法。

有关岗位作业如下。

1. 站台保安

1）发现列车车门/站台门夹人夹物时，按动紧急停车按钮，向列车司机传达"停车"手信号。

2）立即报告车控室和值班站长，并赶赴现场查看有关情况。

3）示意列车司机重新打开车门/站台门，通知不到时，报告车控室。

4）将人或物撤出后，向车控室报告，并向列车司机传达"好了"信号。

5）值班站长到场后，协助调查处理。

2. 行车值班员

1）接到报告后，向行车调度员汇报。

图 8-26　列车安全提醒标识

2）利用有关设备观察现场情况。
3）需要时，通知地铁公安到场协助。
4）接到人或物撤出信息后，取消紧停，恢复正常运作。

3. 值班站长

1）赶赴现场，调查事件原因。
2）如果发生客伤事故，按客伤处理程序办理。
3）如果是乘客抢上抢下造成的客伤事件，寻找目击证人，并记录详细资料。
4）事件处理完毕后，将有关情况通报行车调度员。

4. 列车司机

1）接到报告或观察到夹人、夹物后，应重新打开车门和站台门。
2）接到站台保安"好了"信号后关门动车。

5. 行车调度员

1）接到报告后，通知列车司机重新将车门和站台门打开。
2）事件处理完毕后，了解有关情况并向相关人员通报。

（二）轻微客伤的处理

轻微客伤是指在地铁范围内发生的地铁外部人员及非在岗作业的地铁员工发生的不需送往医院抢救、检查和治疗，可在现场简单包扎处理的轻微伤害。

轻微客伤现场处理流程：

1）车站现场工作人员发现或接到受伤乘客求救时，须立即汇报当班值班站长（或站长），并疏散围观群众，安抚和救助受伤乘客，保护事故现场，寻找目击证人，劝留证人或留下证人联系方式。当班值班站长（或站长）担任临时应急处理负责人，应立即安排其他员工携带急救医药箱赶赴现场。

2）值班站长（或站长）在对伤者进行必要的现场急救的同时，应尽量对现场进行取证，询问当事人、证人了解事情经过，填写有关调查表，并由当事人、证人签字确认。如果有必要，可采取录音、拍照、录像等方式进行记录。

3）若伤者伤势较轻可以行走，可陪护伤者到车站会议室休息安抚或包扎上药。若伤者需要，可协助拨打120急救电话。

4）若初步判断乘客受伤属于地铁责任时，车站应立即向有关部门、单位报告。伤者提出要求去医院检查时，车站可安排车站员工陪同伤者前往医院，伤者在医院发生的费用，经请示同意后，由车站在有关处理经费中垫付（费用较小时车站可自主支付）。伤者提出索赔时，车站应配合相关部门人员与当事人协商处理。

（三）客伤的处理

客伤是指在地铁范围内发生的地铁外部人员及非在岗作业的地铁员工发生的人身伤害及伤亡事件的总称。

1. 乘客人身伤害范围

1）乘客自验票进入闸机时起至出闸机时止，对运输期间发生的乘客人身伤害，地铁承担运输责任，包括（但不仅限于）以下情况：

① 地铁设备设施损坏未及时修复且未设置警示、防护造成的。
② 地铁施工作业造成的。

③ 列车紧急制动造成的。

④ 地铁范围内的垂直电梯、自动扶梯突然停止运行或起动造成的（图 8-27）。

⑤ 站台门、车门夹人造成的（属乘客强行上、下列车的情况除外）。

⑥ 地铁设备设施（垂直电梯、自动扶梯、站台门、车门、闸机等）发生故障造成的。

⑦ 车站或列车内湿滑未及时清理或设置防护警示造成的（因不可抗力造成的除外）。

⑧ 闸机夹人造成的（乘客强行出闸机、无票尾随出闸机等情况除外）。

图 8-27　某地铁车站自动扶梯突然故障乘客摔倒

2）其他非乘客自身责任在付费区内造成的：

① 无票人员在地铁付费区内发生的人身伤亡，比照乘客办理。

② 无票人员（包括已购票但未验票入闸的人员）在地铁非付费区内发生的人身伤亡，因地铁设备设施或管理所致的，比照乘客办理；因其自身原因所致的，原则上不予承担责任。

3）有下列情形之一造成的乘客人身伤害，地铁不承担运输责任：

① 乘客违反"地铁运营管理办法"而造成的乘客本人或他人伤害。

② 不可抗力造成的乘客人身伤害。

③ 乘客自身健康原因造成的乘客本人或他人伤害。

④ 能证明是乘客故意、重大过失造成的乘客本人或他人伤害。

⑤ 因第三者责任（包括斗殴或制止斗殴）造成乘客人身伤害时，受害者直接向施害的第三者索赔，地铁公司原则上不予承担责任。

⑥ 利用地铁站通道穿行或在车站逗留、休息等无票人员因自身原因造成的伤亡，地铁车站只提供基本援助（如致电 120 等），原则上不予承担责任。

2. 客伤事件处理原则

1）车站在处理客伤事件时要以维护地铁公司形象、保护地铁公司最大利益为原则，以人为本，给予乘客以必要的帮助。

2）车站在处理客伤事件时要第一时间进行取证，尽可能得到旁证及当事人签字确认。以事实为依据，客观记录，充分留下原始资料。

3）及时将（前期）处理结果报告相关部门，以备后续处理。

3. 客伤处理过程

（1）一般处理流程

1）车站接报或发现乘客发生客伤后，应第一时间派人赶到现场，了解情况，掌握乘客发生客伤的原因并及时做好记录。

2）视伤（病）者的情况，询问伤（病）者是否需车站协助致电 120 急救中心，征得同意后帮助伤（病）者致电 120。如果伤（病）者伤（病）势很严重，不及时救护可能会有生命危险，车站应及时致电 120 急救中心，同时车站需致电行车调度员、车站站长及运营单位客伤主管部门。

3）寻找目击证人并设法留下其联系资料，对现场进行拍照，必要时对有关区域进行隔离。

4）询问伤（病）者家人联系电话，设法联系其家人尽快来车站。

5）伤（病）者家人到站后，由其家人将其接走。如果车站已致电 120 急救中心，救护人员到达后，车站协助将伤（病）者送至救护车上。

6）如果乘客认为是车站原因导致其受伤，要求车站派人陪同其去医院时，车站人员应先请示站长及运营单位客伤主管部门获允许。

（2）有关岗位作业　一般是站务员或巡视岗在值班站长或值班员的安排下：

1）现场发现乘客客伤后立即报告车控室，或接值班站长通知后赶赴现场，了解伤（病）者情况及初步原因。

2）如果是因地铁设备造成事故，应停止该设备运作（影响列车运行的设备除外），并报告车控室。

3）疏散围观乘客并寻找目击证人，收集有关资料，记录证人有关资料，以便协助调查。

4）需要时，协助对乘客外伤进行简单的包扎处理。

5）如果调查需要，应保护好现场，协助设置隔离带，并拍照记录现场有关情况。

6）必要时，根据值班站长安排，到紧急出入口引导急救中心人员进站。

7）必要时，协助进行事故调查。

4. 伤亡紧急处理经费管理

1）为保证乘客出现伤亡时的及时抢救和快速处理，地铁公司应设置乘客伤亡紧急处理经费。

2）各站所配经费由车站站长负责处置，值班站长保管，并遵照公司规定管理。

5. 车站客伤处理的注意事项

（1）接待　接待时应做到真诚热情，了解客伤程度，适时安抚；充分理解乘客心情，语言温和，做好安抚解释。是否需治疗应根据本人要求，原则是先治疗，费用由乘客支付，待乘客治疗痊愈后，再根据实情本着实事求是的原则由双方协商解决。

（2）了解

1）耐心听取自述：事发时间、地点（计费区内或外，有票或无票）、原因、现场处理。

2）实地了解：事发地点、现场工作人员掌握情况、现场初始处理状况。

如现场已无法调查、取证，应根据伤害的现象及程度证实情况。做好记录，汇报分公司调度。

（3）取证　乘客本人笔录材料，现场工作人员笔录材料，车站调查笔录材料。

注意：①要求本人提供材料时，应观察伤害程度掌握在治疗前或后作笔录，避免耽误时间影响治疗；②如果乘客不能自写时，由车站站长代笔书写，乘客亲笔签字。

（4）责任分析　根据取证材料进行责任分析，一般责任分地铁、本人和其他 3 类。

1）地铁。设备设施损坏、坠落、地面污物及障碍物影响行走，未按有关管理条例进行解释和宣传工作，包括车站所具备的各类防范措施，如：乘客须知、警示牌、警示标识，车站及车厢内广播。设备故障引起的属服务职责范围。

2）本人。身体及精神状况不良等引起的摔倒，在运营过程中未遵守乘客须知以及在无异常情况下自己不慎所致。

3）其他。乘客拥挤受他人侵害，地面车站及出入口因雨雪天造成滑倒等。

(5) 善后处理

1）了解乘客治疗过程，要求乘客提供医疗部门诊断的病史卡及单据、拍片资料，目前伤愈状况（无须再治疗）。

2）查看审核病史卡与单据，证实病史与治疗过程，记载与乘客反映是否相应。审核单据凭证姓名与本人是否相符，单据与病史卡记载的治疗日期相符，用药是否合理恰当，统计金额，核对大小写。

3）本着通过与乘客协商解决问题的态度与乘客分析，对不同的情况在协商的同时区别对待。听取乘客提供的处理要求，有根有据。根据事发的性质掌握应归入哪一类责任，了解乘客的具体状况（在职、经济、户口所在地、医保）。有针对性地提出处理意见与乘客协商，取得相互谅解，达成共识。

4）签订协议，基本内容有：

① 甲方为地铁运营公司，乙方为事发当事人或委托代理人。

② 概况：发生的年、月、日时间，乘客姓名，事情的真实过程，医疗部门的诊断、治疗过程。

③ 协议内容：发生原因，性质，考虑因素，双方协商结果，最终处理，甲、乙双方签字。

④ 填写领款书：金额栏须正规填写，由甲方经办人与乙方领款人签字，注明日期。

注意：避免谈论有关地铁内部责任归属问题，不讲有损地铁形象的话，要有地铁"一盘棋"的意识，了解掌握医保政策，统计治疗费用应根据付费项目确定实际支付金额。收取经统计的全部有价凭证及医疗部门诊断的有关凭证。协商未成有分歧意见时，可以再次协商，或采取缩小分歧距离的方法。考虑城市轨道公司声誉不宜激化矛盾扩大事态。

5）汇总资料：

① 当事人自写或代笔材料（当事人签字）。

② 车站调查证实情况材料。

③ 医院诊疗费专用收据联，必要时附拍片结论书。

④ 客伤处理单。

⑤ 事故处理协议书及领款书。

⑥ 当事人身份证复印件，如委托代理需另附代理人身份证复印件。

6. 客伤案例

(1) 事件概述　一名男性乘客在某站上行站台近头端墙处落入轨道，车站人员及乘客将其抬至站台，经初诊为左手腕处骨折错位，处置过程中发现乘客为盲人，乘客称仍有其他事需办理，站务员将其送往中山门站交予其亲友后离开车站。

(2) 处理过程

1）1月12日，一名男子乘客在某站持残疾人证（盲人证）要求进站乘车，站务员在核实其证件后放行，并询问乘客是否需要帮助其上站台乘车。此时乘客未携带任何导盲器具，并拒绝了站务员的帮助，自行前往上行站台乘车。

2）乘客到达站台后因自身视力问题在上行站台近头端墙处落入轨道。

3）车站人员发现后，及时按下紧急停车按钮，并在乘客的配合下将其抬至站台。

4）车站人员陪同乘客至本地第五人民医院就医，经诊断为左手腕骨折错位，就医及交通共产生费用合计 830 元。

5）乘客返回车站后称其还有急事需要办理，不同意签署事件完结书，要求离开车站。

6）值班站长安排站务员将乘客送至另一车站交予其亲友。

7）后乘客经再次诊断为左手腕多处骨折，胸肋骨多处骨折，经约 1 年的治疗逐步康复，最终经伤者本人、公司代表、保险公司代表、城市轨道派出所民警多方协商给予伤者一次性赔偿 3 万元，此事件共计发生费用 4.8 万元。

（3）总结分析

1）站务员发现乘客为残疾人后主动提出帮助询问，有一定的乘客安全意识。

2）发现乘客落轨后岗位工作人员按照应急处置办法给予了及时处置，未对双向行车造成影响。

3）车站人员在乘客拒绝帮助请求后未继续留意残疾人乘车，导致该客伤事故发生，应引起反思。应充分了解残疾人乘客拒绝帮助的心理，通过正常的工作联络每个环节的工作人员，尤其是没有设站台门的站台，工作人员应随时留意。通过监控可以实时进行监控，预防事故的发生。

情景训练

安全设备、设施理论知识的学习主要通过授课教师的多媒体或录像等形象直观的教学手段实现该项目任务。

模拟事故处理需要在相应的实训场地实施，具体如下：

1）分组：工作人员组、乘客组、设备维护组、罪犯组、评审组等，根据教师设置的场景需要设置相应的小组。

2）分别模拟车站被劫时的应急处理、车站发生火灾时的处理、车站全部票务处理机故障的处理、电梯困人的处理、客伤的处理等，教师可自行发挥场景设置，目的是让学生学完后能灵活运用以上所学理论知识。

3）角色互换，小组评价，提高学习效率。

情景案例

案例1：车站站台门与车门间夹人动车事件

1. 事件概况

某日，某次列车到达某站上行站台，列车开门后约 20s，值乘列车司机看乘客已基本上下完毕（DTI 时间显示为"0"），关车门、站台门，站在站台门与车门缝隙之间确认车门上方指示灯全灭、驾驶室关门灯亮，站在红线外确认站台门状态，看到后端有一个站台门上方指示灯亮，随后站台门关好，于是认为"站台门关好"便进入驾驶室，未再观察一下车门与站台门之间缝隙是否安全。站台岗发现站台门与车门间夹人后呼列车司机，但列车司机没有反应。列车动车后，站台岗在站台传达"紧急停车"手信号。值班站长通过对讲机听到此信息后立即在车控室按压紧急停车按钮，此时列车已经启动，造成一起站台门与车门缝隙夹人动车事件的发生。本次事件直接对当事男乘客（一名70多岁的老人）造成了严重的人身伤害（断了3根肋骨），需入院治疗，影响恶劣。

2. 原因分析

1) 当值列车司机在站台作业时，在关车门、站台门时和进入驾驶室前，未认真确认车门与站台门之间缝隙（图8-28）的安全，未发现有人被夹在站台门与车门之间；在进入驾驶室后听到对讲机有人呼叫列车司机，列车司机没有问清楚原因，也没有采取任何措施就动车，是造成本次事件主要原因。

图 8-28　车门与站台门之间缝隙

2) 站台岗在发现车门与站台门之间夹人情况后，没有在第一时间按压紧急停车按钮，只用对讲机呼叫列车司机，在列车动车后才传达了"紧急停车"手信号，未能采取有效措施防止列车动车，是造成本次事件的一定原因。

3. 防范措施

1) 在车站动车前，列车司机必须注意观察站台情况和监听对讲机，发现站台岗显示停车信号或呼叫列车司机停车的，立即停车，待确认安全后再动车。

2) 站台岗或车控室发现夹人夹物动车的，要果断及时采取停车措施，要加强车站员工突发事件应急处理技能的培训和演练，提高员工应急处理能力及素质。

案例2：某地铁扶梯突逆行导致乘客挤压事件（图8-29）

上行电扶梯突然下行。

某地铁的上行扶梯发生设备溜梯故障，导致正在搭乘电梯的部分乘客摔倒挤压，事故造成一名12岁男孩死亡，3名乘客伤情较重，但生命体征平稳，27名乘客轻伤。

事件的目击者、出口外自行车停放处的管理员说，事发时，出口的上行电梯突然发生倒转，变成了向下运动，当时正在乘坐电梯的几十名乘客摔倒，并造成了挤压。

此次事件造成一名12岁男孩遇难；男孩的父亲脊椎受伤，被送进了重症监护室急救；男孩的姐姐头部受伤，被转送医院救治。

事发时，男孩与其父亲位于电扶梯的底部位置，男孩摔倒挤压后在运送医院过程中抢救无效身亡。

自由讨论如何预防此类事件发生？

图8-29　自动扶梯突然逆行乘客摔伤

小知识

手扶式电梯：
1）携带大宗物品不要用扶梯，应改乘升降梯。
2）坐电梯时双脚离开梯级边缘，站在梯级踏板黄色安全警示边线内。
3）乘手扶电梯一定要"手扶"。

出现险情时：
1）如果电梯突然停运，乘客应按顺序分头撤离电梯。每台扶梯的上部、下部和中部都各有一个紧停按钮，一旦发生扶梯突然下沉，靠近按钮的乘客可第一时间按下。
2）乘客如果被挤倒，首先要保护头部。

升降式电梯：
1）绝不扒门。从电梯外面扒开梯门，无异于脚前突然出现一个陷阱；从里面扒开梯门，会有被剪切、挤压、擦刷之险。
2）快速出入。当乘梯到达目的层，看准后要一步跨入、跨出。

出现险情时：
   1）异常不可怕。一旦遭遇突发事件，在操纵面板上寻找警铃按键（或电话）向外呼救。
   2）如果电梯下坠，要紧握电梯内的把手，整个背部与头部紧贴电梯内墙，呈一条直线。膝盖呈弯曲姿势，减少重击压力。
   恶作剧按停扶梯将受罚，如果造成人群恐慌、受伤，危害公共秩序等严重后果构成犯罪的，将被依法追究刑事责任。

复习思考题

1. 车站安全通道有哪些？
2. 乘客乘车基本的安全设施有哪些？
3. 车站突然停电的一般处理流程有哪些？
4. 车站突发事件的处理原则有哪些？
5. 突发事件隧道客流疏散组织办法有哪些？
6. 当乘客在站内发生伤害时首先应做好哪些工作？

项目九　城市轨道交通服务质量监督与评价

1. 服务承诺及监督。
2. 服务质量评价管理。
3. 服务质量评价规范。

在学习掌握服务质量监督与评价相关知识的基础上，模拟进行乘客满意度评价、服务保障能力评价和运营服务关键指标评价，锻炼学生熟悉服务质量评价的主要内容和指标，掌握各项评价指标的计算办法。

城市轨道交通运营单位应按照有关标准，以安全可靠、高效便捷、功能完善、文明舒适为目标，为乘客提供安全、可靠、便捷、高效、经济的优质服务，并根据乘客的需求持续改进，保证服务质量。《城市轨道交通运营管理规定》（中华人民共和国交通运输部令2018年第8号）规定城市轨道交通运营单位应向社会公布运营服务质量承诺并报城市轨道交通运营主管部门备案，定期报告履行情况。

一、服务承诺及监督

为了更大程度地满足广大乘客的乘车需求，进一步提高城市轨道交通运营服务质量，城市轨道交通运营单位应制定本单位客运服务质量标准，建立内部服务质量监督、检查、考核机制，不断改进服务质量，提升乘客出行体验。

1. 服务质量基本要求

城市轨道交通运营单位服务质量的基本要求包括服务环境和服务事项。服务环境方面为乘客提供的候车环境、乘车环境和卫生状况应符合相关标准的规定。封闭式车站的新风量和温度、列车客室内新风量和温度应符合 GB/T 7928—2003 的规定。服务事项方面应做好以下服务：

1）应确保乘客能及时、有效地获取客运服务内容、乘车须知、服务质量等客运服务信息。

2）当有两条以上具有换乘功能的运营线路时，应具备乘客一次购票（卡）连续乘坐不同线路的功能，实现线网一票（卡）通用功能。

3）应具备对客流、票卡、票价等票务数据进行清分及统计分析的功能。

4）车站应具有对超时、超程、进出站更新和车票遗失、损坏等车票情况进行票务处理的功能。

5）应为身体不适者、走失老人、儿童等需要帮助的人员提供必要的帮助或拨打救助电话。

6）应具备乘客问询、导乘服务功能，宜建立乘客遗失物品查找信息系统，能协助乘客查找遗失物品。

2. 服务承诺目标

城市轨道交通运营单位服务除应达到以上基本要求外，还应制订一些具体的目标，向社会公布运营服务质量承诺。《城市轨道交通客运组织与服务管理办法》（交运规［2019］15号）对服务监督给出了具体要求，要求运营单位应每年向社会公布运营服务质量承诺及履行情况，服务质量承诺应至少包括以下内容：

1）列车正点率、列车运行图兑现率等列车运行指标。

2）自动售票机可靠度、闸机可靠度、乘客信息系统可靠度等客运服务设备设施运行指标。

3）乘客投诉、意见、建议受理渠道和处理时限。

4）服务改进的举措和计划。

3. 服务监督

城市轨道交通运营主管部门和运营单位应建立健全乘客沟通机制，通过公众开放日、接待日、两微一端（官方微博、微信、新闻客户端）等形式开展乘客交流活动，向乘客介绍客运组织和服务举措，了解公众诉求和意见建议，及时回应乘客关切的问题，鼓励邀请"常乘客"或者乘客督导员参与服务质量监督工作。

城市轨道交通运营单位在服务组织方面应提供与乘客交流的有效途径，接受乘客和社会的监督，并做好以下服务监督工作：

1）建立内部服务监督制度，将服务评价纳入日常工作的评价、考核体系。

2）接受乘客和社会的监督。服务组织应提供与乘客交流的有效途径。

3）自我评价。每年不应少于1次，评价结果应在车站公示，以向社会公布。

4）应有专人负责相关数据统计，并应保证原始记录真实、准确。

5）宜定期委托第三方进行评价，评价结果应在车站内公示，并应向社会公布。

6）对不合格的服务项目应进行改进，对不合格服务的改进应制订行之有效的措施，并将改进结果记录存档。

7）可采用乘客满意度进行服务评价。乘客满意度应通过抽样调查和统计分析获得；服务组织或监督机构可委托第三方进行乘客满意度测评。

8）一年内有效乘客投诉率和有效乘客投诉回复率应满足下列要求：有效乘客投诉率应小于或等于0.0003%；有效乘客投诉回复率应为100%。有效乘客投诉率和有效乘客投诉回复率的计算方法以服务指标计算。

二、服务质量评价管理

为规范城市轨道交通服务质量评价工作，推动城市轨道交通服务质量提升，交通运输部根据《国务院办公厅关于保障城市轨道交通安全运行的意见》（国办发〔2018〕13号）、《城市轨道交通运营管理规定》（交通运输部令2018年第8号）等有关要求，特制定了《城市轨道交通服务质量评价管理办法》。本办法要求由城市轨道交通运营主管部门以乘客为中心，遵循公平、公正、公开的原则，依照《城市轨道交通服务质量评价规范》（交办运〔2019〕43号）按年度负责组织开展本行政区域内的城市轨道交通服务质量评价工作。城市轨道交通运营主管部门可以委托第三方机构开展服务质量评价。《城市轨道交通客运组织与服务管理办法》（交运规〔2019〕15号）要求城市轨道交通运营主管部门应对运营单位客运组织与服务工作进行监督检查，每年组织开展服务质量评价，向社会公布服务质量评价结果，督促运营单位不断改进服务。

1. 服务质量评价单位及办法

城市轨道交通服务质量评价以线路为单位开展。城市轨道交通运营单位（以下简称运营单位）的服务质量得分，以其所辖线路的服务质量得分按各线路客运量加权平均后，根据运营单位工作表现情况加减分，再按所辖线路规模进行系数调整。

城市轨道交通线网的服务质量得分，以城市线网所有线路的服务质量得分按各线路客运量加权平均后，再按城市线网规模进行系数调整。

2. 服务质量评价内容

城市轨道交通服务质量评价内容包括乘客满意度评价、服务保障能力评价和运营服务关键指标评价三部分。

1）乘客满意度评价应通过面访调查、网络调查、电话调查等方式开展。

2）服务保障能力评价应通过实地体验、资料查阅、数据调取、人员询问、现场测试等方式开展。

3）运营服务关键指标评价涉及的数据应符合有关规定，有条件的城市应通过智能管理系统直接获取。

运营单位应配合做好服务质量评价工作，如实报告有关情况，提供相应文档资料，并对报告情况和提供资料的真实性负责。运营单位在评价过程中存在提供不实数据、出具虚假资料、干扰正常评价工作等情形的，评价结果无效。

3. 服务质量评价要求

评价实施单位应独立、公正、客观地开展服务质量评价。开展服务质量评价时，不应影响城市轨道交通正常运营秩序，同时做好以下工作：

（1）出具评价报告　服务质量评价工作完成后，评价实施单位需要及时出具评价报告，并对评价报告负责。评价报告应包括评价工作基本情况、评价结果、存在的主要问题和整改建议等内容。

（2）整理上报　城市轨道交通运营主管部门应于次年1月底前将年度服务质量评价报告书面报送城市人民政府，并抄送相关部门，为建立与运营安全和服务质量挂钩的财政补贴机制提供决策依据。同时，将年度服务质量评价报告报送省级交通运输主管部门，省级交通运输主管部门报送交通运输部。

（3）结果落实　城市轨道交通运营主管部门应及时向社会公布服务质量评价结果，将评价结果及发现的问题及时通报运营单位，督促运营单位采取有效措施，改善服务质量。运营单位应将服务质量评价结果纳入部门和人员日常工作评价、考核体系。鼓励运营单位建立与服务质量评价结果挂钩的薪酬管理制度。

（4）整改反馈　运营单位应及时向城市轨道交通运营主管部门报送问题整改报告。对于规划建设等遗留问题，暂不具备整改条件的，应在整改报告中详细说明原因，并通过技术、管理等措施加以改进，在保障运营安全的基础上不断提升服务质量。

（5）检查督导　省级交通运输主管部门每年可选取辖区内部分城市轨道交通线路开展服务质量评价，加强对城市的监督指导，促进服务质量评价工作规范化开展。交通运输部组织开展全国城市轨道交通服务质量分析、提升工作，并视情况对各地服务质量评价工作进行抽查。

三、服务质量评价规范

为统一城市轨道交通线路服务质量评价工作的内容、方法和流程等工作，交通运输部特制定了《城市轨道交通服务质量评价规范》，其中对服务质量评价的具体分值核算、乘客满意度、服务保障能力、运营服务关键指标等方面进行了具体的规范要求。

1. 分值要求及计算办法

城市轨道交通服务质量评价包括乘客满意度评价、服务保障能力评价和运营服务关键指标评价，基准分值为 1000 分。其中，乘客满意度评价分值为 300 分，服务保障能力评价分值为 300 分，运营服务关键指标评价分值为 400 分。

（1）线路服务质量评价得分　该线路乘客满意度评价、服务保障能力评价和运营服务关键指标评价得分之和，再视情核减扣分。其计算公式为

$$SQ_i = SP_i + SS_i + SI_i - R_i$$

式中　$i = 1, 2, 3, \cdots, I$，I 为城市所辖线路总数；

SQ_i——第 i 条线路服务质量评价得分；

SP_i——第 i 条线路乘客满意度评价得分；

SS_i——第 i 条线路服务保障能力评价得分；

SI_i——第 i 条线路运营服务关键指标评价得分；

R_i——第 i 条线路服务质量评价核减扣分。

出现以下情形的（因地震、洪涝等自然灾害及其他不可抗力因素导致的除外），应进行核减扣分：

1）发生 5min 以上（含）15min 以下延误事件的，每起减 5 分。

2）发生 15min 以上（含）30min 以下延误事件的，每起减 10 分。

3）连续中断行车（指线路中有 2 个及以上车站或区间发生行车中断）30min 以上（含）2h 以下的，每起减 20 分。

4）发生一般运营突发事件的，每起减 50 分。

5）发生较大及以上等级运营突发事件的，该线路当年服务质量评价得分记为 0 分。

（2）运营单位服务质量评价得分　以其所辖线路的服务质量评价得分按各线路客运量加权平均后，根据运营单位工作表现情况加减分，再按所辖线路规模进行系数调整。其计算

公式为

$$SQ_{单位} = \gamma\left(\frac{\sum SQ_i \times P_i}{\sum P_i} + B - S\right)$$

式中 $i = 1, 2, 3, \cdots, I$ 单位，I 单位为运营单位所辖线路总数；

$SQ_{单位}$——运营单位服务质量评价得分；

SQ_i——运营单位所辖的第 i 条线路服务质量评价得分；

P_i——运营单位所辖的第 i 条线路年度客运量；

B——加分项（因完成政府政策性任务或积极组织参加抢险救灾、应急保障等具有较大社会影响的活动，运营单位获得省级及以上人民政府或交通运输部表彰表扬的，每项加 10 分；获得城市人民政府或省级交通运输主管部门表彰表扬的，每项加 5 分；获得城市轨道交通运营主管部门表彰表扬的，每项加 3 分；班组和个人因运营管理工作突出，获得省级及以上人民政府或交通运输部表彰表扬的，每项加 1 分，总加分上限为 50 分。因同一事项获得多项表彰表扬的，按照奖项级别最高的计算 1 次，不重复加分）；

S——减分项（运营单位对行业管理政策执行、重大活动保障等职责不履行或履行不到位的，每发生 1 次，在运营单位当年服务质量评价得分中核减 10 分）；

γ——调整系数。运营单位所辖线路运营里程在 300 公里以内，γ 取 1；所辖线路运营里程在 300（含）~500 公里，γ 取 1.03；所辖线路运营里程在 500 公里（含）以上，γ 取 1.05。

（3）城市线网服务质量得分　以城市线网所有线路评价得分按各线路客运量加权平均后，再根据城市线网规模进行系数调整。其计算公式如下：

$$SQ_{线网} = \gamma\frac{\sum SQ_i \times P_i}{\sum P_i}$$

式中 $i = 1、2、3\cdots\cdots I$，I 为城市所辖线路总数；

$SQ_{线网}$——线网服务质量评价得分；

SQ_i——城市所辖的第 i 条线路服务质量评价得分；

P_i——城市所辖的第 i 条线路年度客运量；

γ——调整系数（城市线网运营里程在 300 公里以内，γ 取 1；城市线网运营里程在 300（含）~500 公里，γ 取 1.03；城市线网运营里程在 500 公里（含）以上，γ 取 1.05）。

2. 乘客满意度评价

城市轨道交通乘客满意度评价包括进出站、环境与秩序、设施运行、换乘、咨询、投诉、安全感 7 个评价指标，具体评价内容见表 9-1。

表 9-1　乘客满意度评价内容

评价指标	服务要求	分值
进、出站	进、出站指引等信息清晰醒目；购、检票方便快捷；安检工作规范有序、通过顺畅	60
环境与秩序	环境整洁、通风良好、温度适宜；候车乘车秩序良好，无乞讨卖艺、散发小广告等行为	60

（续）

评价指标	服务要求	分值
设施运行	乘客信息服务、电（扶）梯等服务设施完好、使用正常；列车运行准时、平稳、噪声小；无障碍和人性化设施完备、运行良好	60
换乘	换乘方便快捷、秩序良好	30
咨询	工作人员态度友好、答复准确	30
投诉	投诉渠道畅通，回复及时满意	30
安全感	进站、出站、候车、乘车等全过程感觉安全可靠	30
总分		300

根据乘客满意度评价内容设计调查问卷，调查问卷采用满意、一般、不满意3级文字量表，分值系数分别对应1、0.5、0。

乘客满意度调查样本量应综合乘客总体特征、调查结果精度、调查时间和费用等因素合理确定。每条线路调查样本量不应低于该线路日均客运量的0.1%，且最低不少于400份；调查站点应不少于该线路站点总数的50%，并覆盖该线路换乘车站、常态化限流车站以及日均进站量最大车站等。调查时段应覆盖高峰和平峰运营时段。

乘客满意度得分为各评价指标得分之和。各评价指标得分为全部有效乘客问卷中该指标得分的算术平均值。

3. 服务保障能力评价

城市轨道交通服务保障能力评价为提高服务质量提供准确可靠的详细依据。其中包括进出站、问询、购检票、候车、乘车和基础保障6个一级指标，一级指标下设二级指标。具体评价内容见表9-2。

表9-2 服务保障能力评价内容

一级指标	二级指标	分值	服务要求	评分规则
进、出站	标识	5	进、出站引导标识清晰、醒目、连续、规范	1）车站出入口附近主要路段没有城市轨道交通导向标识，或没有站名、线路名称、出入口编号等进出站引导标识的，扣5分 2）导向标识或站名、线路名称、出入口编号等进出站引导标识，未满足清晰、醒目、连续、规范要求的，每处扣1分
	乘车信息	10	乘车指引和告知信息清晰醒目	未在车站醒目位置提供乘车注意事项、本站首末车时间、周边公交换乘信息、无障碍设施指引，或未张贴禁止、限制携带物品目录的，每处扣2分
		5	非正常运营信息告知及时	未通过广播、告示、网络等提供出、入口封闭，严重影响乘客出行的故障以及限流、封站、甩站、暂停运营等信息的，每处扣1分
	客流组织	15	客流流线规划合理，进、出站顺畅	1）出站客流与进站客流发生严重交叉、对冲的，每处扣1分 2）因客流流线设计不合理，导致出入口客流严重拥堵的，每处扣2分 3）车站出、入口通道、楼梯破损（超过100cm²）或堆放杂物影响乘客通行的，每处扣1分 4）恶劣天气情况下，未在车站出入口通道采取防滑、防寒等措施或安排人员进行疏导的，每次扣1分

(续)

一级指标	二级指标	分值	服务要求	评分规则
问询	设施	5	问询设施服务正常*	1) 车站未设置人工问询点或自动查询设备的，每次扣1分 2) 问询点未标示现时工作状态的，每次扣1分
	人员	10	服务热情、用语规范	1) 答复询问时，未使用普通话的，每次扣1分（乘客提问时使用方言或外语的除外） 2) 答复询问时，未使用文明用语或使用服务忌语的，每次扣2分 3) 工作人员在岗期间从事与工作无关的事项，每次扣2分 4) 服务人员态度恶劣或答复敷衍的，每次扣2分
		5	着装整洁，佩带服务标识	1) 服务人员着装不整洁规范的，每人次扣1分 2) 服务人员未佩戴服务标识的，每人次扣1分
购、检票	购票	5	乘客购票方便快捷，售票（卡）、充值迅速准确	1) 未提供人工售票服务或乘客有需要时未提供人工辅助购票服务的，扣2分 2) 售票点正常运行的售票机不足两台的，每处扣2分 3) 售票机故障时未有告示的，每处扣1分 4) 乘客购票出现15人以上排队或排队时间超过5min的，每处扣1分 5) 售票（卡）、充值、验票、收款与找零出现错误的，每次扣1分
		5	与其他线路换乘时不重复购票	与线网内其他线路换乘（不具备物理连通条件的除外）需重复购票的，扣5分
	检票	5	检票便捷有序	1) 每组进、出站闸机群具备使用条件的通道少于2个的，每处扣1分 2) 闸机不具备紧急放行功能的，每处扣1分 3) 闸机故障未有告示的，每处扣1分 4) 车站未配置宽通道闸机或无障碍闸机的，每处扣1分 5) 乘客检票出现10人以上排队或排队时间超过2min的，每处扣1分
候车	广播和乘客信息系统	10	广播清晰、准确、规范，乘客信息系统运行正常*	1) 站台未广播排队候车、安全乘车信息的，每处扣1分 2) 列车进站时未广播列车到站和开行方向的，每处扣1分 3) 不能进行人工广播的，每处扣1分 4) 乘客信息系统运行不正常或不能提供动态运营信息的，每次扣2分
	接、发车	5	接、发列车规范*	1) 需接发列车的，站务员未按规定接、发列车的，每次扣1分 2) 车控室工作人员未按规定监视列车运行和乘客上下车状态的，每处扣1分
	巡视	10	站台巡视规范，主动向有需要的乘客提供服务*	1) 未按规定定期巡视站台区域内的消防设备、乘客信息服务设备、自动售检票设备、标识、照明设备、电（扶）梯、站台门状态、站台候车椅等服务设施设备或记录不完备的，每处扣1分 2) 高峰时段或客流剧增期，未安排人员有序疏导客流的，每次扣1分 3) 未对乞讨卖艺、散发小广告等情况及时有效劝阻的，每次扣1分 4) 有乘客需要帮助，未及时提供帮助的，每次扣1分

（续）

一级指标	二级指标	分值	服务要求	评分规则
候车	自动扶梯	5	自动扶梯功能良好、运行正常	1）自动扶梯无故不能正常运行的，每处扣2分 2）自动扶梯没有明确的运行方向指示的，每处扣1分 3）自动扶梯两端未配备紧急停止开关的，每处扣1分 4）自动扶梯旁没有安全提醒的，每处扣1分
	站台门	5	站台门功能良好、运行正常*	1）站台门不能正常运行的，每处扣2分 2）站台门声光报警装置不能正常运行的，每处扣1分 3）站台门未安装防撞贴条或张贴警示标识的，每处扣1分
	卫生	10	环境良好、整洁卫生	1）天花板、墙面、地面出现严重掉漆、掉灰、残旧等现象或有明显尘土、污渍、印迹的，每处扣1分 2）有垃圾、污物、乱涂乱画及小广告的，每处扣1分 3）因下雨、结构性漏水等原因导致地面有明显积水的，每处扣2分
		5	卫生间正常使用，定期清洁，无明显异味	1）卫生间无故不提供服务的，每处扣2分 2）卫生间有厕位不能正常使用或不能正常冲洗的，每处扣1分 3）卫生间有明显的垃圾、污物、乱涂乱画、小广告、积水、杂物堆放（工具摆放区除外）的，每处扣1分 4）卫生间有明显异味的，每处扣1分
	空气和温度	5	通风良好，温度适宜*	1）通风系统不正常，出现使乘客难以忍受的空气环境的，每处扣2分 2）出现使乘客难以忍受的温度环境的，每处扣2分
	照明	5	照明良好	1）无照明或亮度影响通行的，每处扣3分 2）灯具异常闪烁的，每处扣1分
	噪声	5	噪声在可接受范围内	列车进、出站时噪声异常刺耳，使乘客难以忍受的，每处扣1分
	标识	5	标识清晰、醒目、规范	1）未设置引导乘客有序上下车标识的或标识不清晰、醒目、规范的，每处扣1分 2）未设置换乘导向标识或标识不清晰、醒目、规范的，每处扣1分 3）未明示禁入区域并设置警示标识的，每处扣1分 4）标识有明显翘角、缺损影响信息正确显示的，每处扣1分 5）广告、商业设施、宣传品等遮挡标识、指示牌、公告、通告等服务设施，或影响其使用的，每处扣1分
乘车	列车进站	5	列车进站停车、开门、关门作业规范	1）列车未按规定进站对位停车的，每次扣1分 2）关门作业时列车司机未进行瞭望确认的，每次扣1分
	标识	5	列车安全设施警示标识清晰、醒目、规范	1）乘客紧急报警装置、紧急解锁装置、安全锤、灭火器等安全设施的警示标识未满足清晰、醒目、规范要求的，每处扣1分 2）安全设施警示标识有明显翘角、缺损的，每处扣1分
		5	提供线网示意图和本线线路图	未在车厢提供城市轨道交通线网示意图和本线线路图的，每处扣1分

（续）

一级指标	二级指标	分值	服务要求	评分规则
乘车	列车广播和信息提示	10	列车广播清晰、准确、规范，乘客信息系统运行正常	1）列车到站时未广播到达车站或需要开另侧车门未广播告知的，每处扣1分 2）列车起动后未广播前方到站信息的，每处扣1分 3）列车运行故障或临时停车时，未及时广播告知乘客、安抚乘客情绪的，每处扣1分 4）车载乘客信息系统运行不正常，或不能提供动态运营信息的，每次扣2分
乘车	开、关门	5	开、关门提醒正常	开关车门时，无声音提醒或无警示灯提醒的，每处扣1分
乘车	座椅和扶手	5	座椅完好，扶手数量充足	1）座椅有损坏，不能正常使用的，每处扣1分 2）无特殊乘客优先座椅或无明显标识的，每处扣1分 3）扶手数量不足或设置高度不合理的，扣1分
乘车	轮椅专用位置	5	列车设置轮椅专用位置，并有抓握或固定装置	1）列车未设置轮椅专用位置的，每处扣1分 2）轮椅专用位置无抓握或固定装置的，每处扣1分
乘车	空气温度	10	通风良好，温度适宜	1）通风系统不正常，出现使乘客难以忍受的空气环境的，每处扣2分 2）出现使乘客难以忍受的温度环境的，每处扣2分
乘车	照明	5	照明正常，备有紧急照明	1）车内无照明的或照明亮度明显不足的，每处扣3分 2）灯具异常闪烁的，每处扣1分 3）无紧急照明的，每处扣2分
乘车	噪声	5	噪声在可接受范围内	1）列车运行时噪声异常刺耳，让乘客难以忍受的，每处扣2分 2）车厢内有关移动电视等设备音量过大影响乘客乘车的，扣1分
乘车	卫生	5	车厢服务设施定期清洁消毒	1）未按规定对服务设施定期清洁消毒或记录不完备的，每处扣1分 2）起点站驶出的列车地面有垃圾、污物的，每次扣1分 3）车厢内座椅、扶手、内墙、玻璃及通风口明显积灰的，每处扣1分
基础保障	基础制度	20	服务管理制度完善	1）未建立服务质量管理、票务管理、环境卫生管理、信息发布、乘客遗失物保管和招领等基本服务管理规章制度的，每缺失1项扣2分 2）未制订客伤处理、大客流等运营突发事件应急预案，或客运安全管理制度不健全的，扣10分 3）未建立自动售检票、电（扶）梯、站台门、通风空调等维修保养制度，或维修保养记录缺失的，每缺失一项扣2分
基础保障	人员管理	10	岗位职责和标准明确	1）未制订岗位职责和工作标准的，扣5分 2）未严格执行岗位职责和工作标准的，每次扣1分
基础保障	人员管理	5	人员教育培训到位	1）未制订年度教育培训计划的，扣2分 2）未开展教育培训或教育培训记录缺失的，每次扣2分

(续)

一级指标	二级指标	分值	服务要求	评分规则
基础保障	客运组织	15	客运组织方案合理*	1) 未制订客运组织方案或不满足"一站一方案"的，扣5分 2) 未根据列车运行图、车站设施设备和人员配备情况要求及时调整客运组织方案的，扣5分 3) 未按规定针对乘客伤亡、火灾、大客流等情形及时组织开展应急演练的，扣5分
	服务承诺	5	公布服务质量承诺	1) 未公布服务质量承诺的，扣5分 2) 服务承诺未包括列车正点率、列车运行图兑现率、有关客运服务设施可靠度、有效乘客投诉回复率等内容，每缺失1项扣1分
		5	运行图备案	1) 未将运行图报城市轨道交通运营主管部门备案的，扣5分 2) 运行图调整严重影响服务质量，未及时向城市轨道交通运营主管部门说明理由的，每次扣3分
		5	服务质量承诺备案	1) 未将服务质量承诺报城市轨道交通运营主管部门备案的，扣5分 2) 未定期向城市轨道交通运营主管部门报告服务质量承诺履行情况的，每次扣3分
	服务投诉处理	15	投诉受理渠道畅通，处理及时	1) 未建立投诉受理处理制度的，扣5分 2) 未设置服务监督（投诉处理）机构的，扣5分 3) 未公布服务监督电话或服务监督机构通信地址的，每次扣1分 4) 未能在接到乘客投诉后7个工作日内回复的，每次扣2分
	服务考核和改进	15	服务考核机制健全，持续改进服务质量	1) 未建立企业服务监督考核机制或未将考核结果纳入日常工作考核的，扣5分 2) 未针对行业主管部门通报、企业日常检查、乘客集中反映等暴露的服务质量问题及时制订整改措施或措施落实不到位的，每项扣2分
总计		300		—

注：*为各地可根据实际情况确定是否适用于有轨电车。确定不适用的，不予计分，线路得分以实际计分分值按满分300分等比例折算。

服务保障能力评价应设计抽样方案，车站样本量不应少于该线路站点总数的20%，并覆盖该线路换乘车站、常态化限流车站以及日均进站量最大车站等；列车样本量不应少于5列次。服务保障能力得分为评价组各专家评价得分的算术平均值。

4. 运营服务关键指标评价

城市轨道交通运营服务关键指标评价将行车服务、客运设施可靠性、乘客投诉回应三个类别在定性细分指标的基础上进行了详细的评分量化，为进一步提高服务质量提供了可靠的参考依据。具体评价内容见表9-3。

表 9-3 运营服务关键指标评价内容

类别	评价指标	满分	评分规则				
行车服务	列车运行图兑现率	40	兑现率（%）				
			≥99.9	99.5~99.9	99~99.5	97~99	<97
			40	32	24	16	8
	列车正点率	40	正点率（%）				
			≥99.9	99.4~99.9	98.5~99.4	97~98.5	<97
			40	32	24	16	8
	列车服务可靠度	60	可靠度/（万列公里/次）				
			≥30	20~30	8~20	5~8	<5
			60	48	36	24	12
	列车退出正线运营故障率	60	运营故障率/（次/万列公里）				
			<0.1	0.1~0.2	0.2~0.4	0.4~0.8	≥0.8
			60	48	36	24	12
	客运强度	40	客运强度（万人次/公里·日）				
			≥1.5	0.7~1.5	0.4~0.7	0.2~0.4	<0.2
			40	32	24	16	8
客运设施可靠性	自动充值售票机可靠度	20	可靠度（%）				
			≥99.8	99~99.8	98~99	97~98	<97
			20	16	12	8	4
	进出站闸机可靠度	20	可靠度（%）				
			≥99.9	99.5~99.9	99~99.5	97~99	<97
			20	16	12	8	4
	电（扶）梯可靠度*	20	可靠度（%）				
			≥99.9	99~99.9	98.5~99	97~98.5	<97
			20	16	12	8	4
	乘客信息系统可靠度*	20	可靠度（%）				
			≥99.8	99~99.8	98~99	97~98	<97
			20	16	12	8	4
乘客投诉回应	百万乘客有效投诉率	50	投诉率/（次/百万人次）				
			<1	1~2	2~3	3~5	≥5
			50	40	30	20	10
	有效乘客投诉回复率	30	回复率（%）				
			100	95~100	90~95	85~80	<85
			30	24	18	12	6
	总计	400	—				

注：1. 评价标准有关数值分级区间中，分界点下限含本数，上限不含本数。
2. *为各地可根据实际情况确定是否适用于有轨电车。确定不适用的，不予计分，线路得分以实际计分分值按满分 400 分等比例折算。

运营服务关键指标得分为本年度该线路所有评价指标得分之和。表9-3中部分指标的计算办法如下：

(1) 列车运行图兑现率 列车运行图兑现率是指统计期内，实际开行列车次数与列车运行图规定的计划开行列车次数之比。其计算公式为

$$A = \frac{N_1}{N_2} \times 100\%$$

式中　A——列车运行图兑现率；
　　　N_1——实际开行列次，即该线路实际开行的列车总列次数（不包含加开列次），单位为列；
　　　N_2——计划开行列次，即列车运行图中规定的开行列车数量，单位为列。

(2) 列车正点率 列车正点率是指统计期内，正点列车次数与实际开行列车次数之比。其计算公式为

$$B = \frac{N_3}{N_1} \times 100\%$$

式中　B——列车正点率；
　　　N_3——正点列车次数，单位为列。

> **小知识**
>
> 正点列车是指在执行列车运行图过程中，列车到达终到站的时刻与列车运行图计划时刻相比误差不大于2min（市域快速轨道交通系统和有轨电车除外）的列车次数。对市域快速轨道交通系统，正点的时间界限值是列车到达终到站的时刻与列车运行图计划时刻相比误差不大于3min。对有轨电车，正点的时间界限值是列车到达终到站的时刻与列车计划时刻相比误差不大于5min。

(3) 列车服务可靠度 列车服务可靠度是指统计期内，全部列车总行车里程与5min（有轨电车为10min）及以上延误次数之比，单位为万列公里/次。其计算公式为

$$C = \frac{L_1}{N_4}$$

式中　C——列车服务可靠度；
　　　L_1——全部列车总行车里程，单位为万列公里；
　　　N_4——5min（有轨电车为10min）及以上延误次数，单位为次。

(4) 列车退出正线运营故障率 列车退出正线运营故障率是指统计期内，列车因发生车辆故障而必须退出正线运营的故障次数与全部列车总行车里程比值，单位为次/万列公里。其计算公式为

$$D = \frac{N_5}{L_1}$$

式中　D——列车退出正线运营故障率；
　　　N_5——导致列车退出正线运营的车辆故障次数，即因发生车辆故障而导致列车必须退出正线运营的故障次数，单位为次。

(5) 客运强度 客运强度是指统计期内，运营线路中单位运营里程上平均每日承担的客运

量，为线路日均客运量与线路运营里程的比值，单位为万人次/（公里·日）。其计算公式为

$$E = \frac{N_6}{L_2}$$

式中　E——客运强度；

　　　N_6——线路日均客运量，单位为万人次/日；

　　　L_2——线路运营里程，单位为公里。

（6）可靠度　可靠度是指统计期内，自动充值售票机、进出站闸机、电（扶）梯、乘客信息系统实际服务时间与应服务时间之比。自动充值售票机、进出站闸机、电（扶）梯、乘客信息系统的可靠度计算公式为

$$F = \frac{T_1}{T_2} \times 100\%$$

式中　F——自动充值售票机、进出站闸机、电（扶）梯、乘客信息系统可靠度；

　　　T_1——自动充值售票机、进出站闸机、电（扶）梯、乘客信息系统实际服务时间，单位为 h。自动充值售票机实际服务时间包括正常的加票和加币时间；

　　　T_2——自动充值售票机、进出站闸机、电（扶）梯、乘客信息系统应服务时间，单位为 h。

（7）百万乘客有效投诉率　百万乘客有效投诉率是指统计期内，乘客有效投诉次数与该线路进站量之比。其计算公式为

$$G = \frac{N_7}{N_8}$$

式中　G——百万乘客有效投诉率；

　　　N_7——乘客有效投诉次数，单位为人次（乘客有效投诉是指通过服务热线、网站、媒体、来信等方式投诉，且乘客留下联系方式，经过调查属实的涉及该线路的投诉）；

　　　N_8——进站量，单位为百万人次。

（8）有效乘客投诉回复率　有效乘客投诉回复率是指统计期内，已经回复的有效乘客投诉次数与有效乘客投诉次数之比。其计算公式为

$$H = \frac{N_9}{N_7} \times 100\%$$

式中　H——有效乘客投诉回复率；

　　　N_9——已经回复的有效乘客投诉次数，指接到有效乘客投诉之日起 7 个工作日内予以回复的投诉次数，单位为人次。

情景训练

　　服务质量监督与评价的情景训练主要是模拟大量调查和统计数据进行各项指标的计算。由教师根据服务质量评价要素及计算方法组织实施，具体如下：

　　1）分组。乘客满意度评价组、服务保障能力评价组、运营服务关键指标评价组。

　　2）各组分别按照以上所学知识内容，组内分工扮演各个指标的数据调查人员组织制造各种指标数据，数据力求多样全面，目的是锻炼学生熟悉各项指标的能力。

　　3）小组汇报，教师点评。

情景案例

某城市轨道交通××线路在××年××月的服务质量测评中统计数据见表9-4，请计算该条线路的列车运行图兑现率。

表9-4　××年××月××线路列车运行日列数统计

日期	星期	图定列数	实际开行列数	列车运行图兑现率
1	三	108	105	
2	四	108	106	
3	五	110	108	
4	六	112	110	
5	日	112	111	
6	一	108	104	
7	二	108	109	
8	三	108	109	
9	四	108	109	
10	五	110	111	
11	六	112	111	
12	日	112	113	
13	一	108	106	
14	二	108	107	
15	三	108	108	
16	四	108	108	
17	五	110	108	
18	六	112	109	
19	日	112	110	
20	一	108	105	
21	二	108	106	
22	三	108	107	
23	四	108	109	
24	五	110	109	
25	六	112	110	
26	日	112	110	
27	一	108	106	
28	二	108	107	
29	三	108	108	
30	四	108	106	
××线××月列车运行图兑现率				

案例处理：根据列车运行图兑现率计算办法将每日的兑现率计算出来，最后加权平均即为该月××线列车运行图兑现率。

其他指标计算以同样的模式进行，多进行练习，熟悉各项服务质量评价指标要求。

复习思考题

1. 城市轨道交通服务质量评价的主要内容有哪些?
2. 乘客满意度评价指标有哪些?
3. 服务保障能力评价的一级指标有哪些?
4. 运营服务关键指标有哪些?

参考文献

[1] 裴瑞江. 城市轨道交通客运组织 [M]. 3版. 北京：机械工业出版社，2019.

[2] 中华人民共和国住房和城乡建设部. 地铁与轻轨系统运营管理规范：CJJ/T 170—2011 [S]. 北京：中国建筑工业出版社，2011.

[3] 中华人民共和国住房和城乡建设部. 城市轨道交通自动售检票系统技术条件：GB/T 20907—2007 [S]. 北京：中国标准出版社，2007.

[4] 中华人民共和国住房和城乡建设部. 城市轨道交通客运服务：GB/T 22486—2008 [S]. 北京：中国标准出版社，2008.

[5] 高蓉. 城市轨道交通客运服务 [M]. 2版. 北京：人民交通出版社，2012.

[6] 上海申通地铁集团有限公司轨道交通培训中心. 城市轨道交通车站客运服务 [M]. 2版. 北京：中国铁道出版社，2019.

㊀ 本教材部分图片来自网络，因联系不到作者所以特此声明，如原作者对此有异议请直接联系主编，邮箱为 peiruijiang888@163.com。